세상에서 가장 발칙한 성공법칙

세상에서 가장 발칙한 성공법칙

나만의 방식으로 기회를 만든 사람들

에릭 바커 지음 | **조성숙** 옮김

갤리온
GALLEON

목차

chapter 3   **끝까지 해내는 그릿이냐, 전략적 포기냐**

3-1   포기하지 않으면 결국 승리할까?

3-2   포기할 줄 알면 절반은 이긴 것이다?

chapter 7   **일과 삶의 균형을 지키는 유연한 사람이 되는 법**

무엇이 진짜 성공을 가져다주는가

나의 고등학교 선생님은 "숙제는 꼭 해와라, 규칙을 잘 지켜야 해, 착하게 굴어야 돼" 같은 말만 하곤 했다. 어느 분야에서건 세계 최고가 되려면 반드시 몸 전체에 광기가 배어 있어야 한다는 말은 입에 담지도 않았다.

이 책은 무엇이 진짜로 성공을 가져다주는지 탐구한다. 여기서 말하는 성공이란 단순히 돈을 잘 버는 것이 아니라 '삶'의 성공이다. 일이건 사생활이건, 원하는 분야에서 목표를 달성하는 데 도움이 되는 태도와 행동은 무엇일까? 성공에 요구되는 자격과 전술을 말하는 책은 수도 없지만, 그 방법들이 진짜로 효과가 있다는 증거는 없다. 우리는 원하는 목적지까지 나아가는 데 정말로 무엇이 필요한지 알아야 한다. 그리고 그것들을 배워야 한다.

'바킹 업 더 롱 트리(Barking Up the Wrong Tree)'라는 이름의 블로그를 8년 동안 운영하면서 나는 성공적인 삶의 비결에 대한 연구를 분석하고 전문가들의 의견을 들었다. 내가 직접 답을 찾으려고도 노력했다. 의외의 답이 많이 나왔고, 서로 다른 주장을 펼치는 것 같은 내용도 많았다. 그러나 이 답변들의 공통점은, 일과 개인으로서의 삶을 모두 자기 것으로 만드는 데 무엇이 중요한지 날카로운 통찰을 제시해주고 있다는 점이다.

성공에는 이런저런 조건과 자격이 필요하다고들 한다. 고개가 끄덕여질 정도로 멋진 말 같지만 엄청난 헛소리다. 이제부터 우리는 신화를 들여다볼 것이다. 눈부시게 성공한 사람과 보통 사람을 나누는 과학이 무엇인지 알아보고, 그들과 조금이라도 닮기 위해 배울 점을 찾을 것이다. 그리고 어쩌면 왜 지금의 내가 아닌 다른 내가 되어야 하는지도 알게 될 수 있다.

성공을 만드는 비결은 순수하게 타고난 재능일 수도 있고, 착하게 행동하는 것일 수도 있고, 아니면 정반대로 행동하는 것일 수도 있다.

옛말을 금과옥조로 삼아야 하는가?

그냥 한 귀로 듣고 한 귀로 흘려야 하는가?

착한 사람은 꼴찌로 살 수밖에 없는가?

아니면 착하게 살아야 1등도 할 수 있는가?

중도 포기는 안 한 것만 못한가?

아니면 고집만 피우다 망하는 경우가 더 많은가?

무슨 일이 있어도 자신감만 있으면 되는가?

혹시 자신감이 아니라 망상이지는 않은가?

각 장마다 우리는 '양쪽'의 말을 다 들으면서 서로 대척되는 관점들이 가진 장점을 살펴볼 것이다. 이쪽 말만 맞고 다른 쪽 말은 틀리다고 고개를 돌리지는 말기 바란다. 우리는 재판장이 되어 양쪽의 자기 변론을 다 들어야 한다. 듣다 보면 장점이 가장 많고 단점은 가장 적은 답을 알게 될 것이다.

TV에서 보여주는 사례들이 성공의 전형이라고 생각해서는 안 된다. 성공은 완벽해지는 것이 아니라 내가 무엇을 가장 잘하는지 아는 것이며 주위 상황과 적절하게 조화를 이룬다는 뜻이다. 진짜 미치광이가 될 필요는 없지만, 미운 오리 새끼도 백조들이 노니는 호수에 갔더니 백조가 되었다는 사실을 알아야 한다. 나만의 별난 짓, 내가 애써 없애려 하는 습관, 학교에서 놀림받았던 행동. 어쩌면 이런 것들이 누구도 따라잡지 못할 나만의 장점일 수 있다.

바로 거기에서부터 시작해야 한다.

chapter 1

모범생과 반항아 중 더 성공하는 건 누구일까

전교 1등이 사회 1등은 되기 어려운 이유

불확실한 현대 사회에선 안전하게 사는 것이 최고라고들 한다. 소위 '올바른 행동'만 얌전히 하면서 위험을 피하는 태도는 과연 성공으로 향하는 길인가? 아니면 고만고만한 삶으로 향하는 길인가?

이런 궁금증을 풀기 위해 규칙을 잘 지키는 반듯한 이들부터 살펴보자. 자식이 수석 졸업생이 되어 졸업사를 낭독한다. 십대의 자녀를 둔 부모라면 누구나 꿈꾸는 일이다. 엄마들은 열심히 공부하면 장래에 잘될 것이라고 말한다. 맞는 말이기는 하다. 그러나 항상은 아니다.

보스턴 대학교의 교수 캐런 아놀드Karen Arnold는 고등학교에서 학업 성적을 높게 받았던 학생들이 졸업 후 어떻게 지내는지를 알아보기 위해 수석 졸업자와 차석 졸업자 81명을 추적 조사했다. 이 중 95퍼센트는 대학에 진학했고 평균 학점은 3.6점이었으며 60퍼센트가 졸업 학위를 땄다. 고등학교의 성공이 대학으로도 이어진다는 것에는 반론의 여지가 없다. 거의 90퍼센트가 전문직 종사자가 되었고 40퍼센트는 고소득 직종에서 일한다. 그들은 착실하게 기복 없이 살고 있으며 사회에 잘 적응하고 있다. 어느 모로 보나 대다수가 '잘' 살고 있다.

그런데 이 수석 졸업생들 중에서 세상을 바꾸고 사회를 움직이고 자신의 분야에 뚜렷한 발자취를 남긴 사람은 얼마나 될까? 0명이다. 한숨이 나올 정도다.

아놀드는 피험자들의 성공 궤도를 이렇게 평했다. "대다수가 자기 직업에서 제법 성공하기는 했다. 그러나 고등학교를 수석으로 졸업한 학생들 대부분은 어른의 성취가 필요한 세상에서는 최정상으로 나아가지 못하고 있다." 또 다른 인터뷰에서는 이렇게도 말했다. "수석 졸업생들이 미래를 꿈꾸는 비전가는 되지 못하는 것 같다. 그들은 제도권을 뒤흔드는 것이 아니라 제도권에 안주한다."

이 81명이 성층권에 올라가지 못한 데에는 아무 이유도 없는가? 아니다. 학생들이 교실에서 두각을 보이게끔 만든 바로 그 요소가, 교실 밖에서는 홈런 타자가 되지 못하게 만드는 원인이다.

그렇다면 왜 학교에서의 1등이 진짜 세상에서는 좀처럼 1등이 되지 못하는가? 이유는 두 가지다. 첫 번째, 학교에서는 얌전하게 말을 잘 듣는 학생들이 좋은 성적을 받는다. 우수한 학업 성적은 그 학생의 성실함과 규칙 준수 능력이 뛰어나다는 것을 보여주는 지표일 뿐이다.

한 인터뷰에서 아놀드는 "우리 사회는 본질적으로 순응적인 태도와 제도권에 동조하는 능력에 보상을 준다"고 말했다. 추적 조사에 참여한 수석 졸업생 대다수가 자신은 가장 열심히 공부한 학생이었지 가장 똑똑한 학생은 아니었다고 인정했다. 또한 몇몇 학생은 선생님들이 원하는 모범 답안을 내는 것이 수업 내용을 잘 이해하는 것보다 더 중요하다고 말했다. 그들 대부분은 좋은 성적을 얻으려는 관점으로 임했고, '출세'를 지향했다.

두 번째로, 학교에서는 전반적으로 두루 잘 하는 아이가 좋은 성적표를 받는다. 유독 한 분야에 열정과 재능이 있는 학생은 별로 인정받지 못한다. 수학만 죽어라 파고들어서는 역사에서 A를 받기 어려운 것이다. 그러나 세상은 반대다. 아놀드는 수석 졸업생들에 대해 이렇게도 말했다. "그들은 사생활에서도 일에서도 뭐 하나 빠지는 곳 없이 두루 잘 한다. 하지만 그들은 어떤 한 분야에 모든 열정을 쏟아부은 적이 없다. 그래서는 아주 뛰어나게 탁월해지지는 못한다." 결국 우리가 뛰어드는 직업 세계에서는 한 가지 능력을 갖는 것이 중요하다. 나머지 능력은 별로 중요하지 않다.

아놀드는 또한 웃어넘기기 힘든 사실을 발견했다. 순수하게 배움을 즐기는 학생들이 학교 성적은 오히려 뒤떨어진다는 점이다. 학교 교육제도는 한 분야에 열정이 뚜렷하고 그 분야에서 높은 지식과 능력을 갖추기를 원하는 학생들에게는 전혀 도움이 되지 않는다. 반대로 수석 졸업생들은 지극히 실용주의자들이다. 그들은 군말 없이 규칙을 따르며, 깊은 이해보다는 성적표의 A를 더 소중하게 여긴다.

학교에서는 규칙이 분명하다. 그러나 삶은 아니다. 따라야 할 노선이 불투명해지는 순간 우등생들은 고장이 난다.

규칙을 따르는 것은 성공을 보장하지 않는다. 단지 가장 좋은 것과 가장 나쁜 것이라는 '양극단'을 없앨 뿐이다. 규칙을 준수하면 추락할 위험이 사라진다. 그리고 더 나아가, 세상을 뒤흔드는 업적을 세울 가능성도 같이 사라진다. 엔진 속도조절기가 고정돼 있어서 자동차가 시속 80킬로미터 이상 달리지 못하는 것과 비슷하다. 위험한 충돌 사고가 날 일은 거의 없지만, 마음먹고 시원하게 달리는 것 역시 불가능하다.

규칙을 준수하는 이들이 최정상에 오르지 못한다면, 그럼 누가 오른다는 것인가?

막돼먹은 성격 덕에 총리가 된 윈스턴 처칠

윈스턴 처칠은 원래라면 절대로 영국의 총리가 되지 못할 사람이었다. 처칠은 '모든 것에서 반듯한' 사람이 아니었다. 사실 그가 총리가 된 것 자체가 이변이었다. 그가 똑똑하다는 것은 모두가 다 인정했지만, 그는 고집불통에다 어디로 튈지 모르는 편집증적 성격이었다.

처음에는 그도 영국 정계에서 한 단계씩 차근차근 올라가 스물여섯 살에 하원에 당선됐지만, 결국 최고 자리에 오르기에는 능력과 자질이 부족하다는 평을 받았다. 그의 정치 경력은 사실상 1930년대에 끝났다. 영국 총리의 전형이라 할 만큼 모든 것에서 어긋나지 않게 행동하는 네빌 체임벌린Neville Chamberlain과 비교했을 때, 처칠은 어느 모로 보나 완벽하게 뒤지는 인물이었다.

영국은 절대 함부로 총리를 뽑지 않는다. 역대 총리들을 보면 대체로 미국 대통령들보다 나이가 많은 편이며 거치는 심사도 훨씬 깐깐하다. 존 메이저John Major도 역대 총리들보다는 무척 젊은 47세에 총리가 되었지만 객관적으로 봐도 그 자리를 맡을 준비가 된 사람이었다.

처칠은 별종이었다. 그는 조국 사랑이 지극한 것을 넘어 대영제국에 위협이 될 만하다 싶은 것은 병적으로 싫어했다. 그는 간디도 위험 인물이라고 생각했으며, 인도의 평화적 민중봉기에 대해서도 막말을 서슴지 않았다. 그는 영국판 치킨 리틀(디즈니 만화의 주인공으로, 작은 것에도 크게 놀라 반응하는 성격이다 - 옮긴이)이었고, 조국에 해가 되는 것에는 그 피해가 크든 작든 혹 상상에 불과하더라도 대놓고 욕을 퍼부었다. 하지만 묘하게도, 처칠을 세계 역사상 가장 존경 받는 지도자 중 한 명으로 만든 것도 바로 이런 막돼먹은 품성이었다.

이 치킨 리틀만이 유일하게 히틀러를 위협 요소로 생각했다. 체임벌린은 그 반대로 히틀러를 '한번 뱉은 말은 지키는 사람'이라고 말했고 그는 히틀러를 잘 어르고 달래면 나치의 도발을 막을 수 있을 것이라고 확신했다.

처칠의 편집증은 가장 중요한 순간에 예지력을 발휘했다. 그가 보기에 학교 깡패가 점심값만 얌전히 뜯어내고 자리를 떠날 리가 없었다. 그러니 그 깡패를 세게 한 방 먹여야 했다. 처칠의 정치 초기 경력을 거의 끝장낼 뻔한 편집증적 열성이야말로, 제2차 세계대전을 준비하는 영국에는 꼭 필요한 자질이었다. 그리고 다행히도 영국민들은 너무 늦기 전에 그 사실을 깨달았다.

좋은 지도자와 위대한 지도자의 차이

누가 최정상에 오르는가? 이 물음 이전에 다른 각도에서 질문을 던져볼 필요가 있다. 무엇이 위대한 지도자를 만드는가? 학계에서도 오랫동안 이에 관해 연구했지만, 제대로 된 답조차 얻지 못했다. 어떤 연구에서는 공로를 가로채는 리더가 있든 없든 위대한 팀은 성공한다는 결과가 나왔다. 또 어떤 연구에서는 팀의 성패를 가르는 가장 중요한 요인은 카리스마를 가진 개인이라고도 했다. 어느 쪽으로도 일관된 답을 정하지 못하고 있을 때 한 연구가 윤곽을 밝혀냈다.

하버드 대학의 가우탐 무쿤다Gautam Mukunda는 연구 결과가 그토록 중구난방인 이유를, 성향이 근본부터 완전히 다른 두 가지 유형의 지도자가 존재하기 때문일지도 모른다고 생각했다. 첫 번째 유형은 규칙을 지키고 기대에 부응하면서 정식 경로를 차근히 밟으며 위로 올라가는 사람들이다. 네빌 체임벌린 같은 이런 지도자들은 '여과형(filtered)' 리더들이다. 두 번째 유형은 지위의 사다리를 차근히 밟고 오르는 것이 아니라 난데없이 튀어나온다. 승진시켜줄 때까지 가만히 기다리지 않는 혁신적 기업가들, 얼떨결에 대통령에 오른 미국 부통령들, 에이브러햄 링컨처럼 상상도 못할 초거대 폭풍이 기회가 된 사람들. 그들은 '비여과형(unfiltered)' 리더들이다.

여과형 리더가 정상에 오르기 위해 입후보했다는 것은 이미 철저한 검증을 마쳤다는 소리다. 그들은 아마도 정석대로 '무난한' 결정을 내릴 것이다. 여과형 리더들은 까놓고 말해 거의 차이가 없다. 무쿤다의 연구가 대다수 리더들에게는 들어맞지 않는 것도 이런 이유에서다.

반대로 비여과형 리더들은 시스템의 검증을 거치지 않았으며 '무난한' 결정을 내린다는 보증도 없다. 그들 대부분은 무난한 결정이라는 게 무엇인지도 모를 것이다. 그들은 돌발 행동을 하며, 배경이 다르고, 도무지 종잡을 수가 없다. 그러나 그들은 변화를 불러오고 차이를 만든다. 대개는 안 좋은 쪽으로 차이를 만들기는 한다. 그들은 규칙을 지키지 않기 때문에 자신들이 이끄는 조직마저도 파괴한다. 그러나 비여과형 리더 중에서도 소수의 사람들은 조직의 잘못된 믿음과 어리석은 타성을 없애는 등 혁신을 감행해 조직이 더 좋은 지평을 바라보게 이끈다. 무쿤다의 연구에 따르면, 이런 리더들은 조직에 어마어마하게 긍정적인 영향을 미친다.

무쿤다는 박사 논문에서 자신의 이론을 미국 역대 대통령들에 대입해 누가 여과형이고 누가 비여과형인지, 그리고 누가 위대한 대통령이었는지를 평가했다. 압도적인 결과가 나왔다. 그의 이론은 99퍼센트라는, 보기 힘든 통계적 신뢰도로 미국 대통령의 영향력을 예측했다.

여과형 지도자는 세상을 뒤흔들지 못했다. 그러나 비여과형 지도자는 예외 없이 세상을 놀라게 했다. 대부분은 기존 질서를 무너뜨렸고, 링컨처럼 노예제도라는 악습을 무너뜨린 지도자도 있었다.

무쿤다는 그 이유를 직감적으로 이해했다. 통례를 벗어난 박사학위 논문을 발표하면서 그는 학계 구직 시장에서 아웃라이어(원래 아웃라이어는 통계에서 벨 곡선의 좌우 끝자락에 위치하는 이상치를 의미하며, 요즘에는 세상을 뒤바꾸거나 큰 흔적을 남긴 천재를 의미하는 말로도 많이 쓰인다-옮긴이)가 되었다. 50군데 이상의 대학에 이력서를 보냈지만, 하버드와 MIT 학위가 무색하게 면접 연락이 온 대학은 두 곳뿐이었다. 학교들은 정치학 기본을 가르칠 수 있는 튀지 않는 교수를 원했다. 다시 말해 '여과형' 학자를 원한 것이다. 틀을 내던진 접근법을 취하는 무쿤다를 체통이 전부인 교수 사회는 달갑지 않게 바라봤다. 슈퍼스타 아웃라이어를 원하며, 무난한 교수도 별종 교수도 다 지원할 수 있는 자원을 갖춘 대학만이 무쿤다 같은 인재에게 관심을 보였다. 하버드 경영대학원은 그에게 교직을 제안했고, 그는 받아들였다.

나와 대화를 나누면서 무쿤다는 말했다. "좋은 지도자와 위대한 지도자의 차이는 '좋고 나쁨'의 문제가 아니다. 그들은 근본적으로 다른 사람들이다." 영국인들이 나치에 대한 유화책이 실패한 후에도 더 훌륭한 네빌 체임벌린이 필요하다고 생각했다면 아마 큰 낭패를 봤을 것이다. 그들에게 필요한 사람은 더 여과된 지도자가 아니라 제도권이 질색을 하며 거부할 지도자였다. 옛 방식은 효과가 없었다. 똑같은 노력을 두 배 더 한들 처참한 결과가 나올 것이 뻔했다. 영국이 히틀러라는 거대 위협에 맞서기 위해서는 처칠이라는 독불장군을 내세워야 했다.

비여과형 지도자들이 훨씬 큰 족적을 남기는 이유가 무엇이냐는 내 질문에 무쿤다는 "그들에게는 남들과 차별화되는 특징이 있다"고 대답했다. 대단히 명석한 두뇌나 정치적 명민함 같은 그럴싸한 대답을 기대했다면 오산이다. 그들의 남다른 특징은 오히려 '나쁜 품성'이라는 말을 듣기 딱 좋다. 흔히들 말하는 '막돼먹은' 품성이다. 그러나 어떤 상황에서는 반대로 좋게 작용한다. 처칠이 피해망상에 가까운 태도로 영국을 방어한 것이 좋은 결과를 낸 것처럼, 그런 품성은 어떤 때에는 독이지만 잘 맞아떨어지는 상황에서는 그 무엇보다 효능이 뛰어난 약이 될 수 있다.

무쿤다는 그런 품성을 '증폭제(intersifier)'라고 부른다. 그리고 이 증폭제 안에 가장 큰 단점을 가장 위대한 강점으로 바꾸는 비결이 담겨 있다.

미친 자들이 모여 만든 오스카 최우수 애니메이션

2000년에 스티브 잡스는 고민이 많았다. 픽사의 다른 중역들도 그랬다. 픽사의 장점이 사라지고 있다! 그들은 「토이 스토리」, 「토이 스토리 2」, 「벅스 라이프」로 대박을 쳤지만 창의성의 대명사인 픽사 스튜디오가 성공을 거듭하며 성장하다가 굼떠지고 결국에는 안주할까 염려스러웠다.

팀에 새로운 활기를 불어넣을 시점이었다. 잡스, 존 래시터 감독, 에드 캣멀 회장은 「아이언 자이언트」라는 애니메이션으로 찬사를 받은 브래드 버드Brad Bird 감독을 기용해 차기작을 지휘하게 했다. 그들이 보기에 버드는 회사를 약동하게 만들 인재였다.

버드는 창의성의 위기를 극복하기 위해 픽사 최고의 실력자들에게 의존했는가? 아니다. 아니면 외부에서 인재를 데려와 새 피를 수혈했는가? 그것도 아니다. 안전이 제일인 여과형 인재는 더 이상 필요없었다. 지금까지는 그래서 성공했지만 그것 덕분에 지금의 고민거리가 생겼기 때문이다.

첫 프로젝트를 맡은 후 버드는 창의성 위기 극복 계획을 발표했다.

"검은 양이 필요합니다. 좌절에 빠진 아티스트가 필요합니다. 남들이 코웃음 치는 방식으로 행동하는 사람이 필요합니다. 머리를 이미 문 밖으로 내민 사람들은 다 보내주십시오." (번역: 비여과형 아티스트를 달라. 미친 인간들이라는 건 안다. 내게는 그런 사람들이 필요하다.)

버드의 새 애니메이션을 위한 '특공대작전 팀'은, 영화만 다른 방식으로 찍는 것이 아니었다. 그들은 픽사 스튜디오 전체를 싹 뒤바꿨다.

우리는 검은 양들에게 새로운 생각을 입증할 기회를 주었고, 이곳의 작업 방식을 무수히 바꾸었다. 우리가 만든 영화는 전작인 「니모를 찾아서」보다도 1분당 제작비를 적게 들이면서도 세트 수는 세 배였으며 전에는 하기 힘들었던 작업들도 다 할 수 있었다. 이 모두가 픽사의 우두머리들이 우리에게 마음껏 미친 짓을 하게 해준 덕분이다. 새 프로젝트의 명칭은 「인크레더블」이었다. 이 애니메이션은 6억 달러가 넘는 흥행 수입을 거두었으며 오스카 최우수 애니메이션 상을 수상했다.

연구에 따르면 창의성이 높은 사람은 거만하고 부정직하고 어수선하며, 학교 성적도 낮은 편이다. 선생님들은 말로는 아니라고 하면서도 창의성이 높은 학생을 싫어한다. 그런 학생들은 시키는 대로 고분고분 잘 따르지 않기 때문이다. 그들이 과연 훌륭한 직원이 될까? 글쎄다. 짐작하겠지만 창의성은 직원 고과 점수와는 반비례한다고 한다. 창의성이 높은 직원이 CEO까지 올라갈 가능성은 굉장히 낮다.

「에일리언」 시리즈에서 정나미 떨어지도록 오싹하게 생긴 우주 괴물을 디자인했던 H. R. 기거Giger는 이렇게 말했다. "스위스 쿠어에서 '예술가'라는 말은 주정뱅이, 난봉꾼, 게으름뱅이, 얼간이를 다 합친 욕설이다."

평균이라는 단어의 무시무시한 함정

수학자들이라면 익히 알겠지만 '평균'은 사람들을 속이기 좋은 단어다. 유명 광고회사 BBDO의 CEO 앤드류 로빈슨Andrew Robinson은 말했다. "머리는 냉장고 안에 넣고 있고 발은 버너 위에 올리고 있을 때에도 평균 온도는 괜찮지 않은가. 나는 평균이라는 말을 항상 경계한다."

독특한 시나리오로 분류할 수 있는 것은 평균적으로 보면 문제의 소지가 많은 시나리오일 것이다. 전반적으로 좋은 자질도 양극단에서는 굉장히 나쁜 자질이 될 수 있다. 8개월 동안 잘 입고 다닌 재킷일지라도 한겨울 추위에는 멍청한 선택이 된다. 증폭제 역시 마찬가지다. 평소에는 아주 끔찍했던 자질과 품성도 특정 상황에는 큰 도움이 된다. 마치 평범한 시내 도로에서는 몰기 힘들지만 카레이싱에서는 신기록을 경신하는 경주차 포뮬러 원과 같다.

이것이 통계학의 기본 개념이다. 성과의 양극단에서 중요한 것은 평균이 아니라, 표준에서 벗어나는 정도인 '분산'이다. 평균을 늘리기 위해 최악을 없애려는 것이 우리 인간의 보편적 행동 방식이지만, 최악을 없애다 보면 분산도 줄어든다. 벨 곡선의 왼쪽을 잘라내면 평균은 올라가지만 왼쪽에 위치한다고 생각하는 특징은 오른쪽에도 언제나 같이 존재하기 마련이다.

이것을 잘 보여주는 예가 흔히들 말하는 창의성과 정신질환의 관계이다. 딘 키스 사이먼턴Dean Keith Simonton의 「미치광이 천재의 역설」이라는 연구에서는 창의성이 약간 높은 사람은 평범한 사람보다 정신이 더 건강하지만, 창의성이 '극단적으로' 높은 사람은 정신질환에 걸릴 확률이 훨씬 크다고 말한다. 리더십 여과 이론과 마찬가지로, 최정상의 성공을 이룬 이들은 평소에는 문제의 소지가 다분한 품성에 발을 푹 담그고 있다.

주의력결핍장애(ADD)를 가진 사람들이 더 창의적이라는 연구 결과가 여럿 있다. 심리학자 폴 피어슨Paul Pearson이 발견한 기질, 신경질적 성격, 정신병질의 관계에 따르면 충동성이란 폭력적이라거나 범죄를 저지를 확률이 높다는 의미로 많이 언급되는 부정적 형질이지만 창의성과도 연관이 높았다.

사이코패스를 고용해야 한다는 것인가? 그런 말은 아니다. 게다가 피어슨의 연구에서 사이코패스들의 일 처리 능력은 평균적으로 좋지 않았다. 대부분은 그게 끝이다. 그러나 「성공한 예술가들의 인성 특성」이라는 연구에 따르면, 창의적 분야에서 최고 실력을 가진 예술가들은 그렇지 않은 예술가들보다 정신증적 성향이 훨씬 높다. 「인성과 사회심리학 저널」에 실린 또 다른 연구에서도, 큰 성과를 낸 역대 미국 대통령들 역시 정신증적 특성 점수가 높은 것으로 드러났다.

증폭제가 긍정적 특성으로 자주 둔갑하는 이유는 성공한 사람들을 바라보는 관대한 시선 때문이다. 가난뱅이는 '미친 놈', 부자는 '괴짜'라고 부른다는 옛 농담도 있다. 성공한 자의 진영에 들어간 사람에게 강박증은 좋은 특징으로 포장되고, 그렇지 못한 사람의 강박증은 버려야 할 특징으로 치부된다. 누구의 완벽주의는 칭찬받아 마땅한 품성이지만 누구의 완벽주의는 그저 '미친 짓'일 뿐이다.

어떤 분야에서 대가가 되려면 1만 시간의 노력이 필요하다는 K. 안데르스 에릭슨Anders Ericsson의 연구는 말콤 글래드웰Malcolm Gladwell의 책을 통해 이미 알려질 대로 알려져 있다. 1만 시간이면 얼마 만큼인지 감도 잡히지 않는다. '누가 그렇게까지 하겠어?'라는 생각부터 먼저 든다.

전문가라는 말은 곧바로 헌신이나 열정 같은 긍정적인 단어를 연상하게 만든다. 그러나 당장 먹고사는 데 불필요한 일에 그토록 많은 시간과 노력을 쏟는다는 것은 집착을 빼놓고는 설명이 안 된다. 수석 졸업생은 학교가 직장이나 다름없다고 생각하므로 모든 과목에서 A를 받고 규칙도 성실히 지킨다. 그러나 강박증을 가진 창의적 천재들은 다르다. 그들은 광신도처럼 앞뒤 가리지 않고 자신의 열정에만 매진해 성공을 거둔다.

「탁월함의 일상성」이라는 기념비적 연구에서 대니얼 챔블리스Daniel Chambliss는 최정상 수영선수들의 피를 깎는 헌신과 변함없이 단조로운 일상생활을 조사했다. 오랫동안 하루도 빠짐없이 똑같은 일과를 반복하는 그들의 모습은 '헌신'이라는 단어만으론 부족하다. 그러나 '강박'이라는 표현에는 저절로 고개가 끄덕여진다.

증폭제란 스포츠처럼 개인의 기량과 전문 능력이 중요한 분야에나 해당하고 나머지 사람들의 세상과는 상관없는 개념이라고 생각할 수도 있다. 하지만 이는 사실과 다르다. 세계 최고 부자들만 봐도 알 수 있다. 부정적이라고 여겨질 만한 아웃라이어의 기질은 전혀 없고 성실하게 규칙만 얌전히 따르는 사람이 그들 중에서 얼마나 될까? 하나도 없다.

포브스에서 발표한 세계 부자 400명 중 58명은 대학문 근처에도 가지 않았거나 중간에 학교를 그만뒀다. 이 58명(전체의 거의 15퍼센트)의 순재산은 평균 48억 달러이다. 이것은 전체 400명의 순재산 평균보다 167퍼센트나 더 많은 것이며 아이비리그 대학을 나온 부자들의 순재산 평균보다 두 배나 더 많다.

기업이여, 극단적인 아웃라이어를 찾아라

맹렬히 돌진하는 실리콘밸리의 기업가. 그들은 이 시대의 존경과 숭배를 한 몸에 받는 상징적 표상이다. 다음의 묘사를 듣고 주변에 이런 이들이 있는지 살펴보자. '에너지 덩어리. 잠자는 것을 잊어버림. 위험 감수자. 어리석은 행동을 웃어넘기지 않음. 오만에 가까운 자신감과 카리스마. 끝없는 야망. 저돌적이고 휴식을 모름.' 아마 거의 없을 것이다. 이런 묘사는 경조증이라는 비교적 가벼운 수준의 조증을 설명할 때 자주 나오는 특징이다.

존스홉킨스의 심리학자 존 가트너John Gartner의 연구에 따르면 조증의 특징과 실리콘밸리 기업가들의 기질이 비슷한 것은 우연의 일치가 아니다. 중증 조증인 사람들은 정상 사회에서는 제대로 능력을 발휘하지 못한다. 그러나 경미한 조증은, 한 사람을 희열에 들떠 앞뒤 가리지 않고 목표를 향해 맹렬히 전진하는 기계로 만들지만 그러면서도 현실과 연결된 (가느다란) 끈도 놓지 않게 만든다.

이렇게 증폭제를 가진 사람들에 대해서는 좋은 점과 나쁜 점을 함께 받아들여야 한다. 「나쁜 행동을 없앴을 때의 경제적 가치: 비행 청소년, 학교생활, 노동시장」이라는 연구 결과에 따르면, 비행 청소년들의 호전성과 일탈 행위를 줄이기 위해 노력했더니 성적은 좋아졌지만 훗날 그들의 소득도 같이 줄었다고 한다. 비행 청소년들이 나중에 가서는 더 열심히 일했고 생산성도 더 높았으며 소득도 3퍼센트나 더 높았다.

벤처투자에서도 비슷한 일이 벌어진다. 유명 벤처투자자인 마크 앤드리슨Marc Andreesen은 스탠퍼드 대학교 연설에서 이렇게 말했다.

벤처투자 사업은 그야말로 아웃라이어 게임입니다. 극단적 아웃라이어를 찾아내는 게임이죠. 우리는 이 개념에 충실하면서 약점이 없는 회사와 특출난 강점을 가진 회사를 비교해 투자합니다. 듣기에는 단순해 보이지만 사실 굉장히 미묘합니다. 벤처에 투자하기 위한 첫 단계는 체크리스트를 수없이 만드는 것입니다. "창업자가 꽤 훌륭해. 아이디어 좋아. 제품 좋아. 초기 고객 좋아. 확인, 확인, 확인, 확인. 이 정도면 괜찮네. 여기에 돈을 투자해야지." 항상 이런 식의 작업을 거치게 되죠. 그런데 이 작업이 다 끝나고 나면 무언가 정말로 눈에 확 띄는 특별한 점을 가진 회사들은 거의 안 남습니다. 걸러진 회사들은 아웃라이어가 될 만한 극단적 강점이 없습니다. 그리고 반대로, 아주 엄청난 강점을 가진 회사들은 대개가 심각한 결함이 있습니다. 벤처투자 사업에서 절대 경시하지 말아야 할 교훈 하나는, 심각한 결함이 있다는 이유로 투자하지 않으면 대박 투자는 대부분 물 건너간다는 것입니다. 그런 일은 수도 없이 겪고 또 겪습니다. 그러면서 대박 투자들은 하나 둘 목록에서 사라지게 됩니다. 결국 우리가 원하는 것은 정말로 극단적 강점을 가진 스타트업에 투자하는 것입니다. 아주 중요한 강점 한 가지가 있다면 다른 몇 가지 단점들은 기꺼이 참을 수 있습니다.

어떤 경우에는 커다란 비극이 원인이 되어 가장 거대한 증폭제가 만들어지기도 한다. 다음 네 사람의 공통점은 무엇일까?

에이브러햄 링컨, 간디, 미켈란젤로, 마크 트웨인

이들 모두 16세가 되기 전에 부모 중 한쪽을 잃었다. 어른이 되어 눈부신 성공을 거둔(또는 적어도 악명 높은 위력을 떨친) 고아들의 목록은 훨씬 길며 개중에는 영국 수상도 15명이나 있다.

어린 나이에 엄마나 아빠를 잃는다는 것은 아이에게는 세상이 무너지는 충격이며 뼛속까지 부정적 영향을 받는다. 그러나 대니얼 코일Daniel Coyle은 『탤런트 코드』에 다음과 같이 소개했다. 부모를 잃은 아이들은 마음속에 '세상이 안전하지 않으므로 생존을 위해서는 무한한 노력과 에너지를 쏟아부어야 한다'는 감정이 생긴다는 것이다. 독특한 인성과 환경이 결합되면서 이들은 비극을 그냥 비극으로 넘기지 않고 위대해지기 위한 자양분으로 바꾼다.

알맞은 환경만 만나면 부정적 품성도 대단히 훌륭한 장점이 될 수 있다. '나쁜' 기질도 경우에 따라 증폭제가 될 수 있다는 뜻이다. 그렇다면 나쁜 기질을 위대한 힘으로 바꾸려면 어떻게 해야 할까?

당신은 성실한 모범생인가 또라이 혁신가인가

가우탐 무쿤다와 대화를 나눈 후에 나는 이런 질문을 던졌다. "이 이론을 어떻게 이용하면 더 성공적인 삶을 살 수 있을까요?" 모두가 궁금해하는 이 물음에 대해, 그는 두 가지 방법을 제시했다.

첫째는 '너 자신을 알라'이다. 수도 없이 회자된 말이다. 델포이의 신탁을 받는 신전 입구 돌에도 새겨져 있고 신약성서 외경인 도마복음에도 나온다. "네 안에 있는 것을 꺼낸다면 그 꺼낸 것이 너를 살릴 것이요. 네 안에 있는 것을 꺼내지 못한다면 그 꺼내지 못한 것이 너를 죽일 것이다."

규칙을 잘 지키는 데 능숙한 수석 졸업생 류의 사람이라면, 지금까지 해왔던 노력을 몇 배로 기울이면 된다. 그리고 이 길이 자신한테 맞는 길이라는 것을 잊지 말아야 한다. 성실함이 최고의 장점인 사람은 학교에서 높은 성적을 받는다. 그리고 세상이 이미 길을 정해놓은 분야에서 쉬이 성공할 수 있다. 그러나 답이 정해지지 않은 세상으로 간 순간 그들의 삶은 아주 고단해진다. 실직을 하게 되면 성실함을 최고 미덕으로 여기는 이들은 그렇지 않은 사람들보다 행복감이 120퍼센트나 더 많이 떨어진다. 그들은 길이 정해져 있지 않은 곳에서는 쉽게 길을 잃는다.

아웃사이더, 예술가, 비여과형 리더에 속하는 이들은 반대다. 남들처럼 성공하기 위해, 엄격한 제도권에 순응하려 할수록 그들의 인생은 험난해진다. 본인이 가진 증폭제를 무작정 억누르다 보면, 어색한 모습만 계속 보이고 스스로 그 독특한 장점마저도 부인하게 된다.

자기계발을 위한 노력은 꼭 필요한 행동이지만, 우리가 가진 근본적 인성은 좀처럼 바뀌지 않는다. 말재주, 적응력, 충동성, 겸양 등의 특성은 어렸을 때나 어른이 되어서나 그대로 이어진다.

경영학에 가장 많은 영향을 끼친 사상가 피터 드러커Peter Drucker는 『21세기 지식경영』에서 다음과 같이 말한다. "처음부터 끝까지 성공적인 커리어와 삶을 위해서는 당신 자신을 알아야 한다"고 말이다. 무쿤다의 말과 정확히 일치한다. 나 자신을 안다는 것, 다시 말해 인생에서 원하는 바를 이룬다는 것은 자신의 강점을 잘 알아야 한다는 뜻이다.

어떤 사람들은 자기가 할 일을 자신 있게 선택하고, 그 일을 잘할 수 있다고 자신하고, 차분하게 전진하면서 실제로도 놀라운 결과를 만들어낸다. 그런 사람들을 보면 부러워 미칠 지경이다. 하지만 그들의 비밀은 다른 데 있지 않다. 그들은 모든 것을 잘하지 않는다. 대신 자신의 강점을 확실하게 알고 그 강점을 발휘할 수 있는 일을 선택한다. 드러커는 이렇게 설명한다.

자신을 잘 알고 있다면 기회가 왔을 때, 제안을 받았을 때, 그리고 작업을 배정받았을 때 이렇게 말할 수 있다. "그래, 나는 그 일을 할 거야. 그러나 나는 '이런 방식'으로 그 일을 할 거야. 원래 그 일은 이렇게 해야 하는 거야. 이게 내 방식이야. 그게 당신이 나한테서 이 시간 내에 기대할 수 있는 결과야. 이게 나라는 사람이야."

그러나 자신의 강점을 알아내는 것은 힘든 일이다. 대부분의 사람들이 자신의 강점이 무엇인지 확신하지 못한다. 이럴 때 드러커의 정의가 도움이 된다. "노력해서 원하는 결과가 나올 만큼 당신이 잘하는 일은 무엇인가?"

잘하는 일을 알아내는 방법으로 드러커는 이른바 '피드백 체계'라는 것을 제안한다. 전혀 어렵지 않다. 어떤 일에 착수하면 기대하는 결과를 미리 적어두고, 나중에 나온 결과도 또 적는다. 이런 일을 반복하다 보면 자신이 잘하는 일과 못하는 일이 무엇인지 알게 된다.

나라는 사람이 어떤 유형인지 그리고 나의 강점이 무엇인지 파악한다면, 성공과 행복으로 향하는 여정에서 다른 사람들보다 몇 킬로미터는 더 앞서게 된다. 현대 긍정심리학 연구에서도 거듭 드러나다시피, 행복의 문을 따는 중요한 열쇠 하나는 자신의 '대표 강점(signature strength)'을 두드러지게 하는 것이다. 갤럽 조사에 따르면 본인이 잘하는 일에 더 많은 시간을 보내는 사람이 스트레스를 적게 받고, 더 많이 웃으며, 존중받는다고 느낀다.

월스트리트 최고 애널리스트가 이직 후 평범해진 까닭

자신의 핵심 강점을 아는 것을 넘어서 진짜 성공하려면 어떻게 해야 하는가? 여기서 무쿤다의 두 번째 조언이 나온다. '나와 맞는 환경을 찾아라.'

당신에게 맞는 환경을 찾아야 한다. 환경은 아주 중요하다. 어떤 상황에서 놀라운 성공을 일군 비여과형 지도자는 다른 상황에서, 아니 거의 모든 상황에서 비참하게 실패할 것이다. "나는 항상 성공했어. 성공의 대명사는 나야. 성공이라는 말에서 나를 빼면 시체지. 이 새로운 환경에서도 나는 당연히 성공할 거야." 착각은 자유라고 하지만, 아주 심한 착각이다. 당신이 성공한 것은 어쩌다 속하게 된 환경이 당신의 성향과 재능 그리고 능력에 딱 맞아떨어졌기 때문이다. 그런 환경에서 성공하는 데 필요한 능력과 자질을 가지고 있었기 때문이다.

스스로 묻자. '나라는 사람의 행동을 가치 있게 여겨줄 곳은 어디인가?' 환경은 모두에게 영향을 미친다. 사실 환경에 가장 크게 영향받는 사람은, 규칙 따르기에 일가견이 있는 근면하고 성실한 수석 졸업생들이다. 가진 열정이 크지도 않았고 본인의 즐거움을 위해 매진한 것도 아니었던 이 모범생들은 자유의지로 선택을 해야 하는 순간 잘못된 방향으로 길을 잡는다. 캐런 아놀드는 자신이 연구한 수석 졸업생들에 대해 이렇게 말한다. "흔히들 수석 졸업생 정도 되면 자기 일은 자기가 알아서 잘할 것이라고 생각한다. 그러나 학교에서 받은 A라는 학점이 일에서 높은 성취로 직결되는 것은 아니다."

본인이 여과형 박사이건 비여과형 예술가이건, 맞는 환경을 찾는 것은 굉장히 중요하다. 하버드 경영대학원의 보리스 그로이스버그Boris Groysberg 교수가 최고 성과를 내다가 경쟁사로 옮겨간 월스트리트 애널리스트들을 관찰했더니 흥미로운 결과가 나왔다. 이직한 후의 그들은 더 이상 최고가 아니었다. 원래 가진 실력이 뛰어난데 그 실력이 어디 가겠냐고? 환경과 주위 상황에 대한 이해, 그들을 지원하는 팀, 팀이 긴 시간 발전시킨 요령 역시 중요하다는 것을 기억하라. 그로이스버그도 같은 결과를 발견했다. 자기 팀을 같이 데리고 이직한 애널리스트는 옮겨 간 회사에서도 놀라운 실적을 유지했다.

맞는 환경을 찾아낸 사람은 자신의 대표 강점과 환경을 십분 살려 최고의 가치를 창조할 수 있다. 이것은 단순히 일에서 위대한 성과를 내는 것에 그치지 않는다. 자신을 잘 파악하는 것은 어떤 분야에서든 훌륭한 가치를 창조하는 데 도움이 된다.

도요타의 자선 기부 방식은 이 사실을 잘 보여준다. 뉴욕시 푸드뱅크는 기업 기부가 없으면 제대로 돌아가지 못한다. 도요타 역시 꾸준히 돈을 기부해왔다. 그러다 2011년 도요타 직원들이 기발한 아이디어를 생각해냈다. 미세조정 프로세스에 많은 시간을 할애하는 도요타의 엔지니어들은 문득 이런 생각이 들었다. '현금 기부는 어느 회사라도 할 수 있으니 우리는 특별한 전문 능력을 기부하면 어떨까?' 그래서 그들은 '효율성'을 기부하기로 결정했다.

모나 엘나가르Mona El-Naggar 기자는 그 결과에 대해 이렇게 설명했다.

할렘의 무료 급식소에서 도요타의 엔지니어들은 길면 90분까지 기다려야 했던 식사 시간을 18분으로 줄였다. 스태튼섬의 식품 배급소에서는 사람들이 식료품 가방을 채우는 데 걸리던 시간이 11분에서 6분으로 단축됐다. 그리고 자원봉사자들이 허리케인 샌디의 이재민들을 돕기 위해 상자에 구호용품을 담는 브루클린 부시위크의 한 창고에서는 상자 하나를 포장하는 데 걸리는 시간을 3분에서 11초로 줄였다.

누구라도 이렇게 할 수 있다. 그러려면 스스로를 알고 맞는 물을 잘 골라야 한다. 나의 강점을 파악하고 그걸 발휘할 알맞은 환경을 골라야 한다.

규칙을 잘 지키는 사람이라면 자신의 대표 강점에 어울리는 조직을 찾아내 전속력으로 달려야 한다. 사회는 규칙을 잘 지키는 사람에게 보상을 주며, 이런 사람들이 세상의 질서를 유지시킨다.

반대로 비여과형인 사람은 직접 길을 밝혀야 한다. 위험하지만 그런 사람은 원래 위험이 맞는 체질이다. 나 자신을 독특한 존재로 만드는 증폭제를 십분 활용해야 한다. 내가 가진 '결점'까지 포용한다면 성공의(그리고 행복의) 정점에 오를 가능성도 더 높아진다.

물론 내가 누구이고 어느 유형에 속하는지를 알았다고 해서 끝이 아니다. 인생은 나라는 사람만으로 이뤄진 것이 아니기 때문이다. 세상을 살려면 다른 사람들과도 어울려야 한다. 타인과 잘 어울리는 방법은 무엇인가? 착한 사람은 꼴찌로 살 수밖에 없는가? 적당히 요령도 피울 줄 알아야 그리고 몇 사람은 밟고 넘어서야 앞서 달릴 수 있는가?

정말로 그럴까?

chapter 2

착한 사람은 꼴찌로 살 수밖에 없는가

아직도 세상이 공평하다고 믿는 당신에게

"열심히 정직하게 일하라. 그러면 성공할 것이다."

과연 그럴까? 안타깝게도 세상은 전혀 그렇지 않다. 그 증거 역시 널리고 널렸다. 관련 설문조사에 응한 이들은 노력이 성공으로 가는 최고의 지름 길이라고 말하지만, 실제 연구 결과는 노력이 가장 멀리 돌아가는 길이라는 것을 보여준다.

스탠퍼드 경영대학원의 교수 제프리 페퍼Jeffrey Pfeffer에 따르면, '상사에게 잘 보이는 것'이 '열심히 일하는 것'보다 훨씬 중요하다고 한다. 열심히 일하지만 인상 관리는 잘 못하는 직원보다 좋은 인상을 유지하는 직원이 고과 점수를 더 잘 받는다는 연구 결과도 있다.

주변에 이런 사람 한두 명쯤 꼭 있다. 간도 쓸개도 없는 아첨꾼들 말이다. 요즘 세상에도 상사에게 아첨하는 것이 효과가 있을까? 위 연구에서 본 것처럼, 아첨의 효력은 상상 이상으로 세다. 심지어 상사가 그 말이 마음에도 없는 아부라는 것을 알 때에도 분명 효과가 있다고 한다. 캘리포니아 대학교 버클리의 제니퍼 채트먼Jennifer Chatman 교수는 아첨의 역효과를 알아보는 연구를 했다. 단 하나도 찾지 못했다.

페퍼는 세상이 공정하다는 생각을 버리라고 단호하게 말한다.

직장에 계속 다니는 사람들과 실직한 사람들을 조사해보니 상사들의 기분을 잘 맞추는 직원은 성과가 크게 중요하지 않았다. 반대로 상사의 기분을 건드리는 직원은 좋은 성과도 동아줄이 되지 못했다.

열심히 일하면서 정당한 보상을 기대하는 사람들에게는 씁쓸한 현실이다. 이게 끝이 아니다. 더 나쁜 현실이 있다. 끝까지 살아남는 이들 중에는 아첨꾼만이 아니라 자기 잇속만 차리는 사람들도 있다.

혹시 연봉 협상을 할 때 '좋은 게 좋은 것'이라는 호혜 원칙을 따르는가? 애석하게도 연봉 협상에서는 자기 욕심을 앞세워 강하게 인상을 요구하는 사람들이 더 좋은 결과를 이끌어낸다. 「하버드 비즈니스 리뷰」의 보고서에 따르면 인성 특성 검사에서 '친화성' 점수가 낮은 사람은 점수가 높은 사람보다 연봉이 1만 달러나 높다. 무례한 사람들에겐 오히려 함부로 대하지 못하고, 사람 좋게 굴면 얕봐도 된다는 식의 생각이 널리 퍼져 있다는 뜻이기도 하다. 서글픈 세상이다.

우리가 타인의 성격을 평가하면서 내리는 결론의 80퍼센트는 '저 사람 참 성격 좋아'이거나 '저 인간 진짜 유능해'와 같은 것이다. 하버드의 테레사 에머빌Teresa Amabile의 연구도 우리가 두 가지 특성을 상반된 것으로 생각하고 있다는 사실을 보여준다. 다시 말해, 사람이 너무 좋으면 실력은 조금 떨어질 것이라고 생각한다. 실제로도 자기 잇속만 차리는 사람은 힘도 더 많이 가지고 있다는 시선을 받고, 규칙을 어기는 사람이 규칙에 순종하는 사람보다 더 큰 힘이 있다고 여겨진다.

이는 단순히 '시선'으로만 끝나지 않는다. 자기 잇속을 차리는 인간들이 착한 사람들보다 실제로 직장에서 더 승승장구하기도 한다. 부정적 특성 몇 가지는 리더가 되는 데 도움이 될 수 있기 때문이다. 사다리를 가장 빨리 오르고 직장에서도 가장 좋은 점수를 받는 경영자는, 자기 할 일을 성실히 완수하는 사람이 아니다. 힘을 얻는 데 혈안이 된 사람이다.

설상가상으로 착한 사람은 남 좋은 일만 실컷 하다가 죽을 수도 있다. 직장에서 힘이 없다는 것은, 즉 자기 일에 대한 통제권이나 재량권이 거의 없다는 것은, (비만이나 고혈압보다도) 관상동맥질환에 더 해롭다. 하는 일에 비해 월급이 적다고 느끼는가? 그러면 심장마비의 위험이 높아진다. 반면에 아첨꾼이 되면 직장에서 받는 스트레스가 줄기 때문에 건강도 좋아지고 행복감도 올라간다.

나도 이런 착한 사람인가? 이 모든 나쁜 뉴스를 남의 일이라고 속 편하게 넘기기가 힘든가? 직장에서 높은 지위를 얻지 못해 업무 처리 능력에도 피해를 받고 있으니 마냥 웃어넘기기가 힘든 것 같다. 더 간단한 표현을 원하는가? 힘이 없다는 느낌은 나라는 사람을 진짜 '바보 얼간이'가 되게 한다.

우리는 디즈니 영화의 결말처럼 결국에는 선이 악을 이긴다고 배웠다. 그러나 학자들이 본 현실은 그렇지 않았다. 「나쁜 것이 좋은 것보다 힘이 세다」는 직설적 제목의 논문에서는 많은 분야에서 나쁜 것이 좋은 것보다 무시무시할 정도로 훨씬 오래, 그리고 훨씬 크게 영향을 미친다고 말한다.

"나쁜 감정, 나쁜 부모, 나쁜 피드백은 좋은 것들보다 훨씬 강력한 영향을 미치며, 나쁜 정보는 좋은 정보보다 훨씬 철저하게 파헤쳐진다. (좋은 것이 더 힘이 세다는) 예외는 거의 찾지 못했다. 이런 사실들을 다 합치면 나쁜 것이 좋은 것보다 더 힘이 세다는, 심리적 현상에 두루 적용할 만한 일반 원칙이 도출된다."

도서관에서 윤리책의 도난율이 다른 책들보다 25퍼센트 더 높다는 비공식 연구 결과도 있다. 이쯤에서 그만하겠다. 이 책의 사은품으로 항우울제를 내놔야 하는 사태는 막아야 하지 않겠는가.

자기 잇속만 차리는 인간이 성공하는 이유는 무엇인가? 겉과 속이 다르고 심보도 고약한 그들에게도 나름의 장점이 있다. 그들은 자기가 원하는 것을 확실히 말할 줄 알고, 자기가 이룬 것을 남에게 알리는 데에도 전혀 주저하지 않는다.

자기 잇속만 차리는 사람이 되라는 소리처럼 들리는가? 섣부른 결론은 내리지 말기 바란다. 아직 본론은 시작도 안 했다. 그들의 승리는 잠시 잠깐이다. 그리고 우리는 반대쪽 이야기도 들어봐야 한다.

세상에서 가장 불행한 나라, 몰도바의 사람들

내가 앞으로 거짓말을 일삼고 남을 속이고 상사에게 아첨만 할 것이라고 말하면 엄마가 할 말은 뻔하다. "남들도 다 그렇게 하면 어쩔 거니?" 우리의 시작도 여기부터다. 우리 모두가 이기적으로 굴고 남을 조금도 신뢰하지 않는다면 무슨 일이 벌어질까? 몰도바가 그 답을 알려준다.

'나는 세상에서 제일 불쌍한 사람이야.' 누구라도 수십 번은 더 하는 생각이다. 초등학생이었을 때도, 직장에서 일이 잘 안 풀려도, 하루 일진이 사나웠어도 우리는 세상에서 나만큼 불쌍한 사람은 없을 것이라고 생각한다. 그러나 몰도바에 살아본 사람이 아니라면 그런 생각은 과학적으로도 전혀 맞지 않는다.

네덜란드의 사회학자이며 '행복 연구의 대부'라고 불리는 뤼트 베인호번Ruut Veenhoven은 세계 행복 데이터베이스를 관리하고 분석한다. 베인호번은 세계 모든 나라들의 행복 점수를 매겼고 그중 꼴찌는 몰도바였다.

이름도 잘 알려지지 않은 전 소비에트 연방 국가가 최하점의 불명예를 받은 이유는 무엇인가? 몰도바 사람들은 서로를 조금도 믿지 않는다. 정말로 그럴 수 있을까 싶을 정도인데, 서로를 전혀 믿지 않는 탓에 몰도바에서는 생활 자체가 숨이 막힐 정도로 힘겁다. 작가인 에릭 와이너Eric Weiner가 언급한 내용에 따르면, 몰도바에서는 학생들이 합격점을 받으려 교사에게 뇌물을 주는 일이 흔하다. 또한 몰도바 사람들은 35세 이하의 젊은 의사에게는 진찰을 받지 않으려 한다. 그 의사가 학위를 돈으로 샀을 것이라고 생각하기 때문이다.

와이너는 몰도바 국민들의 태도를 한 마디로 요약한다. "내 알 바 아니야." 몰도바에서는 집단 이익을 위한 단체 행동이 거의 불가능하다. 아무도 타인을 위해 선행을 하려 하지 않는다. 신뢰 부족은 몰도바를 이기심의 블랙홀로 바꿔놓았다.

"남들도 그렇게 하면 어쩔 거니?"라는 엄마 말에 우리는 별 생각 없이 "다 그러지는 않을 거야"라고 대답한다. 정말로 다 그러지는 않을까? 이기심 때문에 내리막을 걷는 회사나 부서는 한둘이 아니다. 여러 연구들이 이구동성으로 말하듯, 나쁜 행동은 전염성이 강하다. 금세 전파된다. 얼마 안 가 나만이 아닌 모두가 검은 꿍꿍이를 품는다.

듀크 대학교의 댄 애리얼리Dan Ariely가 진행한 연구에 따르면, 타인의 부정행위를 눈감아주는 행동은 집단 전체의 부정행위를 늘리는 결과를 가져온다. 이 부분에서는 모두가 공범이 될 수 있다. 이렇게 생각해보자. 나는 속도제한을 항상 잘 지키는가? 윤리학에서는 우스갯소리로 '모든 행동은 세 범주로 나눌 수 있다'고 말한다. 옳은 행동, 그른 행동, 그리고 '남들도 다 하는 행동'이다. 타인의 나쁜 행동을 눈감아준다는 건, 그 행동을 해도 괜찮다고 생각하게 되는 것이다. 남들은 지키지 않는데 나만 혼자 규칙을 잘 지키는 호구가 되고 싶은 사람은 아무도 없다.

타인을 믿지 못할 사람이라고 생각하게 되면 자기충족적 예언이 만들어진다. '저 인간은 어차피 못되게 굴 거야, 그러니 믿으면 안 돼.' 이렇게 해서 불신의 악순환이 탄생한다. 썩은 사과가 단 하나만 섞여도 팀의 성과가 30~40퍼센트 줄어든다는 것은 전혀 놀랄 일이 아니다.

직장, 스포츠팀, 가정 등 여러 분야 사람들을 대상으로 타인에게 가장 원하는 품성이 무엇인지 묻는 설문조사를 했다. 답은 '신뢰할 수 있는 사람'이었다.

그래. 인정한다. 못된 술수를 부리는 사람이 보상을 얻을 수 있다. 그러나 남들도 똑같이 꼼수를 쓰게 되는 것은 시간문제이다. 모두가 피해를 입는다. 사람들이 공동선에 기여함으로써 만들어지는 가치라고는 눈을 씻고 찾아봐도 볼 수 없는, 몰도바식 자기중심적 문화가 전체에 팽배해지기 때문이다. 페인호번은 말했다. "당신이 사회에서 차지하는 위치보다 그 사회의 질이 더 중요하다." 이유는 무엇인가? 미시건 대학교 정치학 교수인 로버트 액설로드Robert Axelrod는 이렇게 설명한다. "처음에는 착하게 굴지 않는 사람의 앞날이 창창해 보일 수 있다. 그러나 그런 행동은 장기적으로는 그 사람의 성공에 꼭 필요한 환경을 파괴할 수 있다."

내가 이기적인 마키아벨리주의자로 행동하면 결국 남들도 내 행동을 알아차리게 된다. 내가 아직 힘을 가지지도 않았는데 남들이 보복 행동을 한다면 아주 곤란한 상황에 빠질 수 있다. 혹여 성공을 한다고 해도 그것은 그것대로 문제다. 규칙을 어기는 것이 성공의 지름길이라는 사실을 내가 귀감이 되어 직접 보여줬기 때문에 남들 역시 규칙을 어기기 시작한다. 나쁜 행동은 전염성이 강하고 사람들은 효력이 입증된 방법을 따라 하기 때문이다. 나와 똑 닮은 포식자들이 여기저기 생겨난다. 좋은 사람들이 떠난다. 파급효과는 전체로 퍼져나간다. 내 못된 행동이 시작점이 되어 이곳에서는 이제 아무도 일하고 싶어 하지 않는다. 자, 몰도바가 되었다. 신뢰가 사라지고 모든 것이 사라질 것이다.

나쁜 짓을 할 때도 신뢰와 협력이 필요하다

이기심이 장기적인 성공에 전혀 도움이 되지 않는 이유는 무엇인가? 아닌 말로, 나쁜 짓을 성공시키려 할 때에도 신뢰와 협력이 필요하다. 신뢰와 협력은 얼마나 중요한가? 범죄자 무리들이 그 답을 알려준다.

오늘은 어느 범죄자의 교도소 수감 첫 날이다. 그는 지금 선물 바구니에 담긴 선물들을 하나씩 꺼내보고 있다. 그런 일이 어디 있냐고?

킹스 칼리지 런던의 데이비드 스카벡David Skarbek에 따르면, 교도소 갱단은 새로 복역하게 된 같은 갱단 출신의 수용자를 맞이하는 환영위원회 비슷하게 행동한다. 그리고 같은 동네 출신의 재소자들이, 교도소 생활에 잘 적응할 수 있도록 신참에게 선물을 주는 것은 일종의 관습이다. 기막히게 친절한 행동 아닌가?

갱이라고 하면 우린 흔히 법 따위는 개나 주라고 말하는 충동적인 사이코패스를 떠올리며, 실제로도 그런 인간들이 대부분이기는 하다. 그러나 갱단은 신뢰와 협력의 중요성을 웬만한 사람보다도 훨씬 더 잘 알고 있다.

갱단은 제임스 본드 영화에 나오는 악당처럼 혼란을 일으키는 짓만 일삼는 무리가 아니다. 데이터로도 밝혀졌지만 스트리트 갱이 범죄를 만드는 것이 아니다. 그 반대다. '범죄가 스트리트 갱을 만든다.' 게다가 교도소 갱단의 대다수는 범죄를 저지르기 위해서가 아니라 수감 중인 갱단원들을 보호하기 위해 만들어졌다.

갱단은 그 누구보다도 신뢰와 협력의 중요성을 잘 알고 있다. 그들이 사는 세상에서 신뢰란 공짜로 얻어지는 것이 아니기 때문이다. 평범한 사람들은 매일 아침 출근하다가 목에 칼이 박힐 염려는 하지 않는다. 그러니 갱단은 신뢰를 목숨만큼 소중히 여길 수밖에 없다. 게다가 그들은 헤로인을 도둑맞아도 경찰을 부르지 못한다.

헛소리 말라며 고개를 가로저을 수 있다. 나쁜 놈들 무리에서는 서로를 하나도 신뢰하지 않아도 얼마든지 다른 선택지가 있으니 괜찮을 거라고 생각할 수 있다. 뒤통수를 치는 놈이 있더라도 그 사람을 죽이면 알아서 다들 조심할 것이라는 식으로 말이다. 그러나 조직범죄 집단의 폭력 의존도는 세상이 평가하는 것보다 훨씬 낮은 편이다. 내가 드라마 「소프라노스」의 갱단 두목 토니 소프라노가 되어, 문제를 일으킨 부하는 일단 죽이고 보는 행동을 일삼는다면 어떻게 될까? 누구도 그런 두목 밑에서 일하고 싶어 하지 않을 것이다. 폭력부터 휘두르는 깡패 두목이라는 말에는 어폐가 있다. 아무리 깡패라도 보고 중인 부하의 머리에 다짜고짜 총알 두 개를 날리는 두목 밑에서 일하고 싶겠는가? 아마도 아닐 것이다.

그렇기에 조금이라도 머리가 있는 갱단 두목이라면 폭력이 아니라 수하들을 다스릴 다른 방법을 찾아야 한다. 깡패들만의 그 폭넓은 선택지를 줄이기 위해서라도 질서가 '더 많이' 필요하다. 코코란 주립교도소의 수용자가 한 말은 그 필요성을 잘 대변한다. "질서가 없으면 우리는 무정부상태가 된다. 그리고 무정부상태가 되면 여기서는 사람이 죽어나간다."

교도소에서 안정과 규칙의 중요성은 얼마나 높은가? 굉장히 높다. 흑인은 흑인끼리 백인은 백인끼리 편을 갈라 어울리는 교도소에서는 백인이 흑인에게 흑인 갱단에 들어가라고 권유할 정도이다. 소속 없이 혼자 노는 수용자가 많을수록 교도소의 폭력은 늘어난다. 모두가 제도권의 일부가 될 때 (그것이 라이벌 갱단에 들어가는 것일지라도) 수감 생활이 더 안정된다.

조금 속이는 것쯤이야 어떠냐고? 괜찮을 것이다. 그러나 매일매일 오랫동안 조금씩 속이는 것도 제도권 안에서나 가능하다. 살해당할 걱정에 하루같이 시달린다면 팔려는 물건이 펩시이건 불법 약물이건 거래비용이 잔뜩 올라가고 효율적 거래도 힘들어진다. 그렇기 때문에 질서와 협력이 필요하고 그것은 바로 신뢰를 뜻한다.

경제학자들은 이런 신뢰의 필요성을 '지속 거래의 원칙'이라고 부른다. 상대방을 신뢰할 때 거래도 더 원만해지고 빨라진다. 그러면 거래가 더 빈번해져서 시장이 활발해지고 모두에게 더 많은 가치가 만들어진다.

질서와 신뢰, 규칙이 늘어난 교도소 갱단은 모양새만 보면 기업과 아주 흡사하다. 두목들은 같은 갱단 사람이 교도소에 들어오면 신참용 설문지를 보낸다. 신입들의 의견도 들어두면 좋기 때문이다. 괜한 짓 같지만 꽤나 도움이 된다. 마피아식 조폭 집단이 운영하는 부패한 나라가, 민주화된 조폭 집단이 운영하는 나라보다 경제적으로는 더 잘 살고 성장률도 더 높은 셈이다. 이들은 조직범죄를 체계화한다. 조폭 집단은 사회 전체로 보면 해악이지만, 그들 나름의 질서는 긍정적인 외부효과(어떤 경제 주체의 행동이 다른 경제 주체에게 뜻밖의 도움이나 혜택을 주게 되는 효과-옮긴이)를 발휘한다. 일본에서는 야쿠자가 있는 도시일수록 민사소송이 적다고 한다. 미국에서도 갱단이 있는 교도소가 없는 교도소보다 사건 사고가 적게 발생한다는 연구 결과가 있다.

내 말을 오해하지 말기 바란다. 이들은 물론 조직 폭력배들이고, 범행을 일삼는 사람들이다. 그러나 조직범죄 집단을 제대로 다스리기 위해서는 밖으로는 온갖 범행을 저지를지라도 집단 안에서는 신뢰와 협력이 필요하다는 것이다. 소위 잘 나간다는 조폭 집단은 내부에서는 이기심이 도움이 되지 않는다는 것을 잘 안다. 그러다보니 사람들한테도(적어도 자기 갱단 사람들한테만이라도) 잘 할 수밖에 없다. (일반 직장에서 상사한테 선물 바구니를 받는 일이 얼마나 있겠는가!)

카리브해를 호령하던 해적왕은 사실 아무도 죽이지 않았다

범죄자 무리끼리 서로를 챙겨주는 것은 어제오늘의 일이 아니다. 수백 년 전에도 조폭들은 살아남기 위해 서로를 챙겨주면서 지냈다. 역사에서 조폭 무리들의 협력을 가장 확실하게 보여주는 예를 찾는다면? 어깨에 앵무새를 올리고 다니는 바다의 무법자 해적이다. 그들이 활개치고 다닐 수 있었던 이유는 부하들에게 아주 잘 대해줬기 때문이다. 그들 무리는 서로를 신뢰했다. 그리고 그 신뢰가 계속 유지될 수 있도록 아주 건강한 경제 체계를 구축했다.

바다의 이 노련한 사업가들을 안대를 두른 미치광이 사이코패스라고 싸잡아 생각하지 말아야 한다. 카리브해를 호령했던 해적 선장 블랙버드. 이 악명 높은 해적은 해적질을 하는 내내 아무도 죽이지 않았다. 그리고 눈을 가린 채 갑판 밖으로 나온 판자를 걷게 해 물에 빠뜨리는 처벌을 받은 포로 역시 없었다. 단 한 명도.

그런데 해적이라고 하면 피에 굶주린 야만인부터 떠올리는 이유는 무엇인가? 그것이 마케팅이다. 상대를 겁에 질려 벌벌 떨게 만드는 것이 허구한 날 칼질을 해대는 것보다는 훨씬 쉽고 빠르고 안전하게 항복을 받아낼 수 있기 때문이다. 해적들은 잔학무도함의 대명사라는 브랜드 이미지를 만들 정도로 머리가 잘 돌아가는 사람들이었다.

물론 해적들 모두가 친절한 신사는 아니며, 블랙버드 역시 로빈 후드 같은 의적은 아니었다. 그들이 서로 잘 뭉친 이유는 이타심 때문이 아니라 그래야 해적질에 유리하기 때문이었다. 그들은 해적질에도 규칙과 신뢰가 필요하다는 것을 잘 알았고, 그렇기에 그들이 만든 체제는 억압적인 영국 해군이나 이윤 극대화를 위해 일꾼들을 착취하는 상선보다도 훨씬 공평하고 매력적이었다. 피터 리슨Peter Leeson은 『후크 선장의 보이지 않는 손: 알려지지 않은 해적의 경제학』에 '사람들의 생각과는 다르게 해적들은 질서 정연하고 정직했다'고 적었다.

누구나 마음속으로는 해적일 수 있다. 못살게 구는 상사를 한 방 먹이고 싶은가? 회사의 업무 방식에 대해 나도 한마디 할 수 있다고 생각하는가? 회사는 직원들을 잘 대해줘야 할 의무가 있다고 생각하는가? 직장 내 차별이 사라져야 한다고 생각하는가? 축하한다! 당신은 해적이다.

교도소 갱단처럼 해적들도 처음부터 나쁜 짓을 하려 뭉친 무리는 아니었다. 그 반대로 나쁜 짓에 '대항'하려 뭉쳤다고 말할 수 있다. 수백 년 전 상선들의 횡포는 유명했다. 상선 선장들은 무소불위의 권력을 휘둘렀다. 선장들은 선원한테 가야 할 노획품을 자기 멋대로 착복했고 교수형도 마음대로 행했다. 이런 강탈 행동에 대한 대응책으로, 경영진의 횡포에 휘둘릴 걱정 없이 마음껏 바다를 항해하고픈 욕망으로, 해적이 탄생했다.

해적선은 대단히 민주적인 집단이었다. 어떤 규칙이든 만장일치 동의가 있어야 했다. 해적선 선장은 근거만 있다면 선장에서 쫓겨날 수 있기 때문에 폭군이 아니라 오히려 종복처럼 행동해야 했다. 선장들은 교전을 벌일 때에나 전권을 휘두를 수 있었다. 그 순간에는 신속한 판단에 모두의 생사가 걸려 있기 때문이었다.

해적들이 만든 '회사'는 누구라도 만족스럽게 일할 수 있는 곳이었다.

언제라도 자리에서 쫓겨날 수 있기 때문에 이 회사의 경영자는 직원들을 가족처럼 아끼고 돌봐줘야 했다. 선장의 급료도 다른 일반 해적들보다 크게 많지는 않았다. 리슨의 설명에 따르면 해적단의 최고액 연봉과 최저액 연봉은 기껏해야 한 사람 몫을 더 가져가는 정도의 차이밖에 나지 않았다. 그렇다고 선장이 터무니없는 특전을 누린 것도 아니었다. 해적 선장들은 더 크고 안락한 침대에서 자지도 않았고 식사가 더 푸짐하지도 않았다.

해적 주식회사의 장점은 또 있었다. 전투에서 잘 싸우거나 목표물을 처음 발견한 선원은 후한 상여금도 받았다. 부상을 입는다면? 재깍 보고하면 된다. 해적들은 전투 중 발생한 부상자를 돌보기 위한 훌륭한 상해 보상 제도도 마련해두고 있었다. 이렇게 멋진 인사 정책이 효과를 보지 않을 리 없었다. 기록에도 나오다시피, 영국 해군은 강제 입대 수단을 동원해야 겨우겨우 부대원을 채웠지만 해적단은 해적들을 모집하는 데 아무 어려움이 없었다.

심지어 최근에야 법적으로 의무화된 다양성 프로그램을 수백 년 전의 해적들은 이미 실행하고 있었다. 그들이 도덕적으로 깨어있는 사람들이어서가 아니었다. 인종차별은 사업에 전혀 도움이 되지 않고 선원들을 공평하게 대하는 것이 여러모로 해적질에 유리하기 때문이었다. 다양성을 인정하는 정책은 인재를 모으고 유지하는 데에도 유리했다. 해적선에서는 평균 약 25퍼센트 정도가 흑인이었다. 흑인이건 백인이건 배에서는 똑같이 투표권을 가졌고 약탈품도 동등하게 나눠 가졌다. 이때는 1700년대였고, 미국에서 노예제도가 폐지된 것은 150년도 더 지나서였다.

해적 주식회사는 성공적인 집단이었는가? 경제학자들은 해적단이 노련하게 사업을 했다고 칭찬한다. 리슨은 「무정부: 해적 집단의 법과 경제」라는 논문에서 이렇게 평가한다. '해적의 통치구조가 만들어낸 충분한 질서와 협력 속에서 해적들은 역사상 가장 세련되고 성공적인 조직범죄 집단 중 하나가 되었다.'

이기적으로 구는 것보다는 남의 일을 내 일처럼 생각하고 아껴줄 때 훨씬 더 크게 목표를 성공시킬 수 있다. 비록 그 목표가 범법 행위일지라도 말이다.

지나친 비약이라고 생각할 수 있다. 교도소 갱단이나 오래전에 바다에 묻힌 해적들이 기발한 소재인 것은 맞지만, 그게 지금 우리와 무슨 상관이 있다는 말인가?

최정상에 오른 이들과 꼴찌라 불리는 이들의 공통점

지하철 승강장에서 옆에 서 있던 한 젊은 남자가 비틀거리다가 선로 아래로 떨어진다. 그는 의식을 잃어 움직이지 못한다. 그때 저만치서 지하철이 들어오는 소리가 들린다. 나라면 내려가서 그를 구할 수 있을까?

아무리 봐도 그것은 이타심이 아니라 자살 행동이다. 내 옆에는 어린 두 딸이 서 있다. 내가 죽는다면 천애고아가 되는 딸들은 어떻게 살아야 하는가? 선로에 떨어진 젊은 남자를 구하지 않는 것도 비극이지만, 나와 젊은 이가 다 죽고 두 딸이 고아가 되는 것이 더 비극이지 않은가? 누구라도 쉽게 답할 수 없는 문제이다.

그러나 2007년 1월 2일 웨슬리 오트리는 망설이지 않았다. 저만치 터널 속에서 승강장으로 들어오는 지하철의 전조등이 빛나는 그 순간, 그는 캐머런 헬로피터가 의식을 잃고 쓰러져 있는 선로로 뛰어내렸다.

그러나 오트리는 열차의 속도를 잘못 계산했다. 열차는 그의 계산보다도 훨씬 빠르게 다가오고 있었다. 남자를 안전한 곳으로 옮길 시간이 없었다. 하지만 오트리는 헬로피터를 그냥 죽게 내버려두지 않았다. 끼이익. 열차 브레이크를 밟는 날카로운 소리가 공기를 찢었지만 기관사로서도 제때에 속도를 죽이는 것은 역부족이었다.

다가오는 열차의 굉음이 귀가 멍멍해질 정도로 커졌다. 오트리는 헬로피터를 선로 옆의 좁은 배수 도랑으로 얼른 밀친 다음에 열차로부터 그를 보호하기 위해 자기 몸으로 그의 몸을 덮었다.

까딱하면 둘 다 열차에 치여 죽을 뻔했다. 오트리의 모자에 검은 열차 기름 자국이 남았다. 그러나 둘 다 무사했다. 오트리는 대수롭지 않다는 듯 말했다. "내가 뭐 대단한 일을 했다고는 생각하지 않습니다. 그냥 도움이 필요한 사람을 도왔습니다. 옳은 일을 했을 뿐인 걸요."

오트리는 그날 대단히 이타적으로 행동했다. 잃을 것은 천지이고 얻을 것은 하나도 없는 행동이었다. 그는 영화에서나 나올 법한 영웅적인 행동을 했다. 이 착한 사람은, 앞뒤 재지 않고 생판 모르는 사람을 구하기 위해 목숨을 내던진 이 남자는, 결국 손해만 보는 삶을 살았을까?

아니다. 오트리는 뉴욕시가 최고의 모범 시민에게 수여하는 브론즈 메달리온을 받았다. (역대 수상자는 더글러스 맥아더 장군, 무하마드 알리, 마틴 루서 킹 2세 등이 있다.) 그의 딸들은 장학금과 컴퓨터를 받았다. 오트리는 비욘세 콘서트의 백스테이지 출입증과 신형 지프차를 받았으며, 「엘런 드제너러스 쇼」에 초대되었고 뉴저지 네츠 팀의 정규시즌 경기 입장권도 받았다. 오트리와 그의 두 딸은 1월 23일에는 조지 W. 부시 대통령의 귀빈 자격으로 연례국정연설에 초대받았으며, 대통령이 오트리의 이타적 선행을 칭찬하는 말이 미국 전역에 방송되었다.

참으로 감동적인 이야기이다. 그러나 냉소적인 사람이라면 찬물을 끼얹는 말을 할지도 모른다. "저런 일이 왜 감동적이겠어. 보기 힘든 일이니까 감동적인 것이지."

보기 드문 선행도, 냉소주의자의 김새게 하는 말도, 일단은 제쳐두자. 실제의 통계 수치는 어떠한가? 착한 사람은 꼴찌로 살 수밖에 없는가? 대부분 그렇다. 하지만 그 반대의 경우도 있다.

와튼 경영대학원의 애덤 그랜트Adam Grant 교수는 성공 평가 점수에서 가장 꼴찌인 사람이 누구인지를 살펴봤다. 놀랍게도 퍼주기를 좋아하는 착한 사람인 '기버Giver'들이 아주 많았다. 엔지니어, 의과대학생, 세일즈맨을 관찰했더니 남에게 늘 퍼주기만 하는 사람들은 부진한 결과를 면치 못했다. 그들은 마감 시한을 못 맞췄고 학점이 낮았으며 판매 실적도 변변치 않았다.

그랜트처럼 이타적 행동과 성공의 관계에 대한 연구에 매진하는 학자에게는 무척이나 실망스러운 결과이다. 웬만한 사람보다도 실망감이 더 클 것이다. 만약 그가 여기서 연구를 중단했다면 정말로 우울했을 것이다. 다행히도 그는 멈추지 않았다. 나와 대화를 나누는 자리에서 애덤은 이렇게 말했다.

나는 성공 스펙트럼의 반대편도 살펴봤다. 제일 아래에 기버들이 있다면 꼭대기에는 어떤 사람들이 있을까? 내 눈을 의심했다. 꼭대기에 있는 사람들도 기버들이었다. 남의 일을 자기 일처럼 생각하고 돕는 사람들은 성공 평가 점수의 바닥권에도 많았지만 정상권에도 굉장히 많았다.

주는 만큼 받고 받는 만큼 주려고 하는 '매처Matcher'와 언제나 많이 받으려 하고 주는 데는 인색한 '테이커Taker'들은 중간이었다. 제일 꼭대기와 제일 바닥에 있는 사람들은 기버였다. 또한 생산성이 높은 엔지니어, 최우수 학점의 학생들, 판매 실적이 제일 높은 영업사원들의 대부분이 기버라는 것도 연구 결과 드러났다.

직관적으로도 이해가 되는 결과이다. 기버들은 두 팔 걷어붙이고 남 좋은 일만 실컷 하다가 제대로 밥벌이도 못하거나 테이커한테 이용만 당하기 쉽다. 동시에 언제나 도움을 주는 사람이기 때문에 주위 사람들이 신세 진 것을 잊지 않고 도와줘서 성공한 경우도 역시 많다.

기버들은 단순히 생산성이 가장 높거나 학점을 가장 높게 받는 데 그치지 않는다. 그들은 돈도 잔뜩 번다. 아서 브룩스Arthur Brooks가 자선 기부와 소득의 상관관계를 연구했더니 1달러 기부할 때마다 그 사람의 소득은 3.75달러 늘어난다는 결과가 나왔다. 기부액과 연소득 사이에 뚜렷한 상관관계가 존재했다.

고개를 갸웃거리게 만드는 결과이다. 이번 2장을 시작하면서 소개한, 자기 잇속을 챙기는 사람들이 더 승승장구한다는 내용과도 크게 다르다. 그들은 평균적으로는 잘나갈지 몰라도, 결국 최정상에 있는 사람들은 기버들이다.

타인을 많이 신뢰하는 사람은 소득도 높다. 신뢰의 적정량에 관한 연구에서 피험자들은 타인에 대한 신뢰도를 1~10점까지 점수를 매겨달라는 요청을 받았다. 8점을 매긴 사람들의 소득이 제일 높았다. 이것은 성공 평가의 가장 꼭대기에 기버가 위치한다는 그랜트의 연구 결과와도 일치한다. 8점 이상의 신뢰 점수를 매긴 피험자들은 8점을 매긴 피험자들보다 소득이 7퍼센트 낮다는 것도 같은 맥락의 결과다. 그랜트의 성공 평가에서 가장 바닥에 있는 기버들처럼, 8점 이상을 매긴 피험자들도 남 좋은 일만 실컷 하다가 망할 소지가 컸다.

벌이가 제일 적은 사람은 누구인가? 신뢰 점수를 가장 낮게 매긴 피험자들의 소득은 8점을 준 피험자들보다 돈벌이가 14.5퍼센트나 적었다. 대졸자와 고졸자의 소득 차이만큼이나 크다.

기버들이 순탄하게 리더가 될 리는 없다. 리더란 모름지기 냉혹하고 철두철미한 사람이어야 한다는 것이 모두의 생각이다. 앞에서도 나왔다시피 몇 가지 부정적 특성은 리더 자리에 도움이 되기도 한다. 그러나 엄격함과 철두철미함을 제일로 칠 것 같은 군대에서 가장 높은 자리에 오른 지휘관들은 우리의 생각과는 달리 자기만 아는 냉혈한들이 아니라 남을 잘 돕는 사람들이었다.

일부 연구에서는 '힘없고 착한 사람들이 사회에서 받는 스트레스로 심장마비에 걸릴 위험이 높다'고 말하기도 한다. 하지만 피험자들의 일생을 장기적으로 추적 조사하는 '터먼 연구'에 따르면, 선행을 베푸는 사람들은 단명은커녕 더 장수했다. 도움을 받기만 하는 것이 장수하는 데 유리하다고 생각할 수 있지만 결과는 반대였다. 더 많이 '베푸는' 사람이 더 오래 살았다.

마지막으로 행복 문제가 있다. 수많은 데이터는 자기 잇속만 차리는 얌체들이 승진도 빠르고 돈도 더 풍족하게 벌지 몰라도 그들의 삶이 기쁨으로 가득 차 있지만은 않다는 것을 보여준다. 반대로 도덕심이 높은 사람들은 행복감이 더 높았다. 비윤리적인 행동과 담을 쌓은 사람일수록 뒤통수치기를 아무렇지도 않게 하는 사람들보다 더 행복하게 살았다. 선행에서 늘어나는 그들의 행복감은 수입이 약간 늘거나, 결혼을 하거나, 교회에 꼬박꼬박 나가면서 늘어나는 행복감에 못지않았다.

몰도바 사람들의 행복감이 바닥인 이유도 여기에 있다. 남을 믿지 않고 도움을 베푸는 것도 모르기 때문에 몰도바 사람들은 행복에 필요한 많은 것들을 놓치고 산다. 연구에 따르면 우리 인간은 자신에게 돈을 쓸 때보다는 타인을 위해 돈을 쓸 때 더 큰 행복을 느낀다고 한다. 일주일에 2시간만 자원봉사를 해도 삶의 만족도가 껑충 올라간다. 심지어 바쁜 시간을 쪼개 남을 돕는 사람들은 놀랍게도 마음의 여유가 늘고 한가해졌다고 생각한다.

조금쯤 속이고 내 뱃속만 차리는 행동은 잠깐 이득을 볼 수는 있다. 그러나 시간이 지나면서 사회 전체가 그런 행동에 오염되면 모두가 서로의 검은 속내를 알아차리고 공동선을 위해서는 아무도 힘을 모으지 않는다. 테이커는 잠깐은 이득을 보지만 그 이득에도 제동이 걸린다. 결국 본성을 들킨 테이커를 도와주려는 사람이 단 한 명도 없기 때문이다. 테이커의 가장 큰 적은 누구인가? 그랜트는 '다른 테이커들'이라고 말한다. 기버 주위에는 어떻게든 도와주려는 기버들이 널려 있고 매처도 기버를 보호해주려 하지만(매처는 선행에는 선행으로 갚는 것이 공평하다고 생각한다), 테이커 주위에는 오로지 받으려고만 하는 테이커들 뿐이다. 테이커는 결국 다른 테이커를 비롯해 모두가 기피하는 사람이 된다.

신뢰와 협력을 배우지 못한 테이커에게는, 기버처럼 두 배로 노력한다는 것은 있을 수 없는 일이다. 먼저 신뢰를 받은 뒤 신뢰로 보답하는 매처 역시 이득을 얻는 데에는 한계가 있는데, 그들은 상대가 먼저 베풀어주기를 기다리므로 모두에게 이득이 되는 상호행동도 그만큼 줄어들 수밖에 없다.

꼴찌에도 기버들이 많다는 현실을 얼버무릴 생각은 없다. 왜 어떤 기버는 성공하고 어떤 기버는 그러지 못하는가. 그랜트의 말마따나, 속없이 사람만 좋은 기버들은 자기 것은 제대로 못 챙기고 남 좋은 일만 하다가 테이커들에게 잔뜩 이용만 당한다. 당연히 성공 점수에서도 최하점을 받는다. 남을 돕기만 하다가 본인은 쫄딱 망하는 신세가 되지 않으려면 기버는 스스로에게 여러 제동장치를 걸어놔야 한다. 일주일에 2시간 자원봉사 하기? 그 이상은 하지 않으면 된다. 소냐 류보머스키Sonja Lyubomirsky의 연구에 의하면, 띄엄띄엄 '덩어리' 선행을 하는 사람이 쉬지 않고 '가랑비' 선행을 하는 사람보다 더 행복하고 스트레스도 적게 받는다. 일주일에 하루만 선행을 베풀 것이라고 정해놓는 기버는 남을 돕다가 자기 일은 등한시하는 사태를 피할 수 있다. 딱 좋은 정도는 1년에 100시간이다.

그랜트는 기버가 나락에 빠지지 않도록 도와주는 흑기사가 또 있다고 말한다. 바로 매처다. 그들은 권선징악을 원한다. 그렇기 때문에 매처는 테이커를 벌주고 기버를 보호하는 데 앞장선다. 매처 무리가 기버를 단단히 둘러쌀수록 기버는 호구 신세가 될 걱정은 하지 않아도 된다.

말이 앞뒤가 맞지 않는다고 생각하겠지만 전혀 그렇지 않다. 자기 잇속만 차리는 사람은 잠시는 이득을 보지만, 결국에는 우물 전체에 독이 퍼져 모두가 남을 등쳐먹을 궁리만 하게 된다. 길게 보면 기버가 되어야 보상도 크게 얻지만, 자칫하다가는 남을 돕기만 하다가 자기 일은 하나도 못 하게 될 수 있다.

선과 악의 싸움에서 최종 승자는 누구인가? 성공도 하면서 착한 사람이 되어 두 발 쭉 뻗고 잘 수 있는 행동 방식이 있기는 한 것일까?

무자비한 게임에서 모두가 살아남는 법

협력의 중요성은 지겨울 정도로 잘 알지만 혹시 뒤통수를 맞지는 않을까? 그렇다고 무조건 믿어야 하나? 믿지 않으면 눈앞에 볼도바가 펼쳐질 수 있다. 믿으면 나 혼자 바보 얼간이가 될지도 모른다. 신뢰할 것인가, 말 것인가? 이 딜레마를 어떻게 풀어야 하는가?

신뢰를 연구하는 과학자들이 자주 쓰는 방법은 죄수의 딜레마 게임이다. 친구와 함께 은행을 턴다. 둘 다 어설픈 강도들이라 실패한다. 경찰이 우리 둘을 체포해 다른 방에 넣고 심문을 한다. 나와 친구는 말을 맞출 방법이 전혀 없다. 경찰이 거래를 제안한다. 만약 친구가 공범이라고 진술하고 그 친구가 나한테 불리한 진술을 하지 않으면 나는 석방되고 친구는 5년형의 실형을 받는다. 나는 친구에게 불리한 진술을 하지 않지만 친구가 내게 불리한 진술을 하면 내가 5년형을 받고 친구는 풀려난다. 둘 다 서로에게 불리한 진술을 하면 두 사람 모두 3년형이다. 둘 다 진술을 거부하면 두 사람 모두 1년형만 받는다. 나와 친구가 서로를 굳게 신뢰한다면 답은 간단하다. 둘 다 묵비권을 행사하면 1년의 실형만 받고 끝난다. 그런데 나는 친구를 신뢰할 수 있는가? 경찰의 회유에 친구가 홀라당 넘어가지는 않을까? 나는 입을 다물고 있는데 친구 혼자만 진술을 한다면? 그러면 그는 자유가 되고 나만 교도소에서 5년을 썩어야 한다. 단발성 게임이라면 진술을 하는 것이 현명한 행동이지만, 똑같은 게임을 20번 반복해야 한다면? 인생도 사실 그렇지 않은가? 단 한 번의 결정이 우리의 평생을 좌우하는 경우는 거의 없다.

로버트 액설로드도 이런 관점에서 출발했다. 미국과 소련의 냉전이 극에 달하던 시대에 그는 신뢰와 협력에 가장 효과적인 전략이 무엇인지 알고 싶었다. 그래서 서로 다른 전략을 구사하는 컴퓨터 프로그램들을 대상으로 죄수의 딜레마 게임 대회를 열었다. 어떤 프로그램이 가장 고득점을 차지했을까?

심리학, 경제학, 수학, 사회학을 비롯해 여러 분야의 학자들이 14개의 알고리즘 프로그램과 1개의 무작위 프로그램을 제출했다. 프로그램 하나는 어이없을 정도로 착하게만 굴었다. 심지어 상대 프로그램이 배반을 한 후에도 신뢰하는 행동을 보였다. 올디ALL-D라는 프로그램은 반대로 언제나 상대를 배신했다. 다른 프로그램들은 그 중간이었다. 좀 더 복잡한 프로그램은 대부분은 착하게 굴다가 어쩌다 한 번씩 기회를 틈타 상대를 배신했다. 테스터Tester라는 프로그램은 상대의 행동에 적당히 간을 보면서 이용할 수 있으면 이용하고 배신한 것이 걸리면 즉시 전술을 바꿨다.

최종 우승을 차지한 윤리 프로그램은 어떤 것일까? 놀랍게도 가장 단순한 전략을 구사한 프로그램이 1등을 차지했다. 이 프로그램의 명령 코드는 딱 두 줄이었다. 눈에는 눈, 이에는 이의 전략을 구사한다. 이 프로그램의 명칭은 받은 만큼 되갚는다는 뜻의 단어 '팃포탯Tit for Tat'이었다.

팃포탯은 죄수의 딜레마 게임 1라운드에서는 언제나 먼저 협력의 손을 내밀었고, 다음 라운드에서는 상대 참가자의 행동을 그대로 따라했다. 즉, 이전 라운드에서 상대가 협력을 했으면 팃포탯도 다음 라운드에서 같이 협력했다. 상대가 이전 라운드에서 배신을 했다면 팃포탯도 똑같이 배신했다. 이 단순하기 짝이 없는 프로그램이 대회를 석권한 것이다.

액설로드는 2차 대회를 열었다. 이번에는 더 많은 분야의 전문가들이 총 62개의 프로그램을 가지고 참가했다. 더 복잡해진 알고리즘을 구사하는 프로그램도 있었고, 팃포탯의 변형판인 프로그램도 있었다. 최종 우승자는? 이번에도 단순함의 극치인 팃포탯이었다.

전략을 구사한다고 말하기에도 민망할 정도로 단순한 프로그램이 도대체 무슨 마법을 부린 것인가? 액설로드는 몇 가지 핵심 비결이 단 두 줄의 명령을 아주 특별하게 만들었다고 판단했다. 그의 눈에 비친 팃포탯의 경기 내용은 기버들의 이타적 행동이 만들어내는 결과와 아주 흡사했다. 착한 사람들은 처음에는 고배를 마신다. 「나쁜 것이 좋은 것보다 힘이 세다」는 연구 논문처럼 나쁜 사람들은 초기에는 유리한 고지에 금방 올라선다. 최종 우승자인 팃포탯도 '무조건 협력'이라는 선제 전략 때문에 처음에는 부진을 면치 못했다. 그러나 대회가 진행될수록 배반자들은 협력자가 거두는 고득점을 얻지 못했다. 팃포탯은 협력만 하는 프로그램과 게임을 할 때는 상당한 고득점을 거두었다. 심지어 약아빠진 테스터류의 프로그램들도 배반으로 하찮은 점수를 따느니 협력 플레이로 고득점을 따는 것이 더 유리하다는 사실을 배웠다.

팃포탯은 여러 번이나 대놓고 배반을 당했다. 그러나 팃포탯은 항상 먼저 협력의 손길을 내미는 호의를 보였다. 착한 프로그램을 상대로 만나면 두 프로그램 모두 협력하기 때문에 둘 다 점수가 올라갔다. 나쁜 프로그램에는 응징을 주저하지 않기 때문에 이 프로그램들도 결국에는 착한 행동을 하는 쪽으로 바뀌었다. 팃포탯은 테스터처럼 기회만 왔다 하면 배신을 하는 프로그램에게는 가차 없이 한 방을 먹였다. 팃포탯은 당하고도 가만히 있는 얼간이가 아니었다. 이렇게 해서 다른 프로그램들도 팃포탯에 협력하게 되었다.

게다가 팃포탯의 중요한 전략은 또 있었다. 바로 용서다. 팃포탯은 복잡하게 재지 않았고 상대 참가자가 직전 라운드에서 했던 행동만 기억했다. 그래서 뼛속까지 배반으로 물들거나 완전한 난수 프로그램이 아닌 이상, 팃포탯을 상대하는 프로그램들은 거의 모두 최선의 행동을 보였다. 팃포탯은 협력자이자 응징자인 동시에 교사이기도 했는데, 다른 프로그램에 게임 비법을 전수하기까지 했다. 액설로드는 착하지 않은 프로그램들이 고득점을 올리지 못하는 이유가, 용서를 몰라서 악순환에 빠졌기 때문이라고 설명한다.

하지만 액설로드는 2차 대회로 멈출 생각이 없었다. 그와 다른 학자들은 팃포탯보다 훨씬 우수한 프로그램을 만들 방법을 고민했다. 팃포탯이 대회를 2연패하기는 했지만, 최고로 사악한 악당을 물리치기 위해서는 몇 가지 나쁜 행동을 추가한 슈퍼프로그램으로 다시 태어나야 하지 않을까? 아닐 것 같았다. 굳이 추가한다면 착한 행동을 더 넣어야 했다. 구체적으로 말하면 '더 많은 용서'였다.

액설로드와 다른 학자들이 눈에는 눈, 이에는 이로 갚는 팃포탯을 '너그러운 팃포탯'으로 바꾸었더니 성공률이 훨씬 올라갔다. 상대가 앞서 라운드에서 배신을 했어도 똑같이 되갚아주는 것이 아니라 가끔은 용서도 하면서 먼저 협력의 태도를 취했다. 올디처럼 사악한 프로그램을 만났을 때는 여지없이 1~2점 실점했다. 그러나 너그러운 팃포탯은 잠재적으로 착한 프로그램들을 배반의 악순환에서 끄집어내 대량 득점을 했다. 사악한 올디와의 일전에서 잃은 점수를 만회하고도 남는 고득점이었다.

팃포탯의 성공 비결은 4가지로 요약할 수 있다. 착하게 행동했고, 용서했으며, 다른 참가자들의 협력을 쉽게 끌어냈고, 필요하면 보복도 주저하지 않았다는 것이다. 여러 가지 비슷한 상황들을 댈 수 있겠지만, 무엇보다도 이 단순한 게임 원칙이 우리의 삶에 얼마나 큰 보상을 해줄 수 있는지를 깨달아야 한다.

몰도바는 올디 프로그램이다. 물론 몰도바에서도 착한 사람들이 모여 협력하고 신뢰의 발판을 만들 수는 있다. 그러나 그런 일은 생기지 않는다. 같은 무리를 찾기 위해 먼저 선행을 베푸는 착한 사람의 모습은 둥지에서 삐약삐약 울어대는 새끼 새와 비슷하다. 그 소리에 어미 새가 먹이를 물고 얼른 달려오겠지만, 동시에 배고픈 고양이들에게도 위치가 노출된다. 그리고 불신의 수렁에 빠진 몰도바에는 어미 새보다 배고픈 고양이가 훨씬 많다.

반대로 해적들은 올디의 행동을 용납하지 않는다. 약탈품을 거의 똑같이 나눈다는 규칙이 확실하게 자리 잡은 민주사회에서 자기 잇속만 차리는 인간들은 배 밖으로 엉덩이를 걷어차이기 십상이다. 혹여 올디류의 해적이 선장이 되어도 그의 욕심은 오래가지 못한다. 선장도 다른 선원들과 똑같은 규칙을 따라야 하고, 규칙은 모두의 만장일치로 정해지기 때문이다. 해적선에는 못된 욕심쟁이가 발붙일 틈이 거의 없다.

해적선에 기버 기질을 가진 사람이 늘어난다면 어떻게 될까? 그들이 노략질을 중단하고 해적이 아닌 사람들과 협력하다가 나중에 가서는 완전한 협력을 이끌어낸다면? 해적선 한두 척이 아니라 훨씬 큰 네트워크를 구축하게 된다면? 영국 해군은 꼬리를 말고 달아나야 할 것이다.

죄수의 딜레마 게임에 참가한 악당 프로그램들은 근본부터 잘못된 두

가지 가정을 전제했다. 첫 번째, 후반 라운드도 초반 라운드와 비슷할 것이라고 가정했다. 그러나 팃포탯을 포함해 많은 프로그램은 상대의 지난번 행동을 기억했다가 나쁜 행동을 응징하면서 그대로 되갚아줬다. 우리 사회엔 평판이라는 것이 있다. 실생활에서 익명으로 하는 거래는 별로 없다. 대부분은 같은 사람들과 여러 번 반복해서 거래한다. 나의 배신을 상대는 잊지 않는다. 배신은 처음에는 이득이 되지만 호혜적 거래에는 독이 되기 때문에 나중으로 갈수록 큰 도움이 되지 못한다.

두 번째로, 죄수의 딜레마 게임을 제로섬 게임으로 가정했다. 실생활에서는 협력으로 치르는 대가가 크지 않지만 이득은 아주 높을 수 있다. 왜 인가? 얻어야 할 것은 '오렌지 껍질'이기 때문이다.

경영대학원에서는 오렌지를 두 집단이 나눠 가지게 하는 협상 실험을 자주 진행한다. 두 집단은 서로 다른 조건을 지켜야 하며, 상대의 조건에 대해 모른다. 죄수의 딜레마 게임처럼 악당들은 착하게 행동하지 않는다. 그들에게 이 게임은 제로섬 게임이다. 내 집단이 오렌지 하나를 차지하면 상대 집단은 오렌지 하나를 잃는다. 그러나 대화를 하고 의견을 공유하는 협력자들은 두 집단이 지켜야 할 조건이 서로 다르다는 것을 알게 된다. 한 집단은 오렌지 과육만 가져야 하고, 다른 집단은 오렌지 껍질만 가져야 한다는 조건이다. 대화를 나누면 두 집단은 자기 집단에 필요한 것만 얻어갈 수 있다. 그러나 다툼부터 벌이면 두 집단 모두 원하는 것을 갖지 못하게 된다.

장기 이득과 단기 이득의 문제는 아주 중요하다. 중고차 판매상들은 고객을 한 번 보고 말 사람이라고 생각한다. 그래서 평판이 나쁘건 말건 신경 쓰지 않는다. 반면에 엄마는 죽을 때까지 나와 사이좋게 지내기를 바란다. 그러니 엄마라는 존재 자체가 그토록 좋은 평판을 유지하는 것이다. 누군가와 오래 두고 볼 사이라고 생각하게 되면 그 사람을 대하는 행동도 좋아질 수밖에 없다.

그랜트의 연구도 그런 차이를 잘 드러낸다. 기버들은 잠깐은 큰 손해를 보지만 시간이 지날수록 다른 기버들을 만나고 매처들의 보호를 받는다. 기버가 좋은 사람이라는 것이 알려지고, 하는 일이 잘 된다. 성공 점수의 바닥에서 꼭대기로 치고 올라간다.

팃포탯은 그랜트의 매처와 비슷한가? 두 가지 결정적 차이가 있다. 팃포탯의 전략은 '먼저 협력하는 것'이다. 매처들은 먼저 협력하지는 않는다. 그들은 상대가 호의를 베푼 다음에야 보답으로 같이 호의를 보인다. 이런 수동적 태도는 상호 이득이 되는 거래의 수를 크게 줄인다. 이와 다르게 기버는 먼저 나서서 호의를 베풀다가, 테이커에게는 약간 손해를 보고 매처로부터는 정당한 몫을 받아내며 같은 기버를 만나서는 로또를 맞는다. 기버는 평소처럼 행동하기만 해도 위대한 네트워커가 될 수 있지만, 먼저 손 내미는 법이 없는 매처는 금박 장식을 두른 파티 초대장이 올 때까지 기다린다.

팃포탯의 성공이 알려주는 4가지 인생 교훈

액설로드는 팃포탯의 성공에서 4가지 교훈을 얻을 수 있다고 말한다.

❶ 먼저 호의를 베풀어라

다시 말하지만 인생에서 제로섬 게임은 얼마 되지 않는다. 사돈이 땅을 산다고 나에게 피해가 오지 않는다. 누구에게는 오렌지 과육이 필요하고 누구에게는 껍질이 필요하기도 한 법이니까. 또한 이번 판에서 약간 손해를 보지만 같은 전략으로 다음 판에서는 왕창 점수를 딸지도 모른다. 알면 놀라 입이 다물어지지 않을 사실이 있다. 팃포탯이 상대 참가자보다 고득점을 딴 라운드는 단 하나도 없었다. 팃포탯은 단 한 판도 이기지 못했다. 그러나 팃포탯의 총점은 각 라운드 승자들의 점수를 합친 것보다 높았다. 액설로드는 여기에 대해 이렇게 설명한다. "팃포탯이 대회에서 우승한 이유는 상대 참가자들을 이겼기 때문이 아니다. 상대 참가자에게서 이끌어낸 행동이 쌍방에 이득이 되었기 때문이다." 상대가 잘 할지를 걱정하지 마라. 내가 잘 하는 것이 먼저다.

❷ 뒤통수치지 마라

영향력 연구의 대가 로버트 치알디니Robert Cialdini의 말에 따르면, '상호성'은 타인에게 영향을 미치고 호의를 얻어내는 중요한 비결 중 하나지만 내가 먼저 행동하는 것도 못지않게 중요하다. 매처들은 손익만 따지다가 많은 기회를 놓친다. 테이커들은 작은 것에 욕심을 내다 큰 것을 잃는다. 역사상 위대한 승자들은 베풀 줄 알았지만, 폭삭 망한 패자들은 하나같이 먼저 배신했다.

❸ 협력에는 협력으로, 배신에는 배신으로 대응하라

배신을 하더라도 먼저 배신하지는 마라. 검은 꿍꿍이를 품은 놈이라는 손가락질을 자처할 필요는 없지 않은가? 하지만 오른뺨을 때리는 상대에게 왼뺨까지 내미는 순교자는 되지 마라. 죄수의 딜레마 게임에서 배신 전략은 점수를 깎았지만 보복 전략은 점수를 땄다.

❹ 잔꾀 부리지 마라

상대가 이득을 본다 싶으면 입을 싹 닦는 테스터의 전략은 보기에는 참 그럴듯해 보인다. 그러나 테스터의 전략은 팃포탯의 전략처럼 명료하지 않다. 테스터는 여기저기 간을 보며 조금씩 점수를 올렸지만 그럴수록 평판은 무너졌다. 다른 복잡한 프로그램들 역시 성적은 초라했다. 팃포탯은 가장 단순한 프로그램이었고 기껏 개선하고 나선 어쩌다 한 번씩 용서하는 것이 다였다. 상대와 관계를 유지하고 싶으면 그 사람들에게 사실을 알려줘야 한다. '내게 협력하면 나도 너에게 협력할 거야. 네가 배신하면 나도 배신할 거야.' 정말로 간단하다. 지나친 잔꾀는 물을 흐리고, 어느샌가 상대는 아주 마땅찮은 눈길로 나를 바라본다. 협력에는 협력, 배신에는 배신이라는 명확한 인과관계를 깨닫는 순간 상대는 나와 힘을 합치고 모두가 이득을 누린다. 체스와 같은 제로섬 게임에서는 상대에게 속을 들키지 말

아야 하지만, 반복적으로 펼쳐지는 죄수의 딜레마 게임은 정반대다. 상대
도 망설임 없이 힘을 합칠 수 있도록 겉과 속이 다르지 않은 행동을 보여
야 한다.

그리고 우리의 삶은 체스보다는 죄수의 딜레마와 더 많이 비슷하다.

'사람 좋은 멍청이'가 되지 않기 위해 지켜야 할 규칙

그렇다면 어떤 규칙을 취해 이용하는 것이 우리에게 유리한가? 착하기만 한 꼴찌가 아니라 도의를 지키면서도 성공하는 사람이 되기 위해 우리가 지켜야 하는 규칙은 무엇인가?

❶ 나에게 맞는 물을 찾아라

몰도바에는 가지 마라. 진짜 가지도 말고 비슷하게 행동하는 것도 하지 마라. 스탠퍼드 경영대학원의 밥 서턴Bob Sutton에게 학생들을 위한 조언을 부탁하니 다음과 같은 답이 돌아왔다.

> 취업을 할 때는 함께 일하게 될 사람들을 오래 살펴봐야 한다. 그들이 당신과
> 비슷해지는 것이 아니라 당신이 그들을 닮게 될 소지가 크기 때문이다. 당신은
> 그들을 바꾸지 못한다. 당신이라는 사람에 맞지 않는 곳에서는 일하지 말아야
> 한다.

나쁜 환경은 나를 나쁜 사람으로 만들고 불행하게 할 수 있다. 댄 애리얼리의 「비윤리적 행동의 전염과 차별성: 단 한 개의 썩은 사과가 통 전체에 미치는 영향」이라는 연구가 보여주듯이 속임수는 전염력이 높다. 아무렇지 않게 남을 등치는 동료들을 보다 보면 나도 뒤통수치기를 아무렇지

않게 생각하는 사람이 된다. 어차피 다른 동료들도 다 그런다고 생각하는 팀은 양심의 거리낌 없이 규칙을 어긴다. 몰도바를 향한 일보 전진이다.

그러나 다행히도 환경은 나쁜 쪽만큼 좋은 쪽으로도 영향을 미친다. 천 명 피험자들의 일생을 추적 조사하는 터먼 연구가 내린 결론에 따르면, 사람은 끼리끼리 논다. 누군가 이타적으로 행동하면 주변에서도 이타적으로 행동하는 분위기가 만들어진다.

이런 분위기에서는 기버가 되어도 안전하다. 점수표에서 가장 고득점을 받은 기버들처럼 성공을 향해 착실히 나아가면서도 왼뺨을 같이 내미는 순교자가 될 걱정은 하지 않아도 된다. 액셀로드의 대회에서 착한 프로그램들이 상위권을 휩쓴 비결은 기버가 다른 기버와 뭉칠 수 있었다는 것이다. 지금의 환경에 나쁜 행동이 만연해 있다면 다른 착한 사람들과 뭉치는 것도 좋은 방법이다. 착한 프로그램들이 서로 착한 행동을 주고받는 비율이 전체 거래의 5퍼센트를 넘는 순간부터 나쁜 프로그램들은 기세를 잃었다. 실세계도 완벽하게 똑같을 것이라고는 말할 수 없지만, 분명 어딘가에는 변곡점이 존재한다.

맞는 물을 찾을 수 있다면 나도 자기 잇속만 차리는 인간들이 누리는 이득을 같이 누릴 수 있게 된다. 진심으로 존경하는 상사의 기분을 맞춰주기 위한 말과 행동은 절대로 부도덕하거나 역겨운 행동이 아니다. 면접을 볼 때면 직속 상사가 누가 될지 잘 살펴봐라. 그 사람에게 말을 걸어 약간의 사전 조사를 하는 것도 좋은 방법이다. 여러 연구 결과에서 보다시피, 회사 전체보다도 직속 상사가 우리의 행복과 성공에 미치는 영향이 훨씬 크다고 한다.

❷ 먼저 잘 보이고 협력하라

죄수의 딜레마 게임 대회에서 상위권을 휩쓴 프로그램들은 모두 선제 협력의 전략을 취했다. 기버가 매처보다 성공하는 이유는 상대의 도움을 기다리지 않고 먼저 돕기 때문이다. 다른 많은 연구도 이런 결과를 뒷받침한다. 치알디니의 말을 빌리면, 먼저 손을 내미는 것은 상대로 하여금 받은 만큼 돌려줘야 한다는 상호성의 감정을 불러일으킨다. 그리고 상호성은 설득과 환심을 받쳐주는 주춧돌 중 하나이다.

하버드 경영대학원의 디팩 맬호트라Deepak Malhotra 교수가 학생들에게 제일 먼저 가르치는 협상 전략은 '강하게 나가라'나 '무게를 잔뜩 잡아라'가 아니다. 그는 학생들에게 '상대가 나를 좋게 보도록 만드는 것'이 가장 중요하다고 가르친다.

만나는 사람에게 무작정 20달러 지폐부터 주고 시작하라는 말이 아니다. 아주 작은 호의도 좋다. 우리에게는 아주 쉬운 일이(30초면 다 읽을 수 있는 이메일 자기소개서) 다른 누군가에게는 커다란 은혜일 수 있다(취직). 오늘 처음 본 사람에게 베푸는 작은 호의는, 다른 기버에게 나도 기버임을 알리고 매처의 보호를 얻어내는 기회가 될 수 있다. 먼저 손을 내밀고 교도소의 새 수용자에게 선물 바구니를 보내라. 교도소 뒤뜰에 칼잡이들이 서성여도 내 등을 지켜주는 사람도 그만큼 많아진다.

❸ 속없이 주기만 하지 마라

타인을 신뢰하는 것이 멀리 봐서는 이득이다. 그러나 승률이 높다고 해서 모든 판에서 돈을 딸 수 있는 것은 아니다. 협력이 그때그때 얼마나 도움이 될지는 알 수 없다. 단지 전체적으로 손해보다는 이득이 더 높다는 것만 알 따름이다. 타인에 대한 신뢰 점수 매기기에서 가장 고소득자들은 10점이 아니라 8점을 매긴 사람들이었다는 사실을 기억하자.

새롭게 개선된 팃포탯이 있다. 한 학자는 이 개선된 팃포탯이 처음의 팃포탯이나 너그러운 팃포탯을 능가한다고 말한다. 개선된 팃포탯에 추가된 전략은 무엇인가? 항상 착하게 협력을 하는 프로그램에게 먼저 뒤통수를 친다는 전략이다. 슬프게도 이 전략은 먹혔다. 왜인지도 이해가 간다. 자기 것은 하나도 못 챙기고 퍼주기만 하는 식의 호의가 계속되면 그것을 당연한 권리로 생각하는 게 인간의 본성이다. 그러니 성자가 되지 않아도 괜찮다. 오히려 성자가 되는 것은 성공하는 데에는 최악의 전략이다. (따라서 양심의 가책을 느끼지 않아도 된다.)

액설로드는 대회 우승을 위해서 보복은 반드시 필요한 전략이라고 말했다. 그렇다면 현실에서 보복 행동은 무엇인가? 예를 들어 직장의 테이커를 응징하는 가장 훌륭한 방법은 예나 지금이나 '소문내기'이다. 다른 사람들에게 테이커의 행동을 경고해주면 내 기분도 좋아지고 못된 행동도 감시하는 일석이조의 효과를 거둘 수 있다.

그랜트 역시 한없이 주기만 하는 사람은 번아웃도 쉽게 올 수 있다고 인정한다. 일주일에 딱 두 시간만 할애해 남들을 돕는 정도면 최대의 효과를 거두기에 충분하다. 그러니 왼쪽 뺨까지 내줄 필요도 없고 더 베풀지 못해 양심의 가책을 느낄 필요도 없다.

❹ 열심히 일하고 생색내라

자기 잇속만 차리는 인간이 될 필요는 없지만 또 배울 점은 배워야 한다. 여러 연구에서 공통적으로 나타나는 결과에 따르면, 자기 잇속만 차리는 얌체들은 자기 생각을 말하는 데 거리낌이 없다. 그들은 자기 홍보를 잘하고 협상도 잘하며 자신을 돋보이게 하는 데 소질이 있다. 그러나 이런 것들은 그들처럼 시커먼 사람이 되지 않아도 얼마든지 할 수 있는 행동이다. 그들처럼 욕심껏 다 챙기지는 못하지만, 세상에 나를 내보이면 어느 정도는 이득을 볼 수 있다. 그리고 속된 말로 '영혼까지 탈탈 털리는' 일도 없을 것이다.

자신을 드러내야 한다. 상사의 환심을 사야 한다. 열심히 일해도 상사가 알아주지 않으면 다 헛짓이다. 마케팅을 하나도 하지 않은 위대한 제품이 잘 팔릴까? 아닐 것이다.

어느 정도가 적당한가? 매주 금요일에 상사에게 한 주의 업무 진척도를 정리한 이메일을 보내라. 꾸미거나 부풀리지 말고 한 주 동안 잘 처리한 내용들을 간단하게 적어 보내는 정도면 된다. 말하지 않아도 내 노고를 상사가 알아줄 것이라고 생각한다면 오산이다. 상사도 자기 할 일로 바쁘다. 상사가 당신이 한 일(당신으로부터 들은)을 알게 되면 팀의 성과를 당신과 연관 짓게 될 것이다. 그리고 연봉 협상을 할 때 (또는 이력서를 새로 쓸 때) 상사에게 이메일만 언급해도 당신이 유능한 직원이었음을 알리기에 충분하다.

➎ 멀리 봐라, 그리고 남들도 멀리 보게 하라

나쁜 행동은 당장 득이 될지 몰라도 결국에는 착한 행동이 승리한다. 따라서 능력이 미치는 한 멀리 봐야 한다. 여러 단계를 구체적으로 짜라. 도움이 필요한 사람들을 도와주면서 그들을 같은 편으로 만들어라. 단발성 게임에서는 자기 이득부터 챙기고 보려는 동기가 강해진다. 반대로 서로 교류가 늘어나고 같이 아는 사람이 늘어날수록, 그리고 다시 보게 될 일이 많아질수록 상대는 나에게 잘해줘야겠다는 생각을 더 많이 하게 된다. 중세의 왕들이 왕자와 공주를 다른 왕가의 자녀들과 정략혼을 시킨 이유도 여기에 있다. 이제 우리는 가족이야. 내 친손자가 너의 외손자야. 그러니 우리는 사이좋게 지내야 해.

액설로드의 표현을 빌리면 이것은 '미래의 그림자 늘리기'이다. 노스이스턴 대학교의 사회감정집단 연구소장인 데이비드 데스테노David DeSteno는 이렇게 말한다.

> (사람들은) 자나 깨나 두 가지를 이해하려 노력한다. 잠재적 파트너가 신뢰할 수 있는 사람인지, 그리고 저 파트너를 다시 만날 일이 있을지의 여부이다. 두 질문에서 나오는 답이 어떤 다른 요소보다도 우리의 행동 동기를 가장 크게 좌우한다.

⑥ 너그럽게 용서하라

팃포탯보다 너그러운 팃포탯이 더 점수가 높았다는 것을 기억하는가? 가끔은 용서해야 한다. 용서는 배반의 악순환을 막았다.

액설로드의 죄수의 딜레마 게임은 추상적이고 실생활보다 지나치게 단순화된 것이 사실이지만, 용서는 현실에서 훨씬 중요하다. 삶은 잡음도 많고 복잡하다. 그리고 우리에게는 타인과 그들의 동기를 이해할 만한 완벽한 정보가 없다. '저 인간은 글러 먹었어.' 이런 생각이 드는 것은 단지 그 사람을 명확하게 알지 못하기 때문일 수 있다. 분명히 짚고 넘어가자. 자신도 스스로를 완벽하게 믿을 수는 없는 법이다. 다이어트 중이라고 선언했는데 직장 동료가 도넛을 사오고, 정신을 차리고 보니 내 목으로 도넛 하나가 넘어갔다. 그럼 나는 다시는 못 믿을 나쁜 사람인가? 당연히 아니다. 팃포탯이 단 한 라운드도 이기지 못했으면서도 전체 총점이 제일 높았던 이유 중 하나는 상대 참가자에게 신뢰의 행동을 가르칠 수 있었기 때문이다. 이로써 상대는 두 번째 기회를 얻는다. 나는 완벽하지 않고, 남들도 완벽하지 않다. 그리고 누구라도 가끔은 혼란에 빠진다.

chapter 3

끝까지 해내는 그릿이냐, 전략적 포기냐

포기하지 않으면 결국 승리할까?

몰래 국경을 넘은 소년이 세계 최고 뇌수술 전문의가 된 비결

멕시코의 작은 시골 마을 팔라코에 사는 가난한 소년 알프레도 퀴노네스 히노호사. 그의 시작은 만화책 한 권이었다. 그는 만화 주인공 칼리만의 영웅담을 읽으며 꿈과 희망을 키웠다. 칼리만은 정의를 위해 싸웠다. 칼리만의 초능력은 모두 고된 노력과 훈련으로 얻어진 것이었다. 알프레도도 칼리만처럼 영웅이 되고 싶었다. 그래서 그는 오후만 되면 세상에서 제일 멋진(그리고 인간으로서는 불가능한) 칼리만의 무술 동작을 몇 시간이나 따라 했다.

경기 침체의 늪에 빠진 나라의 가난한 소년에게 칼리만은 한 줄기 위안이었다. 알프레도 가족의 생계 수단이었던 주유소가 망했다. 소년의 어머니는 인근 사창가 매춘부들에게 옷을 지어 팔았다. 없는 살림에는 그것도 큰 보탬이었다. 어린 여동생은 병에 걸려 죽었다. 한 시간이나 가야 작은 진료소라도 만날 수 있는 가난한 동네가 아니었다면 간단하게 치료할 수 있는 병이었다. 알프레도는 더 나은 삶을 꿈꾸었다. 그리고 어느 날 기회가 찾아왔다.

알프레도가 열다섯 살 때 그의 삼촌은 캘리포니아의 한 목장에서 조장으로 일하며 꽤 짭짤한 수입을 벌고 있었다. 그는 그해 여름 삼촌 밑에서 열심히 일했다. 고된 일에 몸무게도 40킬로그램 남짓으로 훅 줄었다. 하지만 두 달 후 고향으로 돌아오는 소년의 손에는 남은 한 해 먹고살 걱정을 하지 않아도 될 정도로 넉넉한 돈이 들려 있었다.

답이 나왔다. 더 나은 삶을 살려면, 가족이 먹고사는 데 보탬이 되려면 다시 국경을 넘어야 했다. 알프레도는 계획을 짜고 기다렸다. 그리고 전력으로 달렸고⋯⋯ 국경 순찰대에 곧바로 붙잡혔다. 소년은 귀가 조치 되었다.

그러나 가족의 생계가 걸린 문제였다. 칼리만이라면 국경 순찰대에 붙잡혔을까? 아닐 것이다. 그러니 알프레도도 잡지 못할 것이다. 그는 「미션 임파서블」 수준의 철저한 계획을 세워 국경을 넘었고 마침내 캘리포니아의 스톡턴에 도착했다. 그리고 그곳에서 일을 얻어 가족에게 돈을 보낼 수 있었다.

알프레도는 영어를 못했다. 이래서는 아무 것도 이룰 수 없었다. 주말도 쉬지 않고 하루 12시간을 일하고 차 안에서 새우잠을 자면서도, 그는 근처 전문대학에서 야간강좌를 수강했다. 열차에 황을 퍼 담는 일을 하다가 수업을 들으러 온 그의 몸에서는 썩은 달걀 냄새가 풀풀 났다. 그러나 성적 우수자 명단에 꼬박꼬박 이름을 올렸고 얼마 후에는 준학사 학위도 땄다.

학점도 좋고 강사들의 적극적인 응원까지 받은 알프레도는 미국에서도 명문대로 꼽히는 버클리 대학교에 들어갔다. 차별쯤이야 애교였다. 이제 야간 강좌를 듣는 그의 몸에서는 썩은 달걀 냄새 대신에 하루 종일 항구에서 긁어낸 생선 기름 냄새가 진동을 했다. 그러거나 말거나 그는 심리학학사 과정을 수료하고 우등 성적으로 졸업장을 땄다.

멕시코와 캘리포니아에서만 살아온 알프레도에게 케임브리지의 겨울은 얼이 빠질 정도로 매서웠다. 그러나 하버드 의대에서 공부를 시작할 즈음에는 그럭저럭 이겨낼 수 있었다. 그의 영어가 트인 것은 몇 년도 되지 않았다. 여기까지 온 것만도 대단한 일이었다. 그러나 끝이 아니었다. 그는 꿈에서나 그리던 여성을 만나 결혼을 했고 미국 시민이 되었다. 의대 학위를 받아든 그의 품에는 6개월 난 딸 개비가 안겨 있었다.

오늘날 '닥터 Q'라고 불리는 알프레도는 미국은 물론 세계적으로도 알아주는 최고의 뇌수술 전문의다. 그는 미국 최고 병원으로 손꼽히는 존스 홉킨스 병원에서 한 해에 수백 번의 외과수술을 집도한다. 자기 연구실을 따로 가지고 있으며, 의대에서 종양학과 신경외과학을 가르친다. 그가 발차기와 강펀치를 휘둘러 사람을 구하지는 않지만, 칼리만이 알프레도를 봤다면 장하다며 엄지손가락을 추켜세울 것이 분명하다.

실패와 역경을 이겨내는 원동력, 그릿

많은 이들이 그릿이야말로 성공의 비결이라고 귀에 딱지가 앉을 정도로 강조한다. 그릿이란 끈기 있게 최선의 노력을 다하고 포기하지 않는 것을 말한다. 똑같은 지능과 재능을 가졌으면서도 누구는 크게 성공하고 누구는 시시하게 사는 그 차이를 만드는 원인이 바로 그릿이다. 1장에 나온 억만장자들을 떠올리자. 그들은 대학을 중퇴하는 등 학업 성취도 면에서는 남들보다 뛰어난 학생이 아니었다. 그러나 인터뷰에 응답한 억만장자들은 학창 시절 선생님에게 '맡은 일은 끝까지 책임지는 학생'이라는 칭찬을 들었다고 대답한다.

괴팍한 성격에서는 둘째가라면 서러운 예술가들은 어떠한가? 하버드 교육대학원의 하워드 가드너Howard Gardner는 『열정과 기질』에서 가장 성공한 예술가들을 연구한 결과를 밝혔다.

창의적인 사람은 경험에도 틀을 씌운다. 그들은 야심이 워낙 크기 때문에 아무리 노력해도 성공에 미치지 못할 때가 있다. 그러나 실패하더라도 그들은 신세한탄을 하거나 남 탓을 하면서 시간을 낭비하지 않는다. 그리고 포기하지도 않는다. 그들은 실패도 배움의 경험으로 받아들인다. 그리고 실패에서 얻은 교훈을 미래를 위한 자양분으로 삼는다.

이 역시 그릿이다. 금전적인 성공만이 아니다. 펜실베이니아 대학 앤절라 더크워스Angela Duckworth의 연구에 따르면, 그릿을 가진 아이들은 더 행복하고 몸도 더 튼튼하며 또래 아이들에게도 인기가 많다. "거듭되는 장애물에도 오뚝이처럼 다시 일어서는 능력은, 낙관적인 세계관과 연관이 있었으며 삶의 만족도를 높이는 데 기여했다."

그릿을 가져라! 그러면 성공할 것이다. 이만큼 명쾌한 결론도 없다. 말하고 보니 더 명쾌한 물음이 나온다. 왜 우리에게는 그릿이 없는가?

첫째, 우리가 스스로 잘 알고 있다고 믿는 그릿의 이유가 사실은 착각에 가깝다는 점이다.

둘째, 그릿이 성공을 이끄는 것은 사실이지만 정반대의 경우도 있다는 점이다. 부모나 교사 누구도 포기가 상책일 수도 있다고 말해주지는 않는다. 그러나 때론 포기가 위대한 성공으로 이어지는 경우도 있다.

첫 번째 이유부터 살펴보자. '무엇이 정말로 그릿을 가능하게 하는가?'라는 질문에 '스토리story'라고 답하는 이들이 많다. 가난한 멕시코 시골 마을 출신이라는 감동적인 사연까지는 아니더라도, 칼리만 만화책 비슷한 것쯤은 스토리에 포함돼 있어야 한다는 뜻이다.

대체 무슨 소리냐고? 다른 사람들의 이야기를 보자. 포기를 모르는 정신력과 강인함을 가진 이들, 바로 네이비실이다.

1%만 살아남는 네이비실의 훈련을 버텨낸 사람들

'국가대표 수영선수로 활약하겠다!' 제임스 워터스는 항상 속으로 되뇌었다. 대단한 수영 실력은 아니었지만, 상상은 자유였다. 열심히 연습하면 실력이 나아질 것이라고 굳게 믿었다. 어쩌면 언젠가는 정말로 실력이 좋아져 꿈이 이뤄질지도 모르니까.

그러나 대학 수영팀의 주전 선수로 출전해 타 대학과의 대항전을 치르던 어느 날, 제임스의 상상은 갈기갈기 찢어졌다. 출발은 좋았다. 국가대표를 꿈꿔볼 수도 있겠다는 생각이 들던 바로 그 순간, 첫 번째 턴에서 풀장 벽에 손을 부딪치고 말았다. 얼얼한 통증이 느껴졌다. 경기가 끝나고 엑스레이를 찍어 보니 골절이었다. 2주 동안 물 근처에는 가지도 말아야 했다. 다시 훈련을 재개했지만 손에 두른 깁스 때문에 제대로 스트로크조차 할 수 없었다. 그는 훈련에서 뒤처졌다. 평생의 꿈이었던 국가대표 수영선수가 멀어지는 순간이었다.

거기서 끝이라면 얼마나 좋았을까. 머리로는 꿈을 포기했지만 마음은 아니었다. 그는 이후로도 2년간 악몽에 시달렸고, 무언가를 만지기만 해도 신체 일부가 부러지는 꿈을 꾸었다. 악몽은 좀처럼 사라지지 않았다. 끝난 것도 아니었고 안 끝난 것도 아닌 상태였다. 그가 오랫동안 되뇌었던 낙천적 스토리는 실현되지 못했다. 그러니, 무언가 실현해야 했다. 앞으로도 국가대표 선수가 될 일은 없겠지만 묶던 매듭은 마저 묶어야 했다.

6년 후 5천 킬로미터 떨어진 곳에서 그는 다시 헤엄을 치고 있었다. 네이비실이 되기 위한 기초 훈련과정이었다. 속칭 버즈(BUD/S)라고 불리는, 입에서 단내가 날 정도로 힘든 지옥 주간이었다. 잠을 못 잔 지 110시간. 머리에는 몇 시간째 통나무를 이고 있다. 얼마나 뛰고 헤엄쳤는지도 모른다.

할리우드 영화에 나오는 전형적인 네이비실의 모습은 금방 떠올릴 수 있다. 키 188센티미터, 몸무게 100킬로그램, 떡 벌어진 어깨. 하지만 안타깝게도 실제 네이비실 대원들의 모습은 그렇지 않다. 체격이 크면 더 힘들 뿐이다. 조원들이 다 함께 머리 위로 보트를 들어 올리면, 남들보다 머리 하나가 더 큰 제임스는 그만큼 더 많은 하중을 견뎌야 했다. 그런 다음에는 무시무시한 수중 테스트가 이어졌다.

스쿠버 장비를 하고 물속에 있는 제임스. 교관이 입에서 호흡조절기를 휙 잡아 뺀다. 에어호스도 묶어버린다. 교관은 어떻게든 숨을 쉬려 하는 제임스를 인정사정없이 방해한다. 뇌가 비명을 지른다. '이러다 진짜 죽겠어!' 제임스는 교관의 방해를 이겨내고 정해진 절차에 따라 다시 장비를 착용해야 한다. 바다에 잠수하면 강한 저층 역류로 인해 소용돌이에 휩싸일 수 있다. 이 테스트는 그것을 이겨낼 수 있는지를 알아보는 시험이다. 머릿속이 공포로 백짓장이 된다. 후보생에겐 수중 테스트에서 네 번의 기회가 있다. 실제로 네 번째나 돼야 간신히 시험에 통과할까 말까다. 1차 수중 테스트를 통과하는 후보생은 20퍼센트도 되지 않는다.

내일은 모래벌판을 더 오래 달려야 한다. 더한 쪽잠도 각오해야 한다. 그리고 비행기에서 뛰어내려야 할지도 모른다. 이런 상황에서 수많은 후보생이(사실상 대다수가) 포기를 선택한다. 제임스도 한계였다. 하지만 그럴 때마다 악몽을 떠올렸다. 오랫동안 꾸었던 꿈과, 더 나아질 수 있다는 꿋

꿋한 믿음을 떠올렸다. 그리고 다시 물로 돌아갔다.

네이비실 버즈 264기수의 중도 포기율은 94퍼센트였다. 입대 지원자 256명 가운데, 모든 테스트를 통과하고 네이비실의 삼지창 마크를 제복에 단 사람은 16명뿐이었다. 제임스 워터스도 그 16명 중 하나였다. 그리고 그의 오랜 악몽도 끝이 났다.

누구는 버즈 과정을 통과하고 누구는 포기의 종을 울린다. 왜? 네이비실도 그 이유를 몰라 답답할 지경이었다. 9/11 참사 후 미군은 네이비실을 충원해야 했지만, 통과 기준을 낮춘다면 원래의 목적이 희미해질 우려가 있었다. 답을 찾아야 했다. 네이비실은 어떤 대원을 모집해야 하는가? 그리고 군의 손과 발이 되어 응징의 주먹을 휘두를 대원들에게 무엇을 가르쳐야 하는가?

마침내 답을 찾아냈다. 막연히 짐작했던 것과는 전혀 다른 답이었다. 미해군에 필요한 것은 더 튼튼한 마초가 아니었다. 마치 보험 영업사원 같은 이들을 뽑는 게 훨씬 현명한 해결책이었다. 그렇다, 우리가 아는 보험 영업사원 말이다. 이 단어를 잊지 마라.

해군의 연구 결과 '그릿'은 자신도 모르게 많은 일을 하게 만들며 힘든 훈련을 버티는 원동력이 되어주었다. 네이비실 대원은 누구보다 용맹해야 하지만, 그 용맹을 발휘하는 비결은 다름 아닌 '긍정의 자기대화(positive self-talk)'였다.

우리의 머릿속에서는 1분에 300에서 1,000개 정도의 단어가 오가는 자기대화가 펼쳐진다. 그 말은 '난 할 수 있어'와 같은 긍정의 말일 수도 있고 '에라 모르겠다. 더는 못 해' 따위의 부정의 말일 수도 있다. 긍정의 자기대화는, 정신력을 강하게 만들고 끝까지 지구력을 발휘하도록 한다.

네이비실은 버즈 후보생들에게 다른 정신 훈련과 함께 긍정의 자기대화도 가르쳤다. 그 결과, 버즈의 통과율이 거의 10퍼센트나 올라갔다. 훈련 과정을 견디는 건 신체적 강인함의 문제지만 포기에 이르는 건 정신적 문제였다. 정신적 문제라면서 보험 영업사원은 무슨 상관이라는 것인가? 산 넘어 산인 사람은 네이비실만이 아니다. 보험 영업사원들도 거부당하는 것이 일상이고 일과다.

우리는 유능한 영업사원에게 필요한 자질은 사람을 대하는 요령이나 외향적 성격이라고 생각하지만, 연구 결과는 다르게 말한다. 영업사원에게 필요한 자질은 혼자라도 꿋꿋한, 낙관적인 성격이다. 상위 10퍼센트의 낙관적인 성격을 가진 사람들은 가장 비관적인 10퍼센트의 사람들보다 판매율이 88퍼센트나 높았다.

낙관적 태도만으로 결과는 분명 달라진다

네이비실의 사례에서 보듯, 낙관은 우리를 버티게 만드는 원동력이다. 하지만 결과까지 뒤바꾸는 힘이 있을 거라고 누가 상상했겠는가?

누군가는 스스로에게 '난 이 일에 맞지 않아' 혹은 '이런 일을 내가 잘할 수 있을 리가 없지'라고 속삭인다. 또 다른 누군가는 '까짓 거, 죽기 아니면 까무러치기지'나 '조금만 더 잘하면 될 것 같은데'라고 속삭인다. 거의 모든 상황에서 이 네 가지 말 중 하나가 적용될 수 있다. 우리가 자주 선택하고, 생각의 기본값으로 삼고, 자주 써먹는 말은 이 넷 중 하나이다.

마틴 셀리그만Martin Seligman과 펜실베이니아 대학교의 연구진은 파블로프 조건화를 실험했다. 개들이 있는 커다란 상자에는 안을 좌우로 나누는 낮은 칸막이가 쳐 있었고, 신호음이 울리면 바닥으로 미미한 전기 충격이 전달된다. 개들은 낮은 칸막이를 넘어 반대편으로 가면 전기 충격을 피할 수 있다. 연구진은 개들에게 '충격이 오기 전에 언제나 소리가 나고, 신호음을 들은 즉시 칸막이를 넘으면 충격을 피할 수 있다'는 것을 인지시키려 노력했다. 전혀 어렵지 않았다. 금세 학습할 수 있을 것 같았다.

그런데 개들이 움직이지 않았다. 그 자리에서 낑낑거리기만 했다. 신호음이 가고 전기 충격이 가해지는데도 꼼짝도 하지 않았다. (연구진은 이마를 짚으면서 다른 일자리를 알아봐야 하나 진지하게 고민했다.)

실험은 실패로 돌아갔고 개들에게 신호음과 전기 충격의 관계를 확실하게 인지시키는 일도 허사가 되었다. 개들은 전기 충격이 '무작위'로 온다고 느꼈다. 그래서 신호음과 전기 충격의 관계를 인지하기는커녕 자신들이 '아무것도 통제하지 못한다'는 사실만 학습했다. 개들은 무기력해졌다. 개들이 자기대화를 하지는 않겠지만, 그렇다고 바보는 아니었다. '내가 어떻게 해도 전기 충격은 계속될 거야. 뭘 어쩌겠어?'

개들은 '해봤자 허사'라는 개념을 학습했고 비관주의에 빠졌다. 그리고 포기했다. 그날 파블로프 조건화 실험은 별 성과를 거두지 못했지만, 그릿에 필요한 게 무엇인지는 충분히 알게됐다.

사람들을 대상으로 한 비슷한 연구에서 흥미로운 결과가 나왔다. 세 명 중 한 명은 무기력에 젖지 않았다. 그들은 전기 충격이 오는 이유를 이해하려 노력하고 충격을 피하기 위해 할 수 있는 방법은 다 썼다. 실패는 한 번일 뿐이라고 스스로에게 속삭이면서 노력을 멈추지 않았다.

셀리그만은 이런 자기대화의 중심에 낙관주의와 비관주의가 있다고 결론 내렸다. 다시 말해 '난 할 수 있어'와 '난 못 해'라는 생각 중 하나가 바탕에 깔려 있다는 뜻이다. 무기력은 비관적 태도 때문에 생긴다. 더 나아질 리 없다고 생각할 때는 더 노력해봤자 바보짓이다. 쓴웃음 한번 짓고 집으로 가야 한다. 승리가 백 퍼센트 불가능할 때에는 그게 현명한 선택이다. 하지만 어렵긴 해도 불가능하지는 않으며 끈기와 지구력이 필요한 순간이라면, 비관주의가 그릿을 죽이는 결과가 된다. 비관주의는 '한 번만 더 해보자. 할 수 있어'가 아니라 '포기하고 집에나 가'라며 유혹적인 귓속말을 던진다.

셀리그만은 자신이 진짜로 연구 중인 핵심 주제가 무기력이 아닌 비관주의였다는 사실을 깨달았다. 또한 우울증 역시 비관주의의 결과물이라는 사실도 알게 됐다. 무기력의 동굴을 파고 들어가는 사람들의 종착역은 우울증이다. 사는 게 다 무기력해지고, 모든 것을 포기하고, 아무것도 하지 않게 된다.

우울증인 사람들이 낙관주의자들보다 훨씬 정확하게 자신의 미래를 예측한다는 충격적인 결과가 있다. 이것을 '우울증의 현실주의(depressive realism)'라고 한다.

낙관주의자들은 자신에게 거짓말을 한다. 다 잘 될 것이라는 믿음을 버리는 순간, 실제로 아무것도 잘 되지 않기에 가끔은 망상도 필요하다. 그래야 노력도 계속할 수 있다. 낙관적으로 사는 사람들은 좋은 결과도 많이 본다.

그렇다면 비관주의자는? 매사에 비관적이고, 툭하면 난 원래 이렇게 생겨먹은 사람이라고 말하는 부정적인 사람은? 그러나 타고난 기질을 탓할 필요는 없다. 셀리그만의 연구가 비관주의가 유전적 기질이 아니라는 것을 입증했기 때문이다. 자신이 스스로에게 속삭이는 생각들이 비관주의의 원인이다. 비관주의는 고칠 수 있다!

셀리그만의 연구가 입증했듯이, 설명 방식을 비관주의에서 낙관주의로 바꾸면 기분이 좋아지고 버티고 나아가게 만드는 힘도 커진다. 개인만 그런 것이 아니다. 집단도 그런 성향을 보인다. 셀리그만은 신문에 보도된 메이저리그 야구선수들의 말을 분석했다. 이번 해의 태도로 다음 해의 성적을 예측할 수 있을까?

우리는 내셔널리그 12개 팀의 1985년 설명 방식을 분석했다. 1985년에 낙관적 태도를 보인 팀은 다음 해 승률 기록이 더 좋아졌으며, 비관적 태도를 보인 팀은 승률 기록이 나빠졌다. 예년의 타율에 비교했을 때, 1985년에 낙관적 태도를 가진 팀은 다음 해 압박감을 이기고 좋은 타율을 보였지만 비관적 태도를 보인 팀은 압박감을 이기지 못하고 타율이 떨어졌다.

듣기 좋은 말에 불과하다고 생각되는가? 셀리그만은 1986년에도 같은 연구를 진행해 1987년 선수들의 성적을 예측했다. 그리고 같은 연구를 농구에서도 했다. 우연한 결과가 아니라는 사실이 드러났다. 낙관적 설명 방식은 성공의 예측 지표였다.

제임스 워터스는 포기하지 않았다. 그의 낙관주의 정신은 체력보다 강했고 버즈 테스트를 이겨내게 만들었다. 그리고 그릿은 추동력이 되어 그를 네이비실 소대장이 되게 했고 하버드 MBA 과정을 이수하게 했다. 그리고 백악관 일정 담당 부보좌관이 되게 했다.

그릿이 하는 일은 나의 미래를 낙관적으로 그리게 하는 것이 전부인가? 아니다. 그릿은 훨씬 근원적인 부분을 건드린다. 성공하기 위해 힘을 쓰는 데서만 그치지 않는다. 그릿은 지옥에 떨어지는 것이 낫겠다 싶을 만큼 끔찍한 상황에서도 우리가 삶을 포기하지 않도록 하는 힘이 되어준다.

아우슈비츠에서 살아남을 수 있었던 단 하나의 이유

한 남자가 선잠이 든 채로 뒤척이고 있었다. 빅터 프랭클Victor Frankle은 그를 깨우려 손을 뻗다가 말았다. 그냥 놔두는 게 나을 듯싶었다. 저 남자는 지금 악몽을 꾸고 있지만, 그 어떤 끔찍한 꿈도 잠에서 깼을 때 마주할 현실보다 나을 것이었다. 때는 1944년이었다. 그리고 그들이 있는 곳은 아우슈비츠였다.

200명 정원으로 설계된 건물에 1,500명이 수용돼 있다. 창문으로는 가시철조망 담장과 경비 초소가 보인다. 수용자들에게 배급되는 식사라고는 한 주에 빵 두 덩어리가 전부다. 냄비에서 인육이 발견되었다고 해서 놀랄 일이 아니었다. 필사적인 사람들은 식인에라도 의존했다.

공포는 거기서 끝이 아니었다. 많은 사람들이 철조망으로 돌진했다. 철조망에는 전기가 흘렀다. 자살이었다. 다음 차례는 누구일지 눈 감고도 알아맞힐 수 있다. 담배를 피우는 사람들이다. 그곳에서 담배는 돈이었다. 먹을 것과 바꿀 수 있고 부탁도 할 수 있었다. 웬만한 것과 다 바꿀 수 있었다. 담배를 피우는 것은 가장 마지막에 취할 만한 행동이었다. 지금의 지옥과도 같은 고통을 잠시나마 잊게 해줄 작은 즐거움을 원한 사람들, 그런 이들은 오래 버티지 못했다.

아우슈비츠는 버즈 훈련 같은 모의 훈련이 아니었다. 살거나 죽거나, 둘 중 하나였다. 누가 살아남았는가? 체력이 강한 사람은 아니었다. 젊은 사람들도 아니었다. 용기 있는 사람들도 아니었다. 하소연하는 사람들도 아니었다. 지상에서 가장 참혹한 광경이 펼쳐지는 이곳에서, 공포를 이겨내고 살아난 사람들은 '삶의 의미를 품은' 사람들이었다. 프랭클은 그 사실을 깨달았다.

> 자신을 다정한 눈빛으로 바라보는 인간으로서 존재해야 할 책임을 잊지 않은 사람은, 그 미완의 책무를 향해 나아가야 함을 잊지 않은 사람은 절대로 삶을 자포자기하지 않을 것이다. 그런 사람은 자신이 존재하는 '이유'를 안다. 그렇기에 그 어떤 '과정'도 다 견뎌낼 수 있다.

삶의 존재 이유를 자신이 아니라 훨씬 더 큰 무언가에서 찾아낸 사람들은 아우슈비츠의 고통을 견뎠지만, 잠깐의 쾌락을 위해 담뱃불을 붙인 사람들은 결국 철조망 울타리를 향해 마지막 돌진을 하면서 삶을 끝마쳤다.

프랭클은 언제나 아내 생각을 했다. 아내의 생사는 알지 못했지만 그건 중요하지 않았다. 그는 선로에 누워 노역을 하는 중에도 아내에게 말을 걸었다. 대답을 들을 기약조차 없는 대화였다. 혼잣말로 하는 그 대화가 그의 버팀목이었다. 현재의 고달픈 시련을 아우를 정도의 큰 힘이었다.

우리는 자신이 아니라 소중한 누군가가 걸려 있을 때 훨씬 열심히 노력한다. 어머니는 보답받지 못할 걸 알면서도 자식에게 모든 정성을 다 쏟는다. 군인은 사명감으로 나라를 위해 목숨을 바친다.

삶에서 쾌락만이 중요한 이들은, 재미도 없고 보람을 얻지도 못하는 생활이 이어질 때 쉽게 포기한다. 내가 아닌 다른 무언가에서 희망을 찾고 그것을 위안으로 삼을 때, 더 큰 무언가를 위해 살아갈 때, 우리는 더 이상

고통과 맞서 싸우지 않아도 된다. 고통을 더 큰 무언가를 위한 희생으로 받아들일 수 있기 때문이다. 훗날 심리학자로서 큰 족적을 남긴 빅터 프랭클은 "빛을 내는 모든 물체는 화상도 견뎌야 한다"는 말을 남겼다.

포기하기엔 아직 이르다. 우리를 버티게 하는 원동력은 우리가 스스로에게 말하는 스토리이다.

사람을 살리기도 하고 죽이기도 하는 스토리의 힘

대니얼 카너먼Daniel Kahneman은 '인지편향'에 대한 연구로 노벨 경제학상을 수상했다. 인지편향이란 사람이나 상황에 대해 비논리적인 추론으로 판단을 내리는 것을 말한다. 빠른 의사결정을 돕기 위해 뇌에 새겨진 작은 지름길 같은 것이다. 인지편향은 대개는 도움이 되지만 항상 합리적이지는 않다.

대표적인 예가 손실회피(loss aversion)다. 1달러 이득에서 느끼는 기쁨의 크기는 1달러 손실에서 느끼는 고통의 크기와 같아야 하지만, 우리의 마음은 그렇게 작동하지 않는다. 1달러를 잃었을 때의 쓰라린 마음이 같은 금액을 벌었을 때의 쾌락보다 훨씬 크다. 반면에 큰 이득을 얻었을 때의 기쁨은 시간이 지날수록 수확체감 법칙에 따라 급속도로 줄어든다. 이렇듯 진화는 우리의 정신에 '손실에 대한 두려움'을 더 뚜렷하게 새겨놓았다. 손실이 크면 목숨에도 영향을 미칠 수 있기 때문이다.

듀크 대학교의 댄 애리얼리가 카너먼의 연구에 자극을 받아 인지편향 강의를 시작했는데, 똑같은 반응을 보이는 학생들이 꽤 됐다. "그런 사람들이 많기는 하죠, 그래도 저는 아닙니다." 인지편향이 인지편향을 이해하지 못하게 방해하는 것이다. 아이러니였다.

그래서 애리얼리는 강의 방식을 살짝 바꿨다. 그는 인지편향을 설명하기 전에 모든 학생에게 착시 현상부터 보여주었다. 길이가 달라 보이는 두

선이 있지만 자를 대보면 같은 길이의 선이라는, 우리도 잘 아는 착시 현상이다. 애리얼리는 학생들에게 본인의 뇌를 완전히 신뢰해서는 안 된다는 사실을 단순히 설명만 하지 않고 직접 '체득'하게 했다. 뇌가 얼마든 착오를 일으킬 수 있다는 사실을 보여준 후에야 학생들은 자신에게도 편향이 존재한다는 것을 순순히 받아들였다.

우리는 세상사에 의미를 부여하도록 설계돼 있다. '세상일에는 의미가 있어', '나는 그것을 통제할 수 있어'와 같은 의미 부여가 우리를 움직이게 만든다. 뇌는 뜬금없는 결과를 좋아하지 않는다.

그렇다면 의미란 무엇인가? 우리가 머릿속에서 떠올리는 세상사에 대한 스토리, 그것이 우리 인간의 정신에 깃드는 의미라 할 수 있다. 많은 사람이 운명을 믿는 것도 이런 이유에서다. 삶의 의미, 즉 스토리는 우리가 고난을 이겨내도록 도와준다. 우리는 스토리에 따라 세상을 바라본다. 나의 하루가 어땠는지, 배우자와 어떻게 만났는지를 물어보면 무슨 말을 할까? 이것이 스토리다. 살다 보면 직장에서든 개인적인 일에서든 우리에게는 무수히 많은 일이 생기고, 그럴 때마다 우리는 스토리를 만들어 그 일을 설명한다.

세상사에 달관한 사람들의 추상적이고 관념적인 대화 같은가? 전혀 그렇지 않다. 저 깊은 곳에서 보이지 않게 흐르는 스토리라는 물살은 우리가 아주 중요한 순간에 부딪칠 때마다 성공이냐 실패냐를 좌우한다.

어떤 사람들이 일에서 의미와 충족감을 얻는가? 자기 일을 '밥벌이 수단'으로만 보는 병원 청소부는 일에서 깊은 충족감을 전혀 얻지 못한다. 반대로, 자신의 일을 '천직'이라고 믿는 사람들, 그리고 환자의 병세 호전에 도움이 되는 일을 하고 있다는 스토리를 만들어낸 사람들은 병원을 쓸고 닦는 일에서도 의미를 얻는다.

유대교와 기독교에는 우화가 있다. 힌두교와 불교에는 경문이 있다. 대부분의 종교 지도자들은 설교를 하거나 불법을 설파하고 다닌다. 이 모든 것이 처음부터 끝까지 다 스토리다. 종교의 스토리는 이렇게 행동하라고, 그러면 이 삶을 버티는 데 도움이 될 거라고 말한다.

종교까지 거론할 필요도 없다. 대중문화도 우리의 허전한 틈을 메운다. UCLA 영화학과 교수인 하워드 서버Howard Suber는 영화를 '세속의 사회를 위한 신성한 드라마'라고 묘사한다. 우리는 종교 우화를 따라하듯 영화 속 영웅들을 따라한다. 우리가 자신을 영화 속 영웅처럼 생각하고 행동할 때 장애를 딛고 목표를 이룰 가능성도 더 높아진다고 한다.

행복감은 또 어떠한가. 사람들이 삶에서 행복감을 느끼지 못하는 이유는 행복한 순간이 와도 그 순간이 자신의 스토리와 무관하다고 생각하기 때문이다. 사람들은 삶과 스토리의 아귀가 딱 맞아야 스토리를 받아들인다.

가장 충격적이고 가장 우울한 비극인 자살도 마찬가지다. 플로리다 주립대학교의 로이 바우마이스터Roy Baumeister는 자살을 하는 이유가 대개 '상황이 가장 나쁘기 때문'이 아니라 '스스로에게 더는 아무것도 기대하지 않기 때문'이라고 말한다. 아우슈비츠의 빅터 프랭클을 살게 만든 것은 스토리였다. 이렇듯 스토리는 우리를 버티고 이겨내게 만드는 힘이 되기도 하지만, 전기가 흐르는 철조망으로 달려가게 만드는 원인이 되기도 한다.

펩시 CEO라는 직함도 버리게 만든 스티브 잡스의 질문

스토리가 우리의 생각을 지배하고, 많은 분야에서 성공을 이끈다는 증거
는 수도 없이 많다. 그렇다면 스토리는 어떻게 작동하는가?

허구의 이야기는 세상을 바라보는 시각에 영향을 미친다. 영화나 TV 드
라마, 소설 등 스토리는 우리의 마음에 은근슬쩍 장밋빛 안경을 씌우기도
한다.

조지메이슨 대학교의 교수이며 베스트셀러 작가인 타일러 코웬Tylor
Cowen도 같은 말을 한다. 그의 연구에서, 본인의 일생을 묘사해달라는 말
에 피험자들 대부분은 '여정'이나 '전투'라고 대답했지만 아주 드물게는
'혼란투성이'라는 말도 나왔다. 삶은 얼마든 혼란투성이가 될 수 있다. 코
웬의 설명에 따르면, 스토리는 툭하면 뒤죽박죽이 되는 세상에 질서를 주
는 여과 장치다. 스토리는 정보를 걸러내고 기억의 정확도를 낮춘다. 이렇
게 걸러지고 여과되어 입맛에 맞는 스토리가 만들어진다. 그러나 실제 삶
이 우리 입맛대로 펼쳐지지는 않는다.

코웬의 설명이 맞다. 세상에는 1초 동안에도 셀 수 없이 많은 일이 일어
난다. 우리는 좋은 일만 취사선택하고("노숙자에게 돈을 조금 줬어") 다른 일
은 무시하면서("내가 사촌을 계단에서 밀쳤어") 자신의 삶을 말하는 스토리에
도달한다("나 정도면 좋은 사람이야").

경제학에는 '제한된 합리성(bounded rationality)'이라는 개념이 있다. 인간

은 언제나 제약에 부딪치기 때문에 완벽히 합리적일 수는 없다는 것이다. 인간에겐 사용할 수 있는 정보도, 세상일을 고민할 시간도 제한돼 있다. 이 작은 뇌로 처리해야 할 세상사가 너무 많다. 그러니 걸러낼 것은 걸러내야 한다.

사람들은 스스로를 잘 아는 것 같을 때 삶의 의미를 느낀다. 여기서 중요한 부분은 '같을 때'다. 나를 진정으로 안다고 해서 의미가 만들어지지는 않는다. 나를 안다는 '느낌'이 의미를 만들어낸다. 스토리의 효력이 발휘되는 데 정확성 따위는 필요 없다. 그래서 대체 스토리를 가지라는 것인가, 말라는 것인가?

그릿과 연관시켜보면, 스토리가 정확하지 않은 것이 오히려 도움이 될 수도 있다. 모든 일을 확률의 관점으로 바라보면 위험한 일은 아예 시도조차 하지 않을 것이기 때문이다. 그러나 차라리 지옥이 나을 것 같은 상황에서 빅터 프랭클처럼 살아남으려면, 스토리는 정확하지 않은 편이 좋다. 그래야 버팀목이 될 수 있다.

이는 낙관주의 연구 결과와도 일치한다. 낙관주의자의 자기 스토리는 현실과는 다를 수 있지만, 이 부정확성 때문에 역경을 딛고 이겨내는 버팀목이 되기도 한다. 심리학자 셸리 테일러Shelley Taylor가 "건강한 정신은 아첨 일색의 거짓말을 늘어놓는다"고 말했듯 말이다. 비관주의자의 스토리는 더 정확하고 현실적이다. 그리고 우울증에 빠지게 만든다. 진실은 송곳처럼 우리를 찌른다.

변호사들의 우울증 발병률이 다른 직업군보다 3.6배 높은 것도 이런 이유에서다. 고객을 보호하기 위해서라도 변호사들은 최악의 상황을 다 가정해야 한다. 다 잘될 거라면서 행복의 날개를 펼치는 부정확한 스토리를 말해서는 안 된다. 비관주의자는 낙관주의자보다 로스쿨 성적이 높다. 그리고 이 우수한 능력이 그들의 행복감을 현격하게 떨어뜨린다. 변호사들은 미국에서 고소득자의 상위권을 당당히 차지하지만, 설문조사에 응한 변호사의 52퍼센트는 일에서 만족감을 느끼지 못한다고 말했다. 이런 상태가 그릿에 미칠 영향은 쉽게 짐작이 간다. 법조인으로서 자진 폐업하는 사람이 많아지게 되는 것이다. 변호사이며 작가인 리즈 브라운Liz Brown은 말했다. "그 분야 일을 하지 않도록 도와주는 전문가가 있는 직종은 내가 알기로는 법조계가 유일하다."

스토리는 세상을 있는 그대로 그리지 않는다. 그러나 바로 그 점 때문에 성공에 도움이 된다. 우리를 버티게 만들어주는 힘이 되고 예언이 된다. 내가 '태어난' 진짜 이유는 무언가를 하기 위해서가 아닐 수 있지만, 스토리가 내게 그렇게 속삭인다면 힘들어도 버틸 수 있다. 어쨌거나 그 무언가가 나의 '필연'일 것이기 때문이다.

지금의 일을 필연이나 천직이라고 느끼는 것은 일에서 의미를 얻는 데 중요하게 작용한다. 하버드 교수 테레사 에머빌은 『전진의 법칙』에서 사람들이 일에서 가장 얻고 싶어하는 것은 의미라고 말한다. 그렇다. 스토리의 힘은 세다. 의미가 연봉과 승진보다 중요하다.

스티브 잡스는 어떤 말로 존 스컬리John Sculley가 펩시의 CEO라는 훌륭한 직함까지도 버리게 만들었는가? 잡스는 컬리에게 물었다. "남은 인생 내내 설탕물을 팔길 원합니까, 아니면 세상을 바꿀 기회를 원합니까?"

그렇다면 나에게 의미를 주는 스토리는 어떻게 찾아야 하는가? 방법은 아주 간단하다. '죽음'을 생각하면 된다. 죽음을 생각할 때 우리는 삶에서 진짜로 중요한 것이 무엇인지를 되돌아보게 된다.

작가인 데이비드 브룩스David Brooks는 '이력서용 가치'와 '인격적 가치' 는 확연하게 다르다고 말한다. 이력서용 가치는 돈이나 승진 같은 외적 성공을 가져오는 가치다. 인격적 가치는 '나는 상냥한 사람인가, 믿을 수 있는 사람인가, 용기 있는 사람인가?'와 같은 것이다.

우리는 이력서용 가치에 대해서는 아주 멀리까지 내다보기를 주저하지 않는다. 그래서 원하는 곳에 취업하려 4년 동안 대학을 다니고, 엑셀이나 파워포인트 사용법을 익히고, 승진을 위해 독서를 한다. 그러나 인격적 가치에 대해서는 아니다. 우리는 사건이 벌어지고 나중에 그 사건을 합리화할 때에만 이런 가치를 고민한다. '그래도 나는 좋은 사람이야'와 같은 식이다. 야망이 있는 사람은(성공학 책을 읽는다는 자체가 야망이 있다는 뜻일 수 있다) 자신의 이력서용 가치를 일부러 크게 고민하지 않아도 된다. 어차피 자나 깨나 이력서용 가치를 생각하기 때문이다. 그러나 더 먼 미래의 일과 삶 모두를 챙기고픈 사람이라면 인격적 가치에 대해서도 멀리 내다봐야 한다. 이렇게 발전적 사고로 인격적 가치를 보는 순간, 죽음에 대한 생각이 슬그머니 끼어 들어온다.

자신의 장례식을 상상하자. 가족과 친구와 친지들이 한자리에 모여 애도와 경의를 표한다. 그들은 나의 남달랐던 점을 찬미하고 그런 나의 모습을 앞으로는 볼 수 없다며 슬퍼한다. 그 자리에서 내가 그들에게 하고픈 말은 무엇일까?

진지한 고민을 통해 발견한 가치는 우리가 중요한 결정을 내려야 할 때 길잡이가 되어준다. 2005년 스티브 잡스는 스탠퍼드 대학교 졸업식에서 다음과 같이 연설했다. "내가 곧 죽는다는 것을 기억하는 것이야말로 내 일생의 가장 중요한 도구가 되었습니다. 이 도구는 중대한 선택을 내려야 하는 순간에 큰 도움을 줍니다."

　죽음 연구의 정식 명칭은 듣기만 해도 으스스한 '공포 관리 이론(terror management theory)'이다. 이게 싫으면 스크루지 효과(Scrooge Effect)라는 조금은 정겨운 명칭으로 불러도 된다. 스크루지 효과에 따르면, 잠깐이라도 죽음이라는 주제를 진지하게 생각해본 사람은 더 친절하고 더 너그럽다. 눈앞의 목표는 잠시 내려두고 내가 정말로 무엇을 원하는지를 고민한다. 죽음은 거북스러운 단어지만, 인생의 마지막을 떠올려본 사람일수록 더 건강한 생활방식을 유지하기 때문에 오히려 오래 산다. 또한 죽음이라는 주제를 생각하는 것 자체가 자긍심을 높인다고 한다. 더 '큰 그림'을 보여달라고? 이것보다 더 큰 그림은 없다. 운명과 필연보다 더 큰 주제가 어디 있겠는가.

　흔히들 운명과 필연을 같은 말로 착각한다. 그러나 서버 교수는 두 단어가 다르다고 말한다. 운명은 우리가 피할 수 없다. 우리가 아무리 벗어나려 해도 운명은 우리 앞에 얼굴을 들이민다. 반면에 필연은 뒤쫓아야 하는 것이며, 다른 누구도 아닌 '내가' 달성해야 하는 결과이다. 열심히 전진해 실현해야 하는 어떤 것, 그것이 필연이다. 나쁜 일이 생겼을 때 운명이니 어쩔 수 없다고 생각하면 마음은 편해진다. 하지만 인격적 가치를 고민하는 순간 우리의 머릿속에는 운명이 아니라 필연이라는 생각이 들어찬다. 해봤자 아무것도 변하지 않는다고, 혀를 차며 이럴 줄 알았다고 체념한다면 성공은 오지 않는다. 좋은 결과를 위해 악착같이 노력하고 내 미래를 내 손으로 직접 쓸 때 성공은 온다. 운명이 아니라 필연이다.

　'내 스토리는 아무 도움도 되지 않아. 내가 누구인지 아는 것 같고 무엇이 중요한지도 아는 것 같은데, 나는 행복하지 않고 내가 원하는 곳에 도

착하지도 못했어'. 만약 이런 생각에 빠져 있다면, 그때는 시나리오 작가 놀이를 하면서 다른 인생 스토리로 넘어가보는 것도 좋다.

심리 치료사가 환자에게 권하는 '스토리 편집하기'도 이 방식을 따른다. 버지니아 대학교의 티모시 윌슨Timothy Wilson 교수는 학업 성적이 저조한 학생들을 대상으로 실험을 했다. 학생들은 심리 치료사의 도움을 받아 학교 공부를 '나는 안 돼'에서 '요령만 터득하면 돼'로 재해석했다. 이 방법은 효과가 있었다. 학생들은 다음 해에 성적이 올랐고 낙제율도 낮아졌다. 스토리를 다시 설정하는 일은 항울제 못지않은 효과를 내며, 훨씬 좋은 결과를 낳기도 한다.

편집된 스토리로 무엇을 해야 하는가? 자신이 되고 싶은 배역을 연기하면 된다. 여러 심리학 연구에 의하면, 믿음에서 행동이 나오기보다는 행동에서 믿음이 나올 때가 많다고 한다. "행동이 말보다 중요하다"는 속담은 헛말이 아니다. 윌슨 교수는 "선하게 행동하면 선해진다"고 말했다. 자원봉사를 하는 사람들은 자기 인식이 바뀐다. 자기도 타인에게 선행을 베풀 수 있는 사람이라고 생각하기 시작한다.

커트 보니것Kurt Vonnegut의 소설 『마더 나이트』의 주인공 하워드는 제2차 세계대전 동안 나치 선동당원으로 위장한 미국의 이중 스파이다. 그는 라디오 프로그램에서 나치 독일의 목소리가 되어 겉으로는 라이히 찬가를 목청껏 부르지만 실제로는 미국에 암호화된 메시지를 전달한다. 그의 의도는 선하다. 그러나 이내 자신의 '가짜' 나치 찬미 메시지는 연합군의 비밀 첩보 활동에 도움을 주는 효과보다도, 적군인 독일군의 사기를 독려하는 효과가 더 크다는 사실을 깨닫는다. 보니것이 주는 교훈은 분명하다. "거짓으로 그런 척하다가 진짜로 그렇게 된다. 그러니 거짓 행세를 할 때에도 조심해야 한다."

의도가 좋다는 것에만 만족해서는 안 된다. 매일매일 연기를 한다고 생각해야 한다. 완벽한 스토리의 주인공 역할을 한다고 생각해야 한다. 보니 것 소설의 주인공이 걷는 길이기는 하지만, 다른 소설의 주인공도 같은 길을 걸었다. 세르반테스는 돈키호테를 통해 우리에게 교훈을 전한다. "기사가 되고 싶으면 기사 행세를 하라."

삭막한 현실이 포기를 부르짖을 때, 스토리는 우리를 버티고 나아가게 만든다. 강하고 의미 있는 스토리는, 우리를 단단히 부축하며 어려운 시기를 이겨낼 수 있게 해준다.

빅터 프랭클은 아우슈비츠에서 살아남았다. 그는 마지막 담배 한 모금을 빨지 않았고 전기 철조망으로 뛰어가지도 않았다. 그는 92세까지 천수를 누렸다. 그가 세운 심리학 체계는 전 세계에 퍼졌다. 그는 자신을 살린 스토리를 공유했고, 그것은 다른 사람들에게도 절망을 이겨내는 버팀목이 되었다.

무엇을 나의 스토리로 받아들여야 하는가? 내가 원하는 목적지로 가는 방향에 지금의 스토리는 도움이 되는가?

해발 6,400미터 설산에서 조난당한 그를 일으켜 세운 것

그릿을 무조건 엄숙하고 진지한 것으로만 생각하지는 말자. 가장 깜깜한 순간에는 그릿을 하나의 게임으로 생각하는 것이 도움이 될 수 있다.

조 심슨이 있는 곳은 30미터 깊이의 크레바스(빙하나 지표면이 갈라진 틈 - 옮긴이) 바닥이다. 등에는 무거운 등산장비를 지고 있다. 사방이 어두웠다. 세상이 먹물로 새까맣게 칠해져 있었다. 추운 것도 추운 거지만, 공포 때문에 더 손이 덜덜 떨렸다. "사이먼!" 목청이 터져라 외쳤다. 아무 대꾸도 들리지 않았다. 조금만 움직여도 온몸에 번개가 내리치는 것처럼 찌릿찌릿한 통증이 퍼졌다. 다리 한쪽이 다른 한쪽보다 짧아져 있었다. 게다가 기괴한 각도로 꺾여 있다. 정강이뼈가 무릎 관절을 치고 올라가 대퇴골 안까지 박혀버렸다. 조는 다시 소리를 질렀다. 주위에 아무도 없다는 것만 재차 확인되었다. 아무도 그를 구하러 오지 않았다.

이틀 전에 조와 사이먼은 페루 안데스 산맥의 시울라 그란데 봉 등정을 시작했다. 시울라 그란데는 해발 6,400미터나 되는 남반구 최고봉이다. 해발 1,370미터의 서벽은 등반에 성공한 사람이 없었고, 두 청년은 함께 최초의 서벽 등반자가 되기로 했다. 직각의 설산을 정복한 뒤, 더할 나위 없이 뿌듯했지만 그들에게는 아직 하산이라는 숙제가 남아 있었다. 등산 사고의 80퍼센트는 하산 중에 발생한다.

1985년 6월 8일, 조가 넘어져 아래로 굴렀고 다리가 부러졌다. 갈 길은 먼데 큰일이었다. 이곳은 험준하고 높은 설산이다. 다리가 부러졌지만 구조대도 올 수 없다. 조가 죽는 건 시간 문제였다. 그러나 조와 사이먼은 아직은 희망이 있다고 믿었다. 사이먼은 자일(등산할 때 쓰는 로프. 만일의 위험에 대비해 서로의 몸을 묶는다 - 옮긴이)로 자기 몸과 조의 몸을 연결한 다음 위에서 꽉 버티면서 조를 아래로 내려보냈다. 움직이지 못하는 조를 아래로 먼저 내려보내고 다음으로 사이먼이 내려왔다. 두 사람의 하산 속도는 너무 느렸다. 휘몰아치는 눈보라가 사이먼의 시야를 가렸고, 조가 내려간 곳이 어디인지도 보이지 않았다.

조가 먼저 내려가고 사이먼이 뒤따르는 과정을 몇 시간이나 계속했다. 그러다 조가 갑자기 벼랑 아래로 미끄러졌다. 조와 연결된 사이먼도 같이 끌려서 떨어질 뻔했다. 사이먼은 발을 바닥에 깊숙이 박아 넣어 같이 굴러 떨어지는 사태를 간신히 막았다.

조는 자일 하나에 의지해 허공에 대롱대롱 매달린 상태였다. 손에는 바윗돌 하나 잡히지 않았다. 위를 올려다봤지만 강풍으로 새하얗게 휘도는 눈 때문에 사이먼이 보이지 않았다. 몇십 미터 아래로 그를 향해 시커멓게 입을 벌린 크레바스 구멍이 보였다. 공중에 매달린 그는 아무것도 할 수 없었다. 온몸이 끔찍한 통증으로 비명을 질러댔다. 자일이 딸까닥거리며 흔들렸다. 사이먼은 둘 다 죽음으로 곤두박질치는 것을 막으려 여전히 사투 중이었다.

그리고 조는 추락했다. 어느 정도 높이냐고? 15층 건물 꼭대기에서 떨어졌다고 생각하면 된다. 게다가 산자락으로 떨어진 것도 아니었다. 그가 떨어진 곳은…… 꺼멓게 입을 벌린 크레바스 안쪽이었다.

기적적으로 조는 죽지 않았다. 다행히도 눈이 푹신하게 깔린 곳에 떨어졌다. 손전등으로 아래를 비춰봤다. 조가 떨어진 곳은 얼음다리 위였다. 그의 위로 크레바스가 150미터가량 솟아 있고, 얼음다리 아래로는 까마득한 구멍이 이어졌다. 오른쪽으로 50센티미터 정도만 빗나갔어도 깊이가 짐작도 가지 않는 구렁 아래로 끝없이 떨어졌을 것이다.

몸에는 아직 자일이 묶여 있었다. 자일을 잡아당겼다. 아직은 사이먼과 연결돼 있는 것 같았다. 아니면 사이먼의 시체일 수도. 다시 있는 힘껏 잡아당겼더니 자일이 맥없이 딸려 왔다. 끝이 잘려 있었다. 사이먼은 틀림없이 친구가 죽었다고 생각했을 것이다. 그러니 조를 구하러 오지도 않을 것이다.

조는 사이먼을 원망하지 않았다. 오히려 자신이 살았다는 게 믿기지 않았다. 수도 없이 벼랑을 오르려고 시도했지만, 부러진 다리가 아우성을 질러댔고 통증에 온몸이 마비될 정도였다. 올라갈 길이 보이지 않았다. 선택의 여지가 없었다. 내려가는 수밖에 없었다.

동상으로 시커멓게 죽은 손가락으로는 내려가기 위한 매듭조차도 제대로 묶기 힘들었다. 아래를 내려다볼 엄두도 나지 않았다. 크레바스가 얼마나 깊은지 짐작도 할 수 없었다. 그래도 자일의 길이가 충분히 길다는 것만큼은 알았다.

보통 등산가들은 자일 끝에 매듭을 단단히 묶는다. 자일 끝까지 내려갔을 때 그 매듭이 제동장치 역할을 하고, 혹시라도 손이 미끄러져 아래로 떨어지는 사태도 막을 수 있어서다. 조는 매듭을 묶지 않았다. 자일을 놓치면 그만큼 빨리 죽을 수 있으니 그것도 괜찮을 것 같았다. 그는 어둠을 향해 천천히 내려갔다. 얼마나 시간이 지났는지 모르겠다. 그리고 그는 기쁨의 환호성을 질렀다.

햇빛이었다. 오른쪽 벼랑 위를 쳐다봤다. 크레바스를 빠져나가는 탈출구가 보였다. 더 이상 깜깜한 구덩이가 아니었다. 아주 희미하게나마 처음으로 희망이 보였다. 저 벼랑만 다 올라가면 이곳에서 탈출이었다. 그러나 어림짐작하기에도 45도 각도로 비탈진 벼랑은 45미터는 족히 돼 보였다. 부러진 다리로 저 눈 덮인 벼랑을 올라가느니 모래밭을 허우적대며 굼벵이처럼 기어가는 게 차라리 나을 것 같았다. 그래도 탈출구가 있다는 게 어디인가. 조는 마음을 굳게 먹었다.

조는 갓난아기처럼 기고 또 기어서 마침내 크레바스를 빠져나왔다. 햇빛이 온몸을 적셨고 환희가 차올랐다. 그러나 잠시뿐이었다. 주위를 둘러봤더니 베이스캠프까지는 아직도 10킬로미터를 더 가야했다. 사이먼은 보이지 않았다. 다리는 여전히 말도 못하게 아팠다. 지금까지는 다 준비운동에 불과했다.

그에게는 싸우고 버틸 의지와 각오를 갖게 할 만한 현실적인 이유가 없었다. 그럼에도 어떻게 계속 싸울 수 있었는가? 언제 죽어도 이상하지 않은 이 위험천만한 순간에, 그는 진짜로 정신 나간 짓을 했다. 그는 게임을 했다. 목표를 정했다. '저 빙하까지 20분 만에 갈 수 있을까?' 달성하면 째질 듯 기쁠 것이고 못하면 실망스럽겠지. 게임이라고 생각하니 집착하는 마음도 더 강해졌다. 등골로 짜릿한 흥분이 찌르르 퍼졌다. 결심했다. '게임은 시작되었고, 나한테는 게임을 빠져나갈 선택권이 없다.'

말을 듣지 않는 몸을 억지로 세운 조는 앞을 향해 한 발로 힘겹게 깡충걸음을 걸었다. 발을 헛디딜 때마다 이대로 온몸이 마비되지 않을까 싶을 정도로 발작과도 같은 고통이 찾아왔다. 그러나 저 눈 더미까지 남은 시간은 10분이었다. 이 작은 게임에서 기필코 이겨야 했다.

조는 그나마 가기 편한 길을 찾아 두리번거렸다. 그와 사이먼이 등반하면서 눈에 남긴 발자국이 아직 남아 있었다. 됐다! 조는 빵 조각을 따라가듯 발자국을 따라갔다. 그러나 발자국 주위의 눈을 채찍질하듯 때려대는 바람은 몸이 움직일 수 있는 속도보다도 더 빠르게 발자국을 가리고 있었다. 다시금 절망이 엄습했다. 하지만 그는 금세 게임으로 복귀했다. '목표를 세워. 시간을 확인해. 게임을 계속해. 시간 안에 다음 지점까지 가는 거야.' 속도는 거북이보다도 느렸지만 그는 아랑곳하지 않았다. 엉금엉금 기어가던 눈밭이 어느샌가 바위로 바뀌었다. 느리긴 해도 조금씩 가까워지고 있다는 증거였다. 눈도 무자비했지만, 흙과 바위라고 나을 리는 없었다. 어쩔 수 없이 발을 디디긴 했어도 통증은 도무지 줄어들지 않았다.

'게임을 계속하는 거야.' 다음 목표 지점은, 호수로 정했다. 조와 사이먼은 호수 근처에 베이스캠프를 차렸었다. 희망이 몰려왔다. '난 할 수 있어!' 그런데 아직 거기에 사람이 있을까? 벌써 나흘이나 지났다. 사이먼이 자일을 끊었다는 건 조가 죽었다고 확신한다는 뜻이었다. 사이먼은 이미 가고 없지 않을까? 조금 있으면 밤이었고, 요 며칠간 조는 거의 자지 못했다. 그는 다시 게임을 시작했다. 그게 조가 할 수 있는 전부였다. '혼자 쓸쓸히 죽지 않을 거야.' 그게 이 순간 그의 유일한 목표였다. '20분 안에 호수까지 가자. 게임 개시.'

밤이 내려앉았고 그는 그대로 그 자리에 주저앉았다. 의식이 가물가물했다. 깜빡 잠이 든 것도 같았다. 깨 있는 건지 잠이 든 건지도 구분이 되지 않았다. 그런데 악취가 그의 정신을 깨웠다. 이건…… 똥 냄새였다. 주위를 둘러봤다. 캠프장의 간이 화장실이었다. 순식간에 정신이 돌아온 조는 있는 힘껏 소리쳤다. "사이먼!"

조용했다. 그러다가…… 저 멀리서 깜박이는 불빛이 그를 향해 오고 있었다. 목소리도 들렸다. 조는 엉엉 울었다. 불빛이 가까워졌고 이내 눈이 시릴 정도로 코앞까지 다가왔다. 사이먼은 조의 어깨를 붙잡고는 그를 얼싸안았다. 조 심슨은 게임에서 이겼다.

모든 과정을 하나의 게임이라고 생각하라

조 심슨이 시울라 그란데에서의 조난 사고를 게임으로 바꾸는 발상의 전환을 했기 때문에 목숨을 건졌다고 말한다면 누군가는 비웃을지도 모른다. 그러나 여러 연구와 인터뷰에서도 비슷한 사례들이 많이 발견되었다. 네이비실 버즈 테스트에 참가한 제임스 워터스를 기억하는가? 그에게 버즈 테스트에 대해 한마디 해달라고 부탁했더니 다음과 같이 답했다. "본인이 힘든 상황에서도 잘 버티고 이겨내는 능력이 얼마나 되는지를 평가해야 한다. 버즈 테스트에서는 그런 판단력이 필요하다. 하지만 많은 훈련생들이 그 사실을 깨닫지 못한다. 그건 게임이다. 재미를 잃지 않되 눈은 계속해서 더 큰 그림을 향해야 한다."

수업과 성적 체계가 게임과 비슷해지면 학생들의 성적이 올라간다. 뉴욕주에 있는 랜셀러 공과대학교의 한 교수는 자신의 수업 방식을 유명한 온라인게임인 「월드 오브 워크래프트」와 비슷하게 바꾸었다. 그랬더니 학생들의 학구열과 참여율이 올라갔고 시험에서의 부정행위도 현격히 줄었다.

이제 질문 몇 개를 던져보겠다. 게임이나 일이나, 계속하다 보면 힘에 부치고 절망스럽고 짜증나는 결과가 나오는 것은 마찬가지다. 그런데 왜 게임은 그렇게나 재미있는 반면 일은 생각만 해도 욕지기가 나오는 것인가? 숙제도 게임도 늘 똑같은 것의 반복이고 이걸 언제 다 하나 싶을 정도로 어렵기는 마찬가지이다. 그런데도 왜 아이들은 숙제를 내팽개치고 기쁜 마음으로 게임을 하러 달려가는 것인가? 왜 퍼즐 맞추기는 재미있어 하면서 세금 신고는 생각만으로도 몸서리치는가? 하기 싫어 미치겠고 쳐다보기도 싫은 어떤 것을 재미있는 게임으로 바꾸는 요소는 무엇인가?

살다 보면 우리는 마음은 간절한데 뜻대로 되지 않는 일을 겪는다. 그럴 때마다 스스로에게 실망스럽고 화가 난다. 하지만 가끔은 호기심이 발동해 제 발로 이상한 나라의 토끼 굴로 들어가서는 불편한 상황에서도 "재밌어!"를 외쳐댄다. 수수께끼의 사건을 만난 탐정처럼 말이다.

개인의 스토리는 삶의 혼란을 여과해준다는 타일러 코웬의 설명처럼, 게임이라는 것은 쭉 연결된 행동들을 포장하는 틀에 불과하다.

단 몇 가지 요소만 추가해도 지루한 세금 신고가 둘도 없이 재미있는 경험으로 바뀔 수 있다. 하나는 '인지 재평가(cognitive appraisal)'다. 말은 거창하지만 결국은 '같은 상황을 다른 스토리로 설명하는 것'을 의미한다. 밥을 먹지 않겠다고 바락바락 떼를 쓰던 아이가 비행기 모양의 스푼으로 바꾼 후 순순히 입을 벌리는 것과 비슷하다. 어른들도 젖먹이 아기들과 별로 다르지 않다. (유감이지만 사실이다.)

월터 미셸Walter Mischel의 마시멜로 연구는 다들 한 번쯤은 들어봤을 것이다. 우리는 이 연구 결과를 의지력 문제로 인식하고 있다. '아이들은 눈앞의 마시멜로 하나를 먹지 않고 참으면 나중에 두 개를 주겠다는 약속을 받았다. 의지력이 더 높은 아이들이 마시멜로를 먹지 않고 버텼고, 나중에도 훨씬 성공적인 인생을 살았다'와 같은 흐름인 것이다. 그러나 이 연구에서 참고 버틴 아이들의 대부분이 그 유혹을 어떻게 이겨냈는지도 중요하게 바라봐야 한다. 이 아이들은 유혹을 참느라 진땀을 흘리지도 않았고, 초인적인 의지력을 발휘하지도 않았다. 아이들은 인지 재평가를 했다. 상황을 다른 각도에서 바라봤다. 다시 말해 그 순간을 게임으로 여겼다. 미셸 교수는 이렇게 설명한다. "아이들은 마시멜로를 맛있는 군것질거리라고 생각하는 대신에 하늘에 둥둥 떠다니는 구름이라고 생각하기 시작했다. 그 다음부터 아이들은 간식도 벨도 건드리지 않고 의자에 가만히 앉아만 있었다. 결국 나와 대학원생들이 못 이기고 먼저 방에 들어갔다."

지금의 현실을 다른 스토리로 말하기 시작할 때, 패러다임이 180도 뒤바뀐다. 일부 연구에서는 의지력도 근육처럼 무리하게 쓰면 지친다고 말한다. 힘든 싸움만 계속된다면 의지력이 고갈되는 것도 당연하다. 그러나 게임의 틀을 쓴 순간 힘겨운 싸움이 다른 것으로 변한다. 과정 자체가 재미있어진다. 스토리가 바뀌니 행동도 바뀐다. 마시멜로 실험에 참가한 아이들이 그랬듯, 의지력이 사라지지 않게 이를 꽉 깨물지 않아도 아주 수월하게 오랫동안 버틸 수 있다.

공상과학 소설은 재미있다. 그러나 삶은 어떠한가? 왜 우리는 일에서 재미를 얻지 못하는가? 답은 아주 간단하다. 현실 속의 일은 하품이 나올 정도로 재미없는 게임이기 때문이다.

데이비드 포스터 월리스David Foster Wallace는 "지루해지는 것에 면역력이 생긴다면 세상에 이루지 못할 일이 없다"고 말했다. 백 번 천 번 맞는 말이다. 만약 우리가 지루함을 느끼지 않는다면, 온갖 따분한 일들을 아주 정확하고 빠르게 대신 처리해주는 컴퓨터와 비슷해질 수 있다. 컴퓨터에는 게임의 틀이 필요 없다. 컴퓨터는 지루함에 몸서리치지도 않고 의욕상실에 시달리지도 않는다.

사무실을 한번 들여다보자. 사무실의 설계 방식을 보면 인간을 기계로 가정한다는 것이 그대로 드러난다. 하지만 인간은 기계가 아니다. 게임 연구자이며 게임 디자이너이기도 한 제인 맥고니걸Jane McGonigal의 주장에 따르면, 효율성을 높이기 위한 모든 계획은 본질적으로 노동 설계에서 게임의 틀을 없애는 방향으로 흘러간다. 쉽게 말해 효율성은 일에서 재미를 제거한다.

칼 마르크스의 경제학 가정은 틀린 부분도 많지만, 몇 가지는 그의 주장이 옳다. 인간과 노동의 감정적 연결 고리를 없애고 인간을 오로지 노동 기계로서만 대할 때 노동자의 영혼은 박살 난다.

이런 감정적 연결 고리를 되살릴 수 있는가? 물론이다. 그 방법은 어렵지 않다. 예일 대학교 혁신협력팀은 한 가지 실험을 했다. 목표는 학생식당을 이용한 학생들이 식사 후에 손 소독기를 더 많이 사용하게 만드는 것이었다. 그들은 어떤 방법을 썼을까? 학생들에게 정보의 융단 폭격을 날렸는가? 대학 행정부에 건의를 해서 새 교칙을 정했는가? 아니다. 그들이 선택한 방법은 '재미를 살리는 것'이었다.

혁신협력팀은 스피커 몇 개와 아이팟을 손 소독기에 부착했다. 누군가 손 소독기를 사용하면 기계에서는 '피유웅' 하는 소리가 나온다. 맞다. 비디오게임에서 점수를 획득하면 나오는 그 소리다. 이런 장치를 설치하기 전에 손 소독기를 사용한 학생은 13명이었다. 설치 후에는 91명으로 늘었다. 시시껄렁한 '재미'를 살짝 첨가했을 뿐인데도 손 소독기 사용자 수는 순식간에 7배가 된 것이다.

이러한 게임의 틀을 우리의 삶에도 적용하면 하품 나게 따분한 순간도 재미있는 순간으로 바뀔 수 있다. 재미를 더하는 것이 우리의 그릿을 늘리고 성공 가능성도 높이는가? 물론이다. 일이라고 해서 꼭 더럽게 재미없는 게임이 되라는 법은 없다. 따라서 일은 왜 그렇게 재미없는지, 게임은 왜 억지로 노력하지 않아도 우리를 흥분하게 만드는지, 그리고 어떻게 하면 일을 게임으로 바꿀 수 있는지를 알아야 한다. 그야말로 '시스템과 게임하기(gaming the system: 남들보다 유리한 결과를 얻기 위해 시스템의 규칙과 절차를 교묘하게 이용하는 행위. 부정적 어감을 풍기지만, 실제로는 시스템의 교란과 조작이 아니라 시스템의 질서를 보호하려는 목적과 억압과 부패가 큰 조직과 체계를 기본부터 바꾼다는 목적을 지니고 있다-옮긴이)'가 필요한 것이다.

좋은 게임의 4가지 요소

좋은 게임이란 승자를 한 명이라도 더 만드는 게임이다. 그리고 모든 좋은 게임에는 WNGF라는 4가지 공통점이 있다. 누구나 이길 수 있으며(Winnable), 새로운 도전을 하게 만들며(Novel challenge), 목표를 제시하고(Goal), 좋은 피드백(Feedback)을 준다. 어떤 일을 할 때 뻔하고 실망스럽게 느껴진다면 WNGF 중 적어도 하나가 부족하기 때문일 것이다.

❶ 누구나 이길 수 있다

좋은 게임은 노력하면 이길 수 있게 만들어졌으며 규칙이 명확하다. 그래서 이런 게임에서는 가능성 하나만 굳게 믿으며 버틸 수 있다. 열심히 하면 좋은 결과가 나온다는 걸 직감적으로 알기 때문에 미래를 낙관할 이유가 충분한 것이다. 좋은 게임은 우리 모두를 네이비실 버즈 테스트를 이겨내는 제임스 워터스로 만든다.

이 '근거 있는 낙관주의'는 어려운 것도 재미있는 것으로 바꾼다. 현실보다 어려운 게임이 수두룩하지만 게임은 어려워야 재미있고 쉬우면 지루하다. 게임 디자이너 니콜 라자로Nicole Lazzaro의 연구에 따르면, 게이머들이 게임의 끝까지 도달하지 못하는 비율은 80퍼센트나 된다. 제인 맥고니걸은 이렇게 설명한다.

대략 다섯 명 중 네 명의 게이머가 미션을 완료하지 못하고, 시간이 모자라고, 퍼즐을 풀지 못하고, 싸움에서 지고, 점수를 따지 못하고, 추락하고, 불에 타고, 죽는다. 게이머들은 실패를 즐기는 사람들인가? 파헤쳐보니, 정말로 그랬다. 잘 만든 게임에서는 미션을 완료 못해도 우리는 실망하지 않는다. 오히려 짜릿해하고 흥분하고 다 괜찮다고 생각하면서 굉장히 행복해한다.

이렇게 따지면 네이비실 버즈를 하나의 게임처럼 생각하는 것도 완벽하게 말이 된다. 버즈는 이길 수 있는 게임이다. 통과하는 사람들이 언제나 있다. 수중 테스트에서 호흡 조절기를 낚아챈 그 교관은 혹시라도 훈련생이 정말로 익사할 것 같으면 언제라도 목숨을 구하러 달려온다. 그렇다면 왜 나머지 사람들은 버즈 테스트를 통과하지 못하는가? 공포 때문이다. 그들 머릿속에서 버즈 테스트는 게임이 아니다. 진짜로 죽을지도 모른다고 생각한다. 조 심슨은 자신이 무사히 산을 벗어날 수 있다고 자신했는가? 결말이 어떨지는 그도 몰랐다. 하지만 20분 안에 저 바위까지는 도착할 수 있다고 자신했다. 그 정도면 이길 수 있는 게임이었고, 그런 생각이 그를 전진하게 만드는 원동력이었다.

이길 수 있는 게임은 당연히 통제도 가능하다. 지금의 행동 자체가 중요하다. 내 행동이 차이를 만들기 때문에 시간을 잘 써야 한다. 통제감은 스트레스의 천적이다. 심지어 통제하고 있다는 '느낌'만 들어도 스트레스는 크게 줄어든다.

그러나 회사는 반대로 돌아간다. 사무실에서 벌어지는 게임은 아무도 이기지 못할 것처럼 느껴진다. 나는 그 게임을 통제하지 못한다. 내 행동이 큰 차이를 만들어낼 것 같지도 않다. 그런 게임을 누가 하고 싶겠는가? 댄 애리얼리의 연구에 따르면, 무언가를 해봤자 다 소용없다고 느껴질 때 동기부여와 행복감도 곤두박질친다고 한다.

그러나 이때도 답은 있다. 회사를 내 입맛대로 끌고 나가는 것은 불가능할 수 있지만, 조 심슨처럼 이길 수 있는 게임이라고 정의하는 것은 얼마든 가능하다. 승진도 좋지만 그 전에 배울 수 있는 것은 최대한 배우기를 원하는가? 프레젠테이션 실력을 늘리고 다른 업무 기술도 익히고 싶은가? 전부 다 게임이다. 그것도 이길 수 있는 게임.

물론 손쓸 수 없는 문제도 있다. 상사한테 이유 없이 미움을 받는다거나 부당한 차별을 받는다면? 이건 도저히 이길 수 없는 게임이다. 다른 이길 수 있는 게임을 찾아 떠나야 한다.

❷ 새로운 도전과제를 준다

좋은 게임은 계속해서 새로운 레벨, 새로운 적, 새로운 임무를 부여한다. 색다른 것들로 우리를 자극하고 관심을 끌어모으며 지루해질 틈을 주지 않는다. 우리 뇌는 새로움을 사랑한다.

좋은 게임은 우리를 도전에 응하게 한다. 심리학자인 미하이 칙센트미하이Mihály Csikszentmihályi가 말하는, 시간 가는 줄도 모르고 무언가에 흠뻑 빠지는 순간인 '몰입'을 만들어내도록 설계돼 있다. 좋은 게임이 우리를 지루하게 하지도 않고 압도하지도 않는 이유는, 어렵더라도 뚫지 못할 정도로 어렵지는 않으며 쉽더라도 시시하지는 않도록 완벽하게 균형이 잡혀 있기 때문이다. 우리의 실력이 늘었다 싶으면 게임은 조금 어려운 레벨을 들이민다. 우리는 언제나 죽기 살기로 실력을 발휘해야 하기 때문에 게임에 대한 흥미도 잃지 않는다. 맥고니걸은 이렇게 말한다.

칙센트미하이의 연구에 따르면, 게임을 하게 만드는 본질적 체계를 이루는 자발적 목표, 개인 능력치의 최대를 요하는 장애물, 지속적 피드백이 뚜렷하게 결합하는 순간이야말로 가장 확실하면서도 효율적으로 몰입이 만들어진다. 칙센트미하이는 "게임은 완연한 몰입의 원천이며, 놀이는 그런 몰입 경험을 최고조로 끌어올린다"고 적었다.

조 심슨은 무수히 도전을 만났다. 다리는 부러졌고 며칠을 굶었고 물도 얼마 없었다. 산도 뒤질세라 끝없이 도전거리를 내밀었다. 크레바스에 눈에 바위까지. 레벨 하나를 정복하면 또 다음 레벨이 기다리고 있었다. 게임의 양념이라면 양념이었다.

우리의 첫 출근 날을 생각해보자. 따분하고 말고 할 새도 없었다. 이걸 언제 다 익힐까 싶을 정도로 낯설고 새로운 것 투성이였다. 조금 막막하기는 해도 어딜 가나 새로운 도전이었다. 그리고 6개월이 지나면 도전이 멈춘다. 이제는 똑같은 레벨의 게임을 하루 온 종일, 1년 열두 달 내내 하고 있는 느낌이다. 게임이 시시해졌다.

회사는 우리가 열심히 빠릿빠릿하게 일하기를 원한다. 당연하다. 하지만 하도 같은 일만 반복해서 이제는 눈 감아도 할 수 있는 지경이다. 재미가 없다. 좋은 게임은 사용자의 흥미가 사라지지 않도록 80퍼센트의 실패율을 유지하지만, 사무실은 실패를 좋아하지 않는다. 실패율 0퍼센트라는 것은 재미도 0퍼센트라는 말이다. 게다가 코앞에도 바쁜 일이 쌓여 있기 때문에 도전을 찾고 말고 할 새도 없다. 그러니 재미가 있어 봤자 얼마나 있겠는가?

그런데 이런 상황에 이른 데는 우리 본인의 책임도 일부 있다. 우리는 대개 우리를 가장 행복하게 만드는 선택이 아니라 속 편한 선택을 내린다. 친구들과 노는 게 내키지 않으면 안 나가면 된다. 혼자 놀아도 충분히 재미있다. 휴식이 필요하다는 생각 이면에 정말로 색다른 도전을 원하는 마음이 깔려 있는 것이다.

우리는 눈 감고도 할 수 있는 실력이 되기를 원하지만, 우리를 진짜로 행복하게 만드는 것은 자극이다. 직장에서의 우리는 '빼기'를 원한다. 그래서 요령을 피우고 대충대충 끝낸다. 이 모두가 번아웃의 징후다. 그러나 우리에게 필요한 것은 우리를 몰입하게 만들어줄 새로운 도전이라는 '더하기'다.

댄 애리얼리 교수는 재미있는 사례를 소개한다. 필스베리사는 1940년대에 즉석 케이크믹스를 출시했다. 이 케이크믹스면 케이크 만들기가 훨씬 쉬워지는데 판매량은 신통치 않았다. 이해 못 할 일이었다. 그러다 필스베리는 케이크 만들기를 힘들고 따분한 일로만 치부해서는 안 된다는 사실을 깨달았다. 케이크에는 의미가 담긴다. 케이크는 사랑을 보여준다. 그래서 필스베리는 케이크믹스의 편리성을 '조금만' 없앴다. 이제부터는 달걀은 구매자가 직접 넣어야 했다. 그러자 판매량이 치솟았다.

결론은 이렇다. 일에 재미가 있으려면 도전이라는 첨가제를 넣어야 한다. 무언가가 의미를 가지려면 내 흔적을 남길 수 있어야 하고 계속 몰두할 수 있어야 한다. 이기는 게임이 되고 통제할 수 있고 도전이 이어지려면, 그러면서도 게임에 압도되지 않으려면 게임의 즐거움이 늘어나야 한다.

❸ 목표가 있어야 한다

「슈퍼마리오」의 마리오는 공주를 구해야 하고, 「콜 오브 듀티」의 특수

작전대 대원은 적을 소탕해야 한다. 좋은 게임은 무엇을 해야 게임에서 이길 수 있는지 확실하게 알려준다. 그리고 이런 분명한 목표는 우리가 엉뚱한 데 힘을 쏟지 않게 하며 올바른 선택을 내리게 도와준다.

조 심슨은 다음 지점까지 20분 안에 도착한다는 시한을 걸었다. 멋대로 정한 시한이지만, 그만의 게임에서는 성패를 결정짓는 틀이 되었다. 타일러 코웬의 말마따나, 시한과 목표를 정하는 것은 혼란투성이의 삶을 일관되고 응집된 스토리로 바꿔준다.

회사는 목표를 정해준다. 그런데 회사의 목표가 곧 '나'의 목표인가? 회사는 원하는 목표를 이룬다. 그렇다고 내가 원하는 목표도 언제나 달성되는 것은 아니다. 직접 고민하고 직접 결정한 목표가 아니라면, 나는 내가 원하는 것을 얻지 못한다. 목표라는 것은 말만으로도 위압감을 준다. 우리는 실패하고 싶지 않기 때문에 목표를 정하지 않는다. 그러나 내가 하는 것이 이길 수 있는 게임이라면 목표를 정하는 것도 별로 두렵지 않다. 게임에서는 깨지고 자빠져도 괜찮다. 니콜 라자로의 연구가 발견했듯이, 게임에서는 실패가 재미를 높인다.

❹ 즉각적인 피드백을 준다

게임의 한 레벨을 통과하면 보상으로 점수를 얻거나 능력치가 올라간다. 통과하지 못하면 처벌을 받는다. 상도 벌도 '곧바로' 지급된다. 사업가이며 작가인 애런 디그넌Aaron Dignan은 게임에서는 자신의 위치가 어디인지, 뭘 어떻게 하고 있는지, 점수를 높이려면 무엇을 해야 하는지 모르려야 모를 수가 없다고 말한다. 그리고 의미 있는 일에서 발전을 이루고 확인하는 것이야말로 가장 훌륭한 동기부여다.

콜센터 근무는 재미라고는 눈곱만큼도 없다. 전화를 건 고객들은 툭하면 반말과 욕설을 해대고, 상담 직원은 고객이 뭐라고 험악하게 따지건 정해진 말을 앵무새처럼 반복해야 한다. 그러나 애덤 그랜트는 아주 간단한 방법으로 대학 콜센터 직원들의 사기를 크게 북돋울 수 있었다. 그랜트는 콜센터 직원들이 성실하게 상담을 해준 덕분에 장학금을 받은 학생 한 명을 데려왔다. 그 학생은 콜센터 일이 아주 큰 의미가 있으며, 직원들에게 정말로 감사한다고 말했다. 직원들은 피드백을 받았다. 그들은 자신들이 의미 있는 일을 하고 있음을 깨달았다. 학생이 다녀간 다음은 어떻게 되었을까? 콜센터 직원들이 끌어모은 돈은 다섯 배로 늘어났다.

눈앞에서 꼭 커다란 진척이 이뤄져야만 하는 것은 아니다. 테레사 에머빌의 연구 결과에 따르면, "직원들에게 매일매일 동기를 부여하는 가장 좋은 방법은 전진하도록 도와주는 것이다. 그것이 아주 작은 승리일지라도 말이다." 실제로도 잇달아 거두는 작은 승리가 어쩌다 한 번 터뜨리는 대박 성공보다 행복에는 훨씬 도움이 된다고 한다. "소소한 성취를 계속 이루는 사람은 큰 성취에만 관심을 가지는 사람보다 삶에 만족할 가능성이 22퍼센트 높아진다."

"병사라는 사람은 훈장 쪼가리 하나를 위해 길고 어려운 싸움을 한다." 나폴레옹이 한 말이다. 레벨 통과로 얻은 보상은 깜찍한 배지 하나나 단순한 애니메이션이 고작일지라도, 그 시시한 보상이 우리를 계속 게임에 열중하게 만든다.

작은 승리에 환호하는 태도는 그릿을 가진 생존자들의 공통점이다. 그리고 알코올중독자 모임이 성공을 거둔 이유 중 하나이기도 하다. 하루 동안 술을 입에 대지 않고 무사히 넘기는 것도 작은 승리다. 그리고 미국 심리학회의 가장 중요한 저널인 「아메리칸 사이콜로지스트」는

"한 번이라도 작은 승리를 거둔다면, 또 한 번의 작은 승리를 거두도록 도와주는 힘이 작동하기 시작한다"고 말한다.

좋은 게임은 작은 피드백을 그때그때 즉시 주면서 게임에 대한 흥미가 사라지지 않게 한다. 그렇다면 우리의 직장은 어떠한가? 직원 평가는 '1년에 한 번'이 고작이다. 제인 맥고니걸의 책에 따르면, 최고위급 경영진은 직장에서 컴퓨터 게임을 한다고 한다. 그 이유라는 것이 '생산성이 높아지는 기분이 들어서'란다.

일이라는 게임에서 점수를 높일 방법을 찾아내야 한다. 테레사 에머빌은 하루 일을 마치고 스스로에게 질문하는 시간을 가지라고 조언한다. "내일 중요 업무에서 진척을 보려면 내가 뭘 어떻게 해야 하지?" 이것만으로도 쏴 맞혀야 할 목표가 정해진다. 조 심슨의 20분처럼 목표 달성 여부를 측정할 방법까지 생각한다면 자신만의 동기도 얻을 수 있다.

목표가 연봉 인상이나 승진이라면 피드백은 필수다. 상사와의 소통을 게을리하지 말아야 하며 자신의 일 처리 방식에 미진한 부분은 없는지도 살펴봐야 한다. 2장에 나온 제프리 페퍼의 연구 결과처럼 아부도 나쁜 방법은 아니다. 그러나 일 처리 방식에 대해 자주 질문을 하고 어떻게 하면 더 잘할 수 있는지 의견을 구하는 게 더 좋은 방법이다. 그러면 할 말은 하면서도 '보스'에게 점수를 딸 수 있다. 상관인 내게 부하 직원이 빈말이 아니라 진심으로 "조금이라도 도울 수 있는 건 도와드릴게요"라고 말한다면 내 기분이 어떨까? 당연히 나쁠 리가 없다.

일을 게임으로 바꾸는 것은 아주 간단하다. 하는 일을 다 바꿀 필요 없이 관점만 바꾸면 된다. 하지만 관점 바꾸기는 누구나 할 수 있어도 아무나 하지는 못한다. 뭔가 시답잖게 느껴지기 때문이다.

게임이라는 것은 보기에는 유치하고 시시할 수 있다. 그러나 지금 우리가 열정적으로 하는 그 모든 것에 이미 아주 많은 게임이 숨어 있다는 것을 알게 되면 관점의 변화도 전혀 유치하지 않게 느껴진다.

게임은 중독된다. 일이 게임으로 바뀌면 성공과 행복감을 얻는 동시에 긍정의 피드백 고리도 만들어진다. 맥고니걸의 말처럼 "분명히 이것은 져도 이기는 게임이다." 게임의 틀로 바라보는 순간 단지 일만이 아니라 우리 삶의 다른 모든 것도 레벨 업이 된다. 결혼을 하고 부모가 되고 친구를 사귀고 이웃이 되는 것에도 게임은 도움을 준다. 이길 수 있고, 새로운 도전이 있고, 목표가 있고, 피드백을 얻기 때문이다. 게다가 혼자가 아니라 남들과 같이 하는 게임은 재미도 두 배로 늘어난다.

조 심슨은 불가능을 이뤄냈다. 그는 상상하기도 힘은 역경을 헤치며 산을 내려왔다. 마침내 사이먼과 다시 만났을 때 조의 몸무게는 채 50킬로그램도 되지 않았다. 골절된 다리는 수술을 여섯 번이나 해야 했다. 그러나 조는 다시 산에 올랐다. 그게 그릿이다.

포기할 줄 알면 절반은 이긴 것이다?

하나를 선택하면 다른 하나는 하지 못한다

낙관주의, 의미, 게임. 뭐라고 불러도 좋다. 스스로에게 말하는 그 스토리 야말로 그릿의 원천이다. 하지만 '그릿이 최고야!'를 외치기 전에 그 이면 도 들여다봐야 한다. 미국의 코미디언이자 작가인 W. C. 필즈Fields는 말했 다. "처음에 성공하지 못하면 다시 하고, 또다시 하라. 그러다 안 되면 포 기하라. 속절없이 바보가 될 필요는 없다."

매사추세츠 최대 자산운용펀드에서 일하고 있는 스펜서 글렌던의 스펙 은 화려하다 못해 눈부실 정도다. 그는 전 세계 훌륭한 학생들에게 지급되 는 풀브라이트 장학금을 받았고, 하버드 경제학박사 학위를 취득했으며, 시카고 사우스사이드의 여러 자선단체를 도왔다. 그러나 그의 가장 눈부 신 부분은 이런 화려한 스펙이 아니다.

진짜 감동적인 점은 스펜서가 지독한 병마를 이겨내고 이 모든 것을 이뤄냈다는 사실이다. 고등학교 시절에 그는 만성 궤양성 대장염을 앓았다. 이로 인해 심각한 간부전이 생겼고, 결국 친한 친구의 간을 이식받아야 했다. 그러나 장기 이식을 하면 면역억제 요법을 병행해야 하는데, 그에게는 면역계가 아예 없다고 봐야 했다. 다른 사람은 콧물을 훌쩍이는 정도로만 끝날 감기도 그에게는 1주일간 자리를 보전해야 할 큰 병이다. 듣기만 해도 딱하다는 소리가 저절로 나온다. 그러나 그 약한 몸이 스펜서를 대단한 사람으로 만들었다면 믿어지는가.

그가 즐겨 하는 말이 있다. "나는 일생 동안 내 몸과 타협을 했다. 그것이 내게는 행운으로 작용했다."

와우! 감탄사밖에 나오지 않는다. 스펜서는 고등학교 시절에 몸이 너무 아파 처음으로 전문 치료사를 찾아갔다. 그도 또래 친구들처럼 하고 싶은 것이 참 많았다. 파티도 가고 싶고 데이트도 하고 싶고 운동도 하고 싶었다. 그러나 몸이 따라주지를 않았다. 너무 힘들었다.

치료사는 그에게 속 빈 거짓말을 할 수 없었다. 아무리 해도 스펜서가 친구들과 똑같은 생활을 하는 것은 불가능했다. 하지만 그렇다고 절망에 빠질 필요도 없었다. 치료사는 스펜서에게 하루에 한 가지를 완수하는 데 집중하라고 조언했다. 그 한 가지라도 다 하면 기분이 훨씬 좋아질 것이라는 말도 덧붙였다. 스펜서의 신체적 에너지는 많지 않지만, 에너지를 집중해 단 하나라도 끝마친다면 조금 남는 에너지로 그가 하고 싶은 다른 일들에도 엄두를 내볼 수 있을 거라고 했다. 스펜서는 치료사의 조언을 따랐다.

가끔 그 한 가지는 저녁 준비였다. 그날 저녁 준비를 잘 마치면 한 가지를 완수하는 셈이 된다. 다른 활동을 포기하더라도 스스로 정한 하나의 목표, 즉 저녁 식사 준비는 무사히 마친 것이다. 이런 식으로 그는 어제는 이것 하나를 하고, 오늘은 저것 하나를 하고, 내일은 또 다른 하나를 완수하는 데 집중했다.

병든 몸과 타협을 하면서 그는 우리 대부분이 간과하는 귀중한 교훈을 얻었다. 인생에서 우리가 하는 모든 행동은 다 등가교환이라는 교훈 말이다. 어떤 하나를 선택하면 다른 하나는 하지 못한다. 그는 "이걸 하고 싶어"라고 말한다면 "대신에 저건 기꺼이 포기하겠어"라는 말도 같이 할 수밖에 없다는 걸 깨달았다.

경제학 박사학위까지 있는 사람이 이른바 '기회비용'의 가르침을 그토록 뼈저리게 배웠다는 것은 웃지 못할 아이러니다. 헨리 데이비드 소로 Henry David Thoreau의 말마따나 "모든 것에는 그것을 얻기 위해 교환한 삶의 양만큼의 가격이 매겨진다."

듣기 싫은 말이지만 누구에게나 한계는 있다. 그릿에서 중요한 것이 스토리라면, 포기의 핵심은 한계다. 한계를 밀쳐내고, 한계를 최대한 활용하고, 무엇보다도 한계를 아는 것이 포기의 핵심이다. 스펜서는 자신의 한계를 부인하거나 무시할 수 없었다. 싫어도 등가교환을 인정해야 했다. 자신의 얼마 안 되는 에너지를 중요한 한 가지에 집중하고 나머지는 포기해야 했다.

성공한 사람들 대다수도 같은 관점을 받아들인다. 어느 올림픽 대표선수는 이렇게 말했다. "모든 것은 기회비용이다. 남는 시간에 하이킹을 하지 않고 영화를 보러 간다면 기회비용은 무엇인가? 하이킹을 하는 대신에 영화를 보는 것이 내 패들링 실력에 도움이 되는가, 해가 되는가? 잘 판단해야 할 문제다."

포기를 그릿의 정반대로 받아들일 필요는 없다. '전략적 포기'라는 것이 있기 때문이다. 모든 열정을 다 바칠 만한 어떤 하나를 찾아냈다면 그 외의 부차적인 일들을 포기하는 것이 도움이 될 수 있다. 그만큼 가장 중요한 것 하나에 매진할 시간과 여유가 늘어나기 때문이다. 시간이 조금 더 있었으면, 돈이 조금 더 있었으면. 이런 마음이 들 때는 전략적 포기가 답이다. 그리고 눈코 뜰 새 없이 바쁘다면 그것이 유일한 해결책이다.

우리는 일상다반사로 포기를 행한다. 그러나 뚜렷한 목표가 있어서 전략적으로 포기하는 경우는 많지 않다. 그냥 졸업할 때까지 기다리거나, 엄마가 그만하라고 해서 포기하거나, 아니면 재미가 시들해져서 포기한다. 우리는 기회가 날아갈까 전전긍긍한다. 그런데 웃긴 것은, 목표에는 아무 짝에도 도움되지 않는 일은 당장 포기하지 못하면서 더 중요하고 더 많은 일을 할 수 있는 기회는 두 눈 시퍼렇게 뜨고 날려 보낸다는 사실이다.

"이 일을 빨리 때려치웠어야 했어." "저런 사람하고는 빨리 헤어졌어야 했어." 다들 한 번쯤은 해본 말이다. 당장 나에게 아무 도움도 되지 않는 일을 포기한다면 중요한 다른 무언가를 할 시간이 그만큼 많아진다. 성공을 이룬 인고의 미담은 넘쳐흐르지만, 포기해도 괜찮다고 말해주는 일화는 많지 않다. 낙하산 줄을 너무 늦게 당긴 스카이다이버처럼 이도 저도 아니게 끝나기를 원하는 사람은 아무도 없기 때문이다.

모두들 시간이 돈이라고 말하지만 과연 그럴까? 갤 조베르만Gal Zauberman과 존 린치John Lynch는 이색적인 설문을 진행했다. 사람들에게 미래에 시간과 돈이 얼마나 여유로워질 것 같은지를 묻자, 조금 특이한 결과가 나왔다. 응답자들은 하나같이 자신의 미래 여윳돈에 대해서는 인색하게 예측했지만 시간에 대해서는 반대였다. 그들은 내일이면, 다음 주면, 내년이 되면 시간이 한결 여유로워질 것 같다고 생각했다.

허겁지겁 일에 쫓기는 것 같고, 만사에 피곤하고, 아무리 해도 다 한 것 같지 않고, 그날이 그날인 것처럼 느껴지는 이유가 여기에 있다. 하루 24시간. 우리에게는 언제나 24시간이 주어진다. 이 일에 1시간을 쓰면 저 일에 쓸 1시간이 줄어든다. 그런데도 우리는 시간에 제한이 없다고 착각한다. 야근 1시간은 아이들과 함께할 1시간이 줄어드는 것을 의미한다. 모든 것을 할 수도 없고 다 잘할 수도 없다. 나중이라고 해서 시간이 늘어나지도 않는다. 시간은 돈과 같지 않다. 돈은 노력하면 불릴 수 있기 때문이다.

남다른 인내심으로 위대한 승리를 일궈낸 위인 이야기는 대대손손 전해진다. 반면 위대한 포기를 결심한 사람에 대한 영웅담은 찾기가 힘들다. 인내가 그토록 훌륭하다고? 그렇다면 성공한 위인들은 단 한 번도 포기하지 않은 사람들인가?

1만 시간의 법칙이 위대한 진짜 이유

미하이 칙센트미하이는 독보적인 성공을 거둔 사람들을 연구하기로 했다. 대상자는 노벨상 수상자들, 미국의 문학상인 내셔널 북 어워드 수상자들, 그 밖에 각자 분야에서 최고로 칭송받는 사람들 275명이었다. 유명 학자의 대규모 연구인만큼 세간에도 많은 화제가 되었다. 칙센트미하이가 연구를 위해 방문한다는 것 자체가 누구도 부인 못할 성공을 거두었다는 의미였다. 그러니 인터뷰가 순조로웠을까? 아니었다.

3분의 1이 방문을 거절했다. 가타부타 답장도 주지 않은 사람은 더 많았다. 그들에게는 할 일이 많았다. 칙센트미하이가 피터 드러커를 방문했을 때 드러커는 이렇게 말했다.

이런 말을 해도 오만하거나 무례하다고 생각하지는 말아주시기를 바랍니다. 하지만 생산성의 비결은 …… 교수님이 보내는 것 같은 초대장들을 다 버려도 너끈한 '커다란' 쓰레기통을 옆에 두는 것입니다.

칙센트미하이는 아마도 그런 대답이 나올 것이라고 미리 짐작했을지도 모른다. 드러커를 초청한 이유가 바로 이것 때문이다. 그가 목표 달성 분야에서는 세계 최고의 명성을 쌓은 전문가라는 것. 드러커는 시간이야말로 가장 귀중한 자원이라고 생각했다. 그리고 그가 사람들에게 하는 첫 번째 충고는 더 나은 계획 짜기가 아니다. 그는 목표 달성에 전혀 도움이 되지 않는다면 과감히 버리는 것이 가장 중요하다고 충고한다.

피터 드러커는 『자기 경영 노트』에서 이렇게 설명한다.

> 자신의 목표를 이루고 조직의 목표도 이루기를 원하는 경영자는 모든 사업과 모든 활동과 모든 과업을 잘 쳐내야 한다. 목표 달성을 원하는 경영자는 '이 일이 할 만한 가치가 있는가?'라고 언제나 자신에게 되물어야 한다. 가치가 없다 싶으면 그 일을 쳐낸다. 몇 가지 중요한 과업에 집중하기 위해서다. 그 과업들을 훌륭하게 해낸다면 그 경영자 본인의 업무는 물론이고 조직의 성과에도 진정으로 중요한 차이를 만들어낼 것이기 때문이다.

『좋은 기업을 넘어 위대한 기업으로』의 저자 짐 콜린스Jim Collins는 절망스런 상태에서 빠져나와 흑자 회생을 하고 거대한 성공을 일군 기업들에 대한 방대한 연구를 진행했다. '위대한 기업'으로 재탄생한 기업들이 선택한 '위대한 혁신'은 새로운 사업과는 관련이 없었다. 당장 '멈춰야' 하는 나쁜 사업과 관행을 없애는 것과 관련이 있었다.

한 분야의 대가가 되기 위해 들여야 한다는 1만 시간의 노력. 1만 시간이라니 참 막막한 숫자다. 그러나 그들이 실력과 지식을 키우기 위해 그렇게 오랜 시간을 들이는 동안, 포기한 일들이 얼마나 많았을지 생각해보자. 그 1만 시간의 노력이란 얼마나 절대적인 것인가.

학생이 학교 공부에 하루에 몇 시간을 쏟는지 알기만 해도 그 학생의 훗날을 대충은 예상해볼 수 있다. 이 학생은 그 시간에 공부를 하는 것이 아니라 친구들과 놀러 나갈 수도 있었고, 동아리 활동을 할 수도 있었고, 어영부영 시간을 보낼 수도 있었다. 그러나 이 학생은 어쨌든 공부를 선택했다.

직업 세계에서도 별로 다르지 않다. 한 분야에서 성공한 사람들은 일벌레들이다. 하버드의 존 코터John Kotter 교수가 최고경영자 수준의 리더들을 연구한 결과에 따르면, 그들은 1주에 평균 60~65시간을 일한다.

무언가를 하루에 1시간 연습한다고 했을 때, 대가의 고지인 1만 시간을 넘어서는 데에는 27.4년이 걸린다. 중요하지 않은 몇 가지 일을 포기하고 하루에 4시간씩 연습한다면? 기간은 6.8년으로 줄어든다. 그것이 20세에 무언가를 시작해 47세에 전문가가 되는 사람과, 똑같이 20세에 시작해 27세에 세계 최고가 되는 사람을 가르는 차이다. 마시멜로 연구로 유명한 월터 미셸 심리학 교수는 자신의 성공 비결은 할머니가 가르쳐준 이디시어인 '엉덩이'로 딱 잘라 표현할 수 있다고 말한다. 다시 말해 "의자에 진득하니 엉덩이를 붙이고 중요한 것을 열심히 익혀라"라는 뜻이다.

그렇다면 무엇부터 먼저 해야 하는가? 일단은 해야 할 일이 무엇인지를 알아야 한다. 그런 다음 중요하지 않은 것들을 하나하나 포기하면서 무슨 일이 일어나는지 관찰하라. 가장 중요하다고 생각한 일이 실제로도 제일 중요하다면 그것을 배우는 속도도 몰라보게 빨라질 것이다.

왜 우리는 금세 포기하는가? 우리는 포기한 뒤에 실컷 자기 탓을 한다. 난 너무 약해, 난 너무 게을러. 어떤 때는 맞는 말이지만 어떤 때는 틀린 말일 수 있다. 누구나 슈퍼모델이 되고 누구나 NBA 선수가 될 수는 없다. 우리가 꾸는 꿈의 대부분은 처음부터 이룰 수 없는 꿈들이다. 얼토당토않은 꿈을 포기할 때 우리는 더 행복해지고 스트레스를 적게 받고 병도 줄어든다고 한다. 어떤 사람이 스트레스를 가장 많이 받는가? 애초부터 안 되는 것인데도 똥고집을 부리며 포기하지 않는 사람들이다.

포기가 없으면 그릿도 존재하지 못한다. 스펜서가 그릿의 이면에 대해 설명한 말을 귀담아들을 필요가 있다. "그릿을 빚처럼 지고 다니는 사람이 많다. 이 부채감은 그들 본인이나 타인을 비참하게 하고 멀리 봐도 결코 좋은 목표가 아닌 것에 고집을 부리게 만든다. 대안은 있다. 가장 하고 싶은 일을 하되, 본인은 물론이고 타인도 가장 기쁘게 하거나 가장 생산적인 일을 하는 것이다."

우리는 언제나 '더 필요해'를 외친다. 도움이 더 필요해. 동기부여가 더 필요해. 에너지가 더 필요해. 그러나 현실적으로 따지면 답은 정반대다. '우리는 줄여야 한다.' 쓸데없는 관심거리를 줄여야 하고, 목표를 줄여야 하고, 책임을 줄여야 한다. 한가롭게 TV 볼 시간을 늘리기 위해서는 아니다. 진짜 중요한 일에 모든 것을 집중하기 위해 줄여야 한다. 그러면 무엇을 줄여야 하는가? 무엇을 포기하고 무엇을 거절해야 가장 중요한 일을 할 시간을 마련할 수 있는가?

몸도 정신도 최악의 상태인 스펜서를 자신이라고 생각해보자. 하루에 한 가지 완수하기도 힘에 겨울 정도로 아프다면 나는 무엇을 할 것인가? 차라리 잘된 일이다. 나에게 가장 중요한 것이 무엇인지, 무엇에 가장 시간을 쏟아야 하는지, 무엇을 제일 먼저 해야 하는지를 알 수 있기 때문이다. 어느 일에 그릿을 발휘하고 어느 일을 포기해야 하는지 알 수 있기 때문이다. "모든 것을 다 하려는 태도를 멈추는 순간 어떤 것이라도 할 수 있다." 이만큼 딱 맞는 속담도 없다.

프린스턴을 중퇴하고 무작정 소림사로 떠난 남자

'계속 포기만 하다가 실없는 사람이 되지는 않을까?' 하는 고민이 들 수 있다. 그렇지 않다. '까짓것 한번 해보자'는 정신으로 결과를 이뤄낸 사람이 여기 있다.

캔자스주 토피카에서 자란 맷 폴리는 전형적인 약골이었다. 학교에서 툭하면 쥐어 터지는 여느 아이들처럼 맷도 세계 제일의 영웅을 꿈꿨다. 슈퍼맨이 되고 싶었다. 터프가이가 되고 싶었다. 대부분의 아이들에게 이런 꿈은 그냥 꿈일 뿐이지만 맷은 아니었다.

그래서 열아홉 살이 되었을 때 그는 미친 짓을 감행했다. 프린스턴 대학교를 중퇴하고 중국 소림사로 가서 쿵후 대가가 되기로 마음먹은 것이다.

아들이 착실히 공부해 의대에 진학할 것이라고 생각했던 맷의 부모는 당연히 완강히 반대했다. 척 노리스 흉내라니, 미친 짓도 그런 미친 짓이 없었다. 그러나 맷은 학교로는 언제든 돌아갈 수 있다고 생각했다. 부모님도 언젠가는 용서해주실 게 분명했다. 그는 결혼도 하지 않았고 아이도 없었고 빚도 없었다. 미친 짓을 해도 상관없는 홀가분한 몸이었다. 그래서 한번 해보기로 했다.

그때가 1992년이었다. 인터넷은 걸음마 단계였고, 구글 맵은 있지도 않았다. 표준 중국어는 학교에서 배웠지만, 아시아 문화에 대한 지식은 힙합 그룹인 우 탱 클랜을 통해 익힌 것이 고작이었다. 게다가 소림사가 어디에 붙어 있는지도 몰랐다.

그렇다고 시도조차 하지 않을 이유는 없었다. 모르면 배우면 되지 않는가? 그렇게 해서 열아홉 살에 190센티미터의 키만 껑충한 백인 청년은 추운 겨울날 톈안먼 광장을 배회하고 있었다. 지도를 거꾸로 들고서는 이 사람 저 사람에게 소림사까지 어떻게 가야 하느냐고 물으면서.

소림사까지 가까스로 도착하기는 했다. 소림사의 스님들은, 얼핏 보기에 선불교의 대가가 아니라 무슨 중고차 판매상 같았다. 그러나 맷이 한 달에 1,300달러를 낸다고 말하자 스님들은 캔자스주에서 온 이 얼뜨기 청년이 승려들과 합동 수련을 하는 것을 허락해주었다.

문화 충격은 어마어마했다. 미국 중산층 가정에서 부족한 것 없이 자란 철부지 청년은, 전화라고는 달랑 한 대인 숙소와 밤에는 허기를 달래며 잠자리에 드는 일상에 적응해야 했다. 이곳에서 그는 '라오와이(老外)'였다. 철부지 이방인이란 뜻이다. 그러나 어떤 역경에도 쿵후를 배우고 싶은 맷으로선, 세계 최고의 영웅이 되기 위해 그들의 일원으로 인정받아야 했다. 그 방법을 알아내야 했다.

맷은 '사서 고생하는 사람'이 되어야 했다. 소림사 승려들은 하루에 5시간씩 쿵후를 수련했다. 그는 7시간을 했다. 탈진해서 잠자리에 들었고 일어나면 온몸이 쑤셨다. 그의 몸은 다른 사람들 같으면 웬만해선 멍이 들지 않는 부위까지도 멍투성이였다. 쉬는 날도 없었다. 승려들은 그의 노력을 눈여겨봤고, 그의 쿵후 실력은 하루가 다르게 늘었다.

부모님에게는 1년만 떠나 있겠다고 말하고 왔다. 1년이 지났지만 영웅이 되려면 아직 멀었다. 그래서 맷은 소림사를 떠나지 않았다. 부모님은 전화도 받아주지 않았지만, 그는 수련을 계속했다.

다치지 않은 날이 없었다. 이질도 걸렸다. 머리는 얼마나 많이 얻어맞았는지 셀 수도 없었다. 그러던 어느 날 무술 사범이 그를 따로 불렀다. 전 세계의 무술인들이 참가하는 국제소림무술제가 다가오고 있었다. 사범은 맷에게 소림사 대표로 나가달라고 했다. 다른 누구도 아닌 맷에게. 학교의 샌드백 신세였던 그가, 하루라도 코카콜라를 마시지 않으면 입에 가시가 돋던 정신 나간 라오와이가 소림사 대표라니! 맷은 족히 10년은 실력을 닦았을 무술인들과 대결해 단 1차전도 버티지 못할 것이 뻔했다. 하지만 사범은 맷을 믿었다. 맷은 대회에 나가기로 했다.

어떻게 지나가는지 모르게 여덟 달이 지났다. 맷은 떨리는 마음을 가라앉히며 1만 명의 관중이 모인 경기장에 들어갔다. 1회전은 가뿐히 이겼다. 68킬로그램의 서양인이 날리는 시원한 헤드킥에 관중이 환호했다.

그러나 고작 1차전이었다. 대회는 토너먼트 방식이었고, 오늘 하루 동안 아직도 여러 번의 시합이 남아 있었다. 불행히도 다음 상대는 지난 대회 챔피언이었다. 맷과 그의 친구는 챔피언의 1차전을 구경하러 갔다.

둘은 떡 벌어진 입을 다물 수가 없었다. 챔피언은 무릎을 얼굴 높이까지 뻗어 올려 상대의 코를 박살내면서 녹아웃 승리를 이끌어냈다. 그의 상대였던 러시아 무술인은 들것에 실려 나갔다.

친구가 맷에게 말했다. "괜찮아. 네가 들것에 실려 나갈 일은 없을 거야."

"응?"

"중국 들것은 너한테 너무 작아. 넌 그냥 대회장 바닥에 누워 있어야 될 거야."

맷의 얼굴이 공포로 파랗게 질렸다. 학교 운동장에서 얻어터졌던 기억이 되살아났다. 그는 몸을 부들부들 떨며 화장실로 달려갔다. 이게 무슨 빌어먹을 상황이지? 저 괴물은 도저히 이길 수가 없었다. 세계 최고의 악당이 되는 건 물 건너갔다.

하지만 그래도 나쁘지 않을 것 같았다. 이건 하나의 실험이었다. 정신 나간 실험. 챔피언이건 뭐건 끝까지 한번 해보는 것도 괜찮을 듯싶었다. 죽지만 않으면 되는 일이었다.

결코 쉽지 않은 각오였다. 특히 맷이 시합을 위해 대회장에 들어가는 순간, "저 외국인 납작하게 눌러버려!"라는 관중의 함성이 들리는 순간에는 더더욱 쉽지 않은 각오였다.

몇 초 후, 맷은 진정한 고통의 세계에 들어가 있었다. 두들겨 맞고 또 두들겨 맞았다. 그러나 맷은 포기하지 않았다. 그는 용기를 찾으러 이곳에 왔다. 록키처럼 악바리 정신으로 무장했다. 유일한 목표는 끝까지 해보는 것이었다……. 물론 특대형 들것에 실려 나가지 않으면 더 좋겠지만 말이다.

맷은 모든 라운드에서 다 졌다. 시합에서 패했다. 하지만 시합이 끝났을 때에도 그는 두 다리로 서 있었다. 그는 은메달을 목에 건 지난 대회 챔피언보다 두 배는 활짝 웃는 얼굴로 대회장을 떠났다.

그리고 프린스턴을 중퇴한 것처럼 쿵후도 그만뒀다.

맷은 큰 경기에서는 졌지만 자신과의 전투에서는 승리했다. 세계 최고의 영웅은 불가능한 꿈이라는 것도 마침내 깨달았다. 최고로 강한 사람보다 더 강한 사람이 있지 말라는 법은 없었기 때문이다. 그래도 맷은 아주 멋진 일을 시도했고, 용기를 찾았으며, 목표를 이뤘다. 집으로 돌아갈 시간이었다. 그의 생각대로 부모님은 아들을 용서했다. 그리고 얼마 지나지 않아 그는 프린스턴 졸업장을 손에 쥐고 로즈 장학생이 되어 옥스퍼드로 떠났다.

이 작지만 무모한 방랑은 젊은 시절 한 때의 미친 짓에 불과했는가? 아니었다. 그 미친 짓은 그의 인생을 바꿨다. 몇 년 후 그가 발표한 책『아메리칸 소림』에 독자들은 열광했다. 그는 미국 공영 라디오인 NPR에 출연했다. 영화사는 그와 판권 계약을 맺었고, 성룡도 관심을 보였다. 맷의 무모했던 실험은 그가 작가로서 출발하는 데 디딤돌이 되었다.

맷의 미래를 만든 것은 프린스턴과 옥스퍼드의 경건한 복도가 아니었다. 열아홉 살 때 했던 무모한 미친 짓이었다. 아니, 그것은 전혀 미친 짓이 아니었을지도 모른다.

빠른 실패가 가장 저렴한 실패다

'맷 폴리가 작가로 성공한 것은 횡재였다'고 생각할 수 있다. 그러나 한 가지는 분명히 짚고 넘어가야 한다. 행운에도 '과학'이 있다는 사실이다.

하트퍼드셔 대학교의 리처드 와이즈먼Richard Wiseman 교수는 살면서 행운을 많이 만나는 사람과 불행이 겹치는 사람들을 연구했다. 행운이 단순한 요행수인지 불가사의한 마법인지, 또한 행운의 차이가 정말로 개개인의 삶에 큰 차이를 만드는지 알아보는 것이 연구의 목적이었다. 연구 결과, 행운은 우연한 요행수도 아니었고 초자연적 마법도 아니었다. 행운은 개개인의 선택과 크게 관련이 있었다.

와이즈먼은 1천 명의 피험자를 연구했다. 행운이 연달아 찾아오는 사람들은 기회를 최대한 살리는 사람들이었다. 그들은 새로운 경험을 마다하지 않고 외향적이며 조바심 내지도 않는다. 그들은 예감을 무시하지 않는다. 와이즈먼의 말에 따르면, 행운을 많이 만나는 사람들은 '그냥 한번 해보자'는 정신이 강하다. 왜인지는 짐작이 간다. 내가 방 안에만 콕 틀어박혀 있다면 나한테 멋지고 신나고 짜릿하고 새로운 일이 얼마나 생기겠는가? 대답할 필요도 없는 질문이다.

유전적 재능이 중요한가? 글쎄다. 개개인의 선택이 행운을 크게 좌우한다는 사실을 발견한 후 와이즈먼은 '행운 학교'라는 명칭의 다른 실험을 진행했다. 불행하다고 자처하는 사람들이 억지로라도 운 좋은 사람처럼 행동을 할 때에도 똑같은 결과가 나올까? 정말로 그랬다. 행운 학교 졸업생의 80퍼센트는 자신들의 행운이 증가했다고 느꼈다. 그들은 행운이 아니라 행복감도 늘어난 상태로 학교를 떠났다.

일단 한번 해보자는 자세라면 운이 좋은 사람들도 불행한 일을 많이 겪게 되지 않겠는가? 물론이다. 그러나 '하지 않은 것들이 가장 후회된다'는 속담도 있다. 코넬 대학교의 토머스 길로비치Thomas Gilovich 교수에 따르면, 행동하지 않아서 하는 후회는 했을 때의 후회보다 두 배나 크다. 실패는 합리화해도, 시도조차 하지 않은 일은 합리화할 수 없기 때문이다. 나이가 들수록, 좋은 일은 또렷이 기억에 남고 나쁜 일은 희미해진다. 그렇기 때문에 더 많은 것을 해볼수록 나이 들어서의 행복감도 더 커지게 된다(그리고 손주들에게 들려줄 자랑거리도 늘어난다).

행운을 많이 만나는 사람은 실패에 발목이 묶이지 않는다. 그들은 나쁜 일에서도 좋은 점을 찾고 반면교사로 삼는다. 그들은 긍정적인 야구팀처럼 자신의 실패를 낙관적으로 설명한다. 수많은 연구들이 이 같은 사실을 뒷받침한다. '행운의 주문'이라는 기발한 제목으로 행해진 연구가 있다. 이 연구는 "속담이나 단순한 행동으로 행운을 빌어주는 미신적 행동('행운을 빌어!'같은 말이나 손으로 십자가 모양을 만드는 행동 등)이나 행운의 부적은 곧바로 이어진 테스트의 성적을 향상시킨다"는 사실을 입증했다. 행운의 주문이 마법을 부리기 때문이 아니다. 행동이 자신감을 주고 자신감은 성적 향상에 도움을 주기 때문이다(친구에게 행운을 빌어주는 것을 잊지 말자. 진짜로 도움이 된다).

또한 이런 낙관적 태도는 행운을 많이 만나는 사람의 그릿을 높이고 새로운 것을 계속 시도하게 만든다. 그리고 이런 것들이 쌓이면서 좋은 결과도 훨씬 많이 빚어진다. 지나치게 위험한 모험을 하거나 나쁜 일까지도 합리화하는 것이 아니라면, 낙관주의와 행운은 서로 선순환을 한다. 그리고 어느 순간 대박이 터진다.

그러니 시도를 두려워하지 말자. 새로운 시도가 행운을 부른다. 늘 똑같은 행동의 반복은 늘 똑같은 성취와 결과만을 가져온다. 성공을 향해 정해진 길도 없고 지금 하려는 일에 대한 모범 답안도 없을 때에는 오로지 미친 짓만이 상황을 헤쳐나가는 '유일한' 길일 수 있다.

한 가지 과제를 풀어보자. 과제의 명칭은 '스파게티 문제'다. 전혀 어렵지 않다. 마시멜로를 올려놓을 구조물을 최대한 높게 쌓기만 하면 된다. 구조물에는 별도의 받침대를 더하지 말아야 하며, 18분 안에 완성해야 한다. 주어진 도구는 아래와 같다.

마른 스파게티 20가닥 · 테이프 1미터 · 끈 1개 · 마시멜로 1개

피터 스킬먼Peter Skillman(마이크로소프트 스마트 씽스 부서의 총괄책임자라는 근사한 직함을 가진)은 창의성 연습을 위해 이 문제를 고안했다. 그는 지난 5년 동안 이 도전 과제를 주관했고, 엔지니어와 경영자, MBA 학생 등 700명이 넘는 사람들이 문제에 도전했다. 누가 가장 높은 구조물을 쌓았을까? 유치원생들이었다. 그렇다. 여섯 살배기 꼬맹이들이 모두를 이겼다. (그리고 MBA 학생팀은 최하점을 기록했다.) 이 꼬맹이들은 철저히 계획을 짰는가? 아니다. 이탈리아 음식이나 마시멜로 농도에 대해 일가견이 있었는가? 아니다. 아이들의 비결은 무엇이었는가? 일단 했다는 것이다. 와이즈먼의 실험에 참가한 행운이 많은 사람들처럼 아이들도 계속 시도했다. 시작하자

마자 구조물은 와르르 무너졌지만, 아이들은 실패에서 재빨리 교훈을 배웠다.

원형을 만들고 테스트하고, 원형을 만들고 테스트하고, 원형을 만들고 테스트하고. 시간이 다 될 때까지 아이들은 그 과정을 반복했다. 그게 비결이었다. 정해진 길이 없을 때는 이런 시스템을 당할 방법이 없다. 실리콘밸리에는 "빠른 실패가 저렴한 실패다"라는 말이 있다. 제일 좋은 방법을 알아내기 위해 작은 실험을 무수히 시도하는 이 방법은 120센티미터의 작은 아이들에게도 기가 막히게 들어맞았다. 그리고 우리 모두에게도 들어맞는다.

그러니 해봐도 나쁠 것 없다. 아주 간단하다. 실패를 두려워하는 마음은 정말로 당연한 세상 이치인가?

그런지 아닌지 알려면 아이들이 외쳐대는 또 다른 꿈도 살펴봐야 한다. 아이들은 "나는 배트맨이 될 거야!"라고 외쳐댄다. 물론 배트맨이 되기는 쉽지 않지만 아이들은 적어도 무엇을 해야 되는지 정도는 알고 있다. 소림사의 맷처럼 밥도 잠도 잊고 무술 훈련에 매진하는 것이다.

여기서 성공과 관련된 훨씬 재미있는 질문이 나온다. 어떻게 해야 '계속' 배트맨으로 살 수 있는가? 이 질문은 우리가 실패를 그토록 두려워하는 이유가 무엇인지를 알려준다.

완벽한 대본을 갖고 무대에 오르는 코미디언은 없다

사람들의 입에 가장 많이 오르내리는 슈퍼히어로 중 하나를 꼽는다면 배트맨이다. 사실 그에게 초능력은 없다. 억만장자이고 온갖 화려한 장비들을 갖춘 것이 도움이 되기는 하지만, 그것만으로는 배트맨으로서 살아가기 위한 최대의 고민거리가 바뀌지 않는다. 배트맨은 절대로 져서는 안 된다. 30승 1패는 프로 권투선수로서는 나무랄 데 없는 전적이지만 배트맨에게 1패는 곧 죽음이다. 고담시의 악당들은 심판의 스톱 신호 따위는 안중에도 없다. 따라서 배트맨이 된다는 것은 지지 말아야 한다는 뜻이다. 단 1패도 용납되지 않는다. 배트맨이 되는 데 필요한 모든 조건을 다 갖춘다고 해도 무패 행진을 얼마나 이어갈 수 있을까? 참조할 만한 연구가 있다. 그렇다. 이런 것도 연구 대상이다. (이래서 과학이 좋다!)

빅토리아 대학교의 E. 폴 제르E. Paul Zehr 교수는 연승 행진을 이어가는 선수들을 관찰했다. 그는 최상위권의 권투선수들, 종합격투기 파이터들, NFL 러닝백들의 기록을 연구했다. 그들의 무패 행진 기간은 얼마이며 심각한 부상을 입지 않는 기간은 얼마인가? 그들은 배트맨 자리를 얼마나 지켰는가?

3년이다. 그게 다.

고담시의 범죄가 시시껄렁한 것들이기를 빌자. 무단횡단자들이 고작이고 세계 전복이나 도시 파괴를 꿈꾸는 희대의 악당은 없기를 빌자. 10년이나 수련을 해야 한다면 도시의 악당들을 일망타진할 시간은 얼마 없을 것이기 때문이다.

진짜로 베트맨이 되려는 사람은 없을 것이다. 하지만 안타깝게도, 배트맨의 무패 행진을 본받으려는 사람은 너무나 많다. 조금의 흠도 용납하지 않는 사람들, 한 번이라도 패배하면 다 끝난다고 생각하는 사람들이 너무 많다. 그러나 당신도 나도 배트맨이 아니다. 실패도 할 수 있고 포기도 할 수 있고, 거기에서 배울 수도 있다. 실패와 포기야말로 우리가 배움을 얻을 유일한 방법이다.

코미디언들은 자신들의 성공을 막는 최대의 위협 무기가 무엇인지 잘 알고 있다. 바로 스마트폰이다. 미국의 코미디언 데이브 셔펠의 공연에서 무단 촬영은 무조건 금지다. 당연히 이유가 있다.

배우이며 코미디언인 크리스 록Chris Rock은 배꼽을 잡게 만드는 유머가 하늘에서 뿅하고 떨어지지는 않는다고 생각한다. 그의 HBO 스페셜 무대는 1시간짜리 즉흥 유머의 향연이 아니다. 그것은 1년 내내 공들이고 공들인 실험의 집합체다. 전직 벤처투자자였던 피터 심스Peter Sims는 자신의 책 『리틀 벳』에서 크리스 록의 실험 과정을 자세히 설명한다.

록은 사전 공개 없이 집 근처 작은 코미디 클럽 무대에 오른다. 그의 손에는 작은 공책이 들려 있다. 그는 몇 가지 유머를 시험 삼아 던진 다음 관중의 반응을 살핀다. 대부분의 유머에는 썰렁한 반응만 돌아온다. 관중은 웃기는커녕 인상만 잔뜩 찌푸린다. 록은 이 반응을 노트에 적은 후 다시 몇 가지 유머를 더 던져본다. 개중 몇 가지는 반응이 괜찮다. 관중석에서 웃음이 터진다. 그는 이 부분을 노트에 적고 다음 유머를 또 던진다. 관중은 록이 생각 없이 시시한 유머를 남발한다고 생각하지만 실제로는 아니다. 록은 시험 폭격 중이다. 이것저것 다 던져보는 것이다. 괜찮은 것은 계속하고 안 되는 것은 포기하는 것이다. 이렇게 한 주에 닷새씩 6개월에서 1년 정도를 하고 나면 1시간 내내 웃다 지쳐 쓰러질 정도로 눈부신 특별 공연이 탄생한다. 인터뷰에서 크리스 록은 이렇게 말했다. "세상에는 완벽한 대본을 가지고 무대에 오르는 코미디언들도 있기는 하다. 그러나 나머지는 죽어라 연습하고 실험한다. 죽을 만큼 힘들 정도로 노력한다. 실수는 절대로 안 된다는 마음가짐으로는 심심하고 간에 기별도 안 가는 무대밖에 안 나온다."

따라서 스마트폰을 꺼내 이 작은 실험들을 찍는 행동은, 코미디언의 노력을 도매금으로 넘기는 짓이다. 유튜브로 이 동영상을 보는 팬들 역시 마찬가지이다. 왜냐하면 이 영상들은 공연이 아니라 테스트이기 때문이다. 코미디언은 어떤 부분이 재미없는지를 알아야 그 부분을 잘라낼 수 있다. 어디를 포기해야 하는지 알아야 한다. 실패할 여유가 없는 코미디언은 성공할 가능성도 없다. 크리스 록이 덧붙여 말했다. "코미디언에게는 유머를 연습할 장소가 필요하다. 뱉는 말마다 유머 폭격을 한도 끝도 없이 터뜨리는 코미디언은 아무도 없다. 스탠드업 코미디 역사를 몽땅 뒤져도 하나도 없다."

가끔씩 크리스 록의 예상은 좋은 쪽으로 엇나간다. 내심 엉망이라고 생각한 유머가 크게 터지기도 한다. 그는 자신의 판단보다는 관중의 판단을 더 신뢰하는 사람이다. 좋은 쪽으로의 엇나감은 예전에도 많았다.

비아그라의 애초 개발 목적은 협심증 치료였다. 그러나 개발자들은 이 약에 흥미로운 '부작용'이 있다는 것을 알게 되었다. 피터 심스는 이렇게 설명한다. "성공한 기업가들은 대개가 처음부터 거창한 아이디어에서 시작하지는 않는다. 그들은 아이디어를 발견한다. 그들은 뭘 해야 할지 알아내기 위해 여러 가지를 다 해본다."

그러니 실패해도 괜찮지 않겠는가? 한 번 실패한다고 배트맨처럼 죽을 일은 없다. 배트맨처럼 무패 기록을 이어나가야 한다고 생각할 필요도 없다. 코미디언이나 유치원 아이들처럼 행동하라. 한번 해보는 거다. 안 되는 것은 포기하면 그만이다. '이거다' 싶은 것에 뚝심을 발휘하면 된다.

5퍼센트의 시간을 미친 짓에 투자하라

이거면 이거고 저거면 저거지 왜 말이 오락가락하냐고? 기회비용을 고려하고 적절하게 포기해가면서 진짜 중요한 한 가지에 집중하라는 것인가, 시도해보고 싶은 건 다 시도해보라는 것인가? 대체 뭘 어쩌라고?

　복잡하게 생각할 필요 없다. 어디에 그릿을 발휘할지 모르겠다면 여러 가지를 시도해봐야 한다. 대부분은 하다 말 수도 있지만 일단 하다 보면 답이 나온다. 어디에 악과 깡을 쓸지 생각한 다음에는 시간을 5~10퍼센트 정도만 투자해서 나를 성장시킬 무언가를 찾아내기 위해 작은 실험들을 한다.

　이것은 양동작전이다. 시행착오와 포기를 동시에 활용하는 전략이다. 이 전략은 포기하지 '말아야' 할 것이 무엇인지를 알려준다. 시작만 찬란한 실없는 사람이 아니라 상황을 전략적으로 판단할 줄 아는 사람이 되라는 것이다.

　병약한 스펜서처럼 기회비용을 잘 따져서, 매일 혹은 매주 내가 하는 쓸모없는 짓을 그만둬야 한다. 다만 이 양동작전은 기한이 정해진 실험이다. 이를테면 요가를 배우고 싶으면 학원을 가되 1년짜리 회원권을 사는 짓은 하지 마라.

　시도가 중요하다. 시도하다 보면 새로운 기회가 생기고 행운이 만들어진다. 랄프 왈도 에머슨Ralph Waldo Emerson의 말처럼 "모든 삶은 실험이다.

실험을 많이 할수록 삶도 좋아진다." 빠른 실패가 가장 값싼 실패다.

심지어 그릿 분야의 세계적 석학인 앤절라 더크워스의 생각도 같다. 「그릿: 장기 목표를 위한 인내와 열정」이라는 제목의 논문에서 그는 이렇게 말한다.

> 새로움을 향한 강한 갈망과 숱하게 겪는 좌절은 젊은 시절의 적응력을 높여줄
> 수 있다. 막다른 길까지 다다랐다가 빠져나오는 것은 더 창창한 앞길을 찾는 데
> 에 꼭 필요한 경험이다.

전체 시간의 5~10퍼센트를 따로 빼 벤처투자자가 돈을 투자하듯 다뤄야 한다. 그가 투자하는 스타트업들은 성공 가능성이 아주 낮지만, 만에 하나 성공하면 수백 배의 수익이 날 수도 있다. 10개 기업에 투자했을 때, 7개는 본전도 못 건지고 2개는 대충 본전은 될 것이라고 기대한다. 그리고 나머지 하나가 구글이나 페이스북으로 성장하기를 기대하는 것이다.

이런 원칙이 우리 같은 평범한 사람들에게도 해당하는가? 물론이다. 예를 들어 이직을 무턱대고 나쁘게 생각하지 말아야 한다. 오히려 젊은 날의 이직은 더 높은 소득과 천직을 찾는 길이자 CEO 직함으로 향하는 길을 열어줄 수 있다. 브리티시컬럼비아 대학교의 헨리 시우Henry Siu 경제학 교수에 따르면, "경력 초기에 이직을 자주 하는 사람일수록 경력이 쌓였을 때 더 높은 소득을 번다. 실제로도 이직과 고소득 사이에는 상관관계가 존재한다. 그런 사람들은 자기에게 맞는 진짜 천직을 찾았기 때문이다."

또한 여러 직책을 경험하는 것도 리더 자리에 오를 가능성을 크게 높인다.

1997년 미국의 경제학자 에드워드 라지어Edward Lazear는 경영대학원 졸업생을 대상으로 그들이 과거에 거친 직책의 수를 조사했다. 근무 경력이 15년 이상인 사람들만 놓고 봤을 때, 지금까지 2개 이하의 직책을 거친 응답자가 고위급 경영자가 될 가능성은 2퍼센트밖에 되지 않았다. 반대로 적어도 5개의 자리를 거쳤던 응답자가 최고 위치에 오른 확률은 18퍼센트나 되었다.

다 팽개치고 중국으로 떠난 맷처럼 본업과 상관없는 일들을 해보는 것도 괜찮지 않을까? 먹고사는 일과 상관이 없는 분야에서 경험을 쌓는 것은 훗날의 큰 성취와 상관관계가 있다는 연구 결과도 있다. 평범한 과학자들의 취미 활동은 일반 대중의 취미 활동 수와 엇비슷하다. 하지만 (영국 왕립학회나 미국 과학아카데미 소속) 저명한 과학자들의 취미 활동은 일반 대중의 거의 두 배다. 노벨상 과학자들은? 거의 세 배나 된다. 스티븐 존슨의 연구에 따르면 벤저민 프랭클린이나 찰스 다윈처럼 과거의 천재들도 마찬가지였다. 이 천재들의 취미는 한두 가지가 아니었다. 다양한 분야에서 다양한 도전을 해봤던 경험은 그들로 하여금 남다른 시각에서 상황을 관찰하고 새로운 가정을 던지고 돌파구를 뚫게 하는 바탕이 되었다. 서로 어울리지 않을 것 같은 아이디어를 한데 뭉치고 뒤섞는 것은 창의성의 문을 여는 열쇠 중 하나이다.

위대한 성공을 이룬 기업들도 다르지 않다. 이런 회사들은 새로운 것을 시도하는 데 그치지 않고 결실이 보이는 순간 완전히 탈바꿈을 한다. 유튜브의 시작은 데이트 사이트였다. 이베이는 처음에는 페즈 디스펜서(수집가들 사이에서 인기가 있는 막대 모양의 사탕 보관함-옮긴이) 거래에 주력하는 경매 사이트였다. 구글의 첫 프로젝트는 도서관 장서 찾기였다.

실험을 두려워하지 말고, 아니다 싶은 실험은 과감히 포기해야 한다. 시행착오와 포기가 쌓이고 쌓여 위대한 결과를 이끌 수 있다. 깡과 열정을 쏟을 것을 찾아내기 위해서는 포기의 행진도 필요하다. 포기가 다반사일지라도 어쨌거나 시도는 해봐야 한다. 그래야 행운과 기회가 성큼 문을 열고 들어와 나를 성공으로 이끌어준다.

맷의 미친 실험은 지금도 진행형이다. 몇 년 전, 여자친구의 가족이 맷에게 소림사에서 쿵후를 배웠을 정도면 UFC에서도 잘 할 수 있지 않겠느냐는 식의 운을 떼웠다. 30대 중반의 나이에 중국에 있을 때보다 몸무게가 족히 40여 킬로그램은 불어난 그가 잘 해봤자 얼마나 잘 할 수 있겠는가.

그러나 맷에게는 다음 책의 아이디어가 필요했다. 게다가 그는 새로운 것을 시도한다는 생각만으로도 몸이 근질거렸다. 무엇보다도 남자는 애인에게 잘 보이기 위해 어떤 무모한 짓도 다 하는 족속들이다. 그래서 이 은퇴한 총잡이는 다시 한 번 말 등에 올라탔다. 그 후 2년 동안 맷은 뉴욕과 라스베이거스에서 UFC 챔피언들과 훈련을 했다. 미치도록 힘들었다. 더 많이 얻어맞았고, 고생도 더 많이 했다. 옛 기술이 돌아오는 데만도 한참이 걸렸다. (훈련 코치는 맷이 훈련 중에 손을 아래로 늘어뜨려 얼굴을 무방비로 노출시킬 때마다 20달러의 벌금을 내게 했다. 6개월 동안 맷이 코치에게 낸 벌금은 580달러였다.)

2011년 서른여덟이라는 늦은 나이에 맷은 300명 관중이 보는 앞에서 생애 최초의 종합격투기 시합을 펼쳤다. 상대 선수는 맷보다 열여섯 살이나 젊었다. 2라운드에서는 콘택트렌즈 하나가 튕겨 나가 한쪽 눈이 보이지 않는 채로 싸워야 했다. 그러나 아직 포기할 때는 아니었다. 그릿을 발휘해야 할 때였다. 맷은 계속 몸을 이리저리 놀렸다. 3라운드를 시작하려는 데 심판이 고개를 가로저었다. 테크니컬 녹아웃이었다. 상대 선수는 시합을 계속할 수 없었다. 맷이 이겼다.

그리고 맷은 이 경험을 책으로 썼다. 그 여자친구와 결혼도 했다. (훈련이 생각보다 훨씬 길어져서 두 사람은 결혼식을 1년 뒤로 늦춰야 했다. 그러나 그의 부모님처럼 여자친구도 결국에는 그를 용서해줬다.) 이쯤 되면 맷이 다음에 또 어떤 정신 나간 실험을 할지 궁금해진다. 예순 살에는 북극곰과 레슬링을 한다고 하지는 않을까? 모르는 일이다.

포기할 때 포기하더라도 전체 시간의 5퍼센트를 쪼개 새로운 것을 시도하면 위대한 기회로 향하는 문이 열린다.

그릿에도 때가 있고 포기에도 때가 있다. 그릿도 포기도 성공을 이끌 수 있다. 문제는 그 '때'라는 것을 알기가 쉽지 않다는 사실이다. '언제' 포기해야 할지 어떻게 알 수 있는가? "계속해야 해, 말아야 해?" 고민되는 순간이다. 누구나 한 번쯤은 고민하는 문제를 생각하다보면 이 질문에 대한 답도 윤곽이 나온다. 연애를 그만두고 결혼을 해야 하는 완벽한 타이밍은 언제인가? 그 답도 역시 과학에서 찾을 수 있다.

내게 벌어질 수 있는 최악의 상황은 무엇인가

이번에도 쟁점은 한계다. 언제까지 연애만 하며 살지는 못한다. 언젠가는 연애를 관두고 결혼이라는 것을 고민해야 한다. 그런데 그 언제가 언제인가? '적당한 사람을 만났을 때'라고 말하는 사람도 있다. 그런데 그 사람보다 훨씬 적당한 사람을 나중에 만나게 될 수도 있지 않은가? 그러니 '아주 좋은 사람을 만나고 내가 그런 헛소리를 더는 하지 않게 될 때'가 더 현실적인 대답이지 않을까?

수학자들은 이 문제에 대해 매력 만점의 답을 찾아냈다. 이 쉬운 공식은 연애를 얼마나 많이 해야 하는지, 적당한 사람을 찾아내는 방법은 무엇인지에 대해 알려준다. 수학도들은 이 공식을 '최적 정지 문제(optimal stopping problem)'라고 부른다.

완벽한 짝을 찾아내기까지는 몇 사람과 데이트를 해봐야 하는가? 맷 파커Matt Parker는 『차원이 다른 수학』에서 그 답을 찾는 과정을 설명한다. 먼저 내가 앞으로 데이트하게 될 사람의 수를 짐작한다. 정확히는 몰라도 어림짐작 정도는 가능하다. 잠도 자야 하고, 아무리 노력해도 매일 데이트하는 것은 어려우며, 112세 전에는 결혼을 하고 싶다. 그렇다면 앞으로 데이트할 상대의 수는 생각처럼 어마어마하게 많지는 않다. 그냥 간단하게 백 명이라고 해보자.

이 수의 제곱근을 구해야 한다. 100의 제곱근은 10이다. 10명과 데이트를 하고 그중에서 가장 나은 사람은 확실히 가려낸다. 나의 세계를 송두리째 뒤흔들 그 누군가를 발견할 때까지 데이트를 계속하는 것이다. 수학적으로 따진다면 이 사람이 나의 천생연분이다. 이런 수학적 확률의 정확도는 얼마나 될까? 기막힐 정도로 정확하다. 파커는 백 명의 잠재적 배우자와 데이트를 하다 보면 천생연분을 만날 가능성이 90퍼센트나 된다고 말한다.

아주 매력적인 공식이다. 그러나 연애사까지 일일이 수학적 확률로 따지기는 아무래도 힘들다. 낭만이라고는 눈을 씻고 찾아봐도 없기 때문이다. 어쨌거나 우리는 감정의 동물이다. 그게 인간이다.

많은 이들이 소울메이트를 만나길 꿈꾼다. 나에게만은 친절하고 완벽한 사람, 배려심이 넘치고 너그러운 사람, 애정과 선물 공세를 퍼붓는 사람, 분리수거도 알아서 척척 해주는 사람. 하지만 나만의 소울메이트가 진짜로 있다고 해도, 그 사람을 만날 가능성은 얼마나 될까? 웹툰 「XKCD」의 작가이며 전직 나사 로봇공학자였던 랜들 먼로Randall Munroe는 소울메이트를 만날 확률을 계산했다. 1만 번을 죽었다 살아나야 겨우 한 번 완벽한 짝을 만날 수 있을까 말까 한 희박한 확률이었다.

아예 꿈도 꾸지 말라는 소리다. 하지만 그만큼 정신이 번쩍 들게 하는 말이기도 하다. 실제로 앤드리아 록하트Andrea Lockhart의 연구에 따르면, 동화 속 연애를 꿈꾸는 사람일수록 연애에서 느끼는 좌절감도 훨씬 크다고 한다.

여기서 중요한 문제는 무엇인가? 우리는 근사한 연애에 대한 꿈은 잔뜩 꾸면서 현실적 요소는 고민하지 않는다. 평생을 함께할 누군가를 찾아내기 위한 완벽한 계획을 세우지만, 현실이 던지는 장애는 생각하지 않는다. 나와 내 짝이 될 사람을 서로를 위해 태어난 존재라고 생각하는 순간, 그 사람과의 관계에 큰 노력은 필요하지 않다는 섣부른 가정을 내리기 십 상이다. 그리고 결혼 말고도 다른 선택지가 많아진 오늘날, 이혼이(이것은 관계의 포기다) 흔해진 것도 당연한 일이다. "꿈에 그리던 직장을 잡았어. 이 제는 일 안 해도 돼." 이렇게 말하는 사람은 없다. 하지만 많은 이들이 연 애에서는 '서로의 반쪽'이니 노력하지 않아도 된다고 생각한다. 그리고 노 력 없이는 연애도 이어지지 못한다는 것을 처절하게 깨달으며 끝난다.

답은 어디에서 찾아야 하는가? 연애결혼의 정반대인 중매결혼이 힌트 를 준다. 얼굴도 모르는 사람과 결혼하라는 소리가 아니다. 그러니 낭만도 모르는 인간이라고 욕하기 전에 설명을 더 들어주기 바란다. 연애결혼을 한 부부의 학술적 애정 척도는 결혼 초기에는 91점 만점 중 70점을 기록했 다. 91점 만점 중 58점을 보인 중매결혼 부부보다 더 행복했다. 이견이 없 는 결과다. 그러나 시간이 지날수록 뭔가 달라진다. 10년 후 중매결혼 부 부의 애정 점수는 68점이지만, 연애결혼 부부의 점수는 40점으로 뚝 떨어 진다.

무슨 변화가 있었는가? 아주 많은 변화가 있었다. 무엇보다도, 중매결 혼은 결혼 첫날부터가 현실과의 전쟁이다. 중매결혼 한 부부들은 "우리는 소울메이트야!"라고 외치지 않으며, 우주가 은쟁반에 장밋빛 결혼생활을 고이 담아 바치지 않아도 실망하지 않는다. 이들은 "저 사람하고는 어차피 부부로 묶인 사이야. 노력하지 않으면 안 돼"라고 말한다. 그리고 그 노력 은 시간이 지날수록 늘어난다. 결혼해본 사람이라면 잘 알겠지만 부부관 계를 유지하려면 노력이 필요하다.

꿈꾸는 것은 나쁘지 않다. 그러나 연애건 일이건 원하는 목표를 이루려면 꿈만 가지고는 안 된다. 어려움이 닥치면 온몸으로 부딪쳐 해결해야 한다. 두 손으로 하늘을 가리고는 하늘이 사라졌다고 착각하면 곤란하다. 연구 결과도 같은 진실을 말한다. 신데렐라와 백설공주의 연애를 꿈꾸는 것은 파란만장한 후속 문제를 예고하지만, 사랑을 여행으로 보는 태도는 꽤 건강한 관계를 이끈다.

사랑에 빠진 사람들은 상대가 나를 위해 태어난 반쪽이라는 낭만적 생각에 젖는다. 하지만 연애 상대와의 갈등이 불거지고 현실이라는 포크가 이 완벽하게 하나가 된 거품을 쿡쿡 찌를 때, 그들의 낭만적 생각은 부작용을 일으킨다. 반대로, 사랑을 굴곡과 반전은 있지만 결국에는 같은 목적지를 향해 나아가는 여행이라고 생각한다면 상대와 갈등이 생길지라도 나쁜 영향을 어느 정도는 최소화할 수 있다.

『시크릿』이 틀렸다. 꿈을 꾸기만 해서는 원하는 것을 얻을 수 없다. 꿈을 실현하려고 할 때 도움이 될 만한 시스템은 무엇인가? 무엇을 포기해야 하고 무엇에 뚝심을 발휘해야 하는지 어떻게 알 수 있는가? 한 심리학자가 고안한 꿈을 실현해주는 시스템이 있다. WOOP이라는 이름의 이 시스템은 어이없을 정도로 쉽다.

가브리엘레 외팅겐Gabriele Oettingen은 회의적인 성격이었다. 뉴욕대학교 심리학 교수인 그녀는 '원하는 것을 꿈꾸기만 하면 온 우주가 두 팔 걷어붙이고 나서서 행복이 담긴 택배 상자를 들고 현관문을 두드린다'는 말에 속아 넘어갈 생각이 전혀 없었다.

그래서 외팅겐은 실험을 했고, 그녀의 생각이 맞았다. 아니, 맞은 정도를 넘었다. 꿈을 꾸기만 해서는 원하는 것을 이루지도 못할뿐더러, 목표를 실현하는 데에도 방해가 됐다.

우리의 뇌는 공상과 현실을 구분하는 일에는 영 맹탕이다. (우리가 영화에 잔뜩 열광하는 것도 그런 이유에서다.) 꿈을 꾸는 순간 우리의 뇌는 원하는 것을 이미 가졌다고 착각한 나머지 의욕을 살리고 목표를 이루는 데 필요한 자원도 동원하지 않으려 한다. 그렇다. 뇌는 안주한다. 그 결과 우리는 움직임이 굼떠지고 이루는 것도 줄어들고 꿈은 꿈으로만 남게 된다. 긍정적 사고가 아무리 좋아도, 그것 하나만으로는 소용이 없다.

완벽한 직장을 얻는다는 공상에 빠졌는가? 그러나 공상에만 빠진 사람은 지원서도 적게 냈고 당연히 좋은 일자리도 얻지 못했다. 꿈꾸는 것이 오히려 방해가 되는데도 왜 우리는 꿈을 꾸는가? 꿈은 정신의 만취와 비슷하다. 꿈을 꾸는 일이 당장은 기분을 좋게 만들지 몰라도 그 자체가 훗날의 성취로 이어지지는 않는다. 그것이 외팅겐의 연구 결과이다. 꿈을 꾸는 동안에는 하늘을 나는 기분이 들지만, 나중에 우울증에 빠지게 만들 수 있다. 꿈을 실현하기 위해 해야 할 일을 하지도 않고 모든 힘을 쥐어짜내지도 않았는데 꿈만 꾸고 있으면 정신은 냅다 보상부터 받아먹기 때문이다. 지금 백 번도 넘게 꿈을 꾸고 있다면 미래의 성취가 백 번도 넘게 줄어들 것이다.

긍정의 자기대화와 낙관주의는 포기하지 말라고 기운을 북돋워주지만, 그것만 가지고는 목표 달성이 보장되지 않는다. 꿈을 꾼다는 자체가 나쁘다는 뜻이 아니라, 그것이 단지 첫걸음에 불과하다는 뜻이다. 그다음에는 현실이라는 매서운 칼바람과 넘고 넘어도 또 나오는 장애물이 있다는 것을 각오해야 한다.

꿈을 꾼 다음에는 나 자신에게 물어야 한다. '내 꿈을 방해하는 것은 무엇인가? 그 장애물을 넘으려면 나는 무엇을 해야 하는가?' 해결책은 유식한 심리학 언어로 하면 '실행 의도'이고, 평범한 말로는 '계획'이다.

심리학자 피터 골비처Peter Gollwitzer와 베로니카 브란트슈태터Veronika Brandstätter의 연구에 따르면, 몇 가지 기본 계획을 세우는 것만으로도 학생들의 목표 달성률이 40퍼센트 가량 늘어났다.

계획 세우기에서 마법의 두 단어는 '만약'과 '그렇다면'이다. 장애물을 만날 때마다 '만약 X사건이 생기면 해결 방법은 Y야'라는 생각만 미리 해두어도 결과는 크게 달라진다. 두 단어의 힘은 얼마나 강력한가? 심각한 행동 장애를 겪는 사람, 예를 들어 금단 증상에 시달리는 약물 중독자에게도 효과가 있다면 더 말할 필요도 없다. '만약 – 그렇다면'의 실행 의도를 미리 세워두지 않은 사람은 이력서를 준비하는 일마저도 제대로 하지 못했다. 반대로 두 마법의 단어를 미리 준비해둔 사람들의 80퍼센트는 언제라도 원하는 일자리에 이력서를 낼 준비가 돼 있었다.

두 단어의 힘이 그토록 강한 이유는 무엇인가? 무의식이 개입하기 때문이다. 두 단어를 뇌에 미리미리 준비해 놓으면 일종의 무의식적 습관이 깃든다. 그래서 사건이 터진 순간 뇌가 자율주행장치를 가동하기 시작한다.

모든 곳에 이 방법이 뿌리를 내리고 있다. 고대 철학에서도 현대의 정예군 육성에서도 찾아볼 수 있는 방법이다. 스토아학파에는 '최악에 대한 예비(premeditatio malorum)'라는 개념이 있다. "앞으로 벌어질 수 있는 최악의 상황은 무엇인가?"라고 묻는다고 생각하면 된다. 최악의 상황을 상정함으로써 그 상황을 준비할 수 있다. 미 육군 특수부대는 임무 수행 전에 일종의 변형된 '만약 – 그렇다면'을 고민하는 시간을 가진다. 대니얼 코일은 이 시간을 이렇게 설명한다. "특수부대는 작전 수행 중에 벌어질 수 있는 모든 실수와 참사를 다 가정해보는 시간을 아침 내내 가진다. 있을 만한 실수를 냉철하게 다 점검하고 적절한 대비책을 마련한다. '헬리콥터가 추락한다면 X 작전으로 변경', '잘못된 지점에 낙하하면 Y 작전 시행', '수에서 밀리면 Z를 한다'는 식이다."

WOOP은 외팅겐이 우리를 돕기 위해 고안한 지극히 간단한 이상실현 시스템이다(정식 명칭은 '정신적 대조(mental contrasting)'지만 이것보다는 'WOOP'이 더 입에 착착 붙는다.). 소원하기(wish), 결과(outcome), 장애(obstacle), 계획(plan)의 줄임말인 WOOP은 일에서 연애, 운동에서 체중 감량에 이르기까지 어떤 목표 실현에도 다 도움이 된다.

WOOP의 첫 단계는 꿈을 꾸는 것이다.

- 내가 원하는 것은 무엇인가? 나는 무엇이 되고 싶고 무엇을 하고 싶은가?

  → **'나는 멋진 직장을 갖고 싶어.'**

- 그것을 머릿속에 떠올리고 원하는 '결과'를 생각한다.

  → **'나는 구글의 부사장이 되고 싶어.'**

- 그다음은 현실로 넘어와야 한다. 어떤 장애가 기다리고 있는가?

  → **'면접 기회라도 얻고 싶은데 방법을 몰라.'**

- 이젠 장애를 해결해야 한다. 내 계획은 무엇인가?

  → **'링크드인에 들어가서 내가 아는 사람 중에 거기 직원이 있는지 알아봐야지. 그 사람이 인사팀에 나를 소개해줄 수 있는지도 알아봐야지.'**

맥이 빠질 정도로 간단한 WOOP은 공상과 다르게 우리를 꿈속 세상에만 하염없이 헤매게 하지 않는다. 게다가 WOOP에는 아주 큰 장점이 있는데, 이 4단계야말로 그릿과 포기를 고민할 때 핵심적인 도움을 준다. 또 WOOP은 사람을 가리고 도울 목표를 걸러낸다. 외팅겐의 연구를 보면, WOOP은 이룰 수 있는 목표를 꿈꾸는 사람에게는 동기와 의욕을 잔뜩 심어주지만 현실성 제로의 꿈을 꾸는 사람에게는 아무 소용이 없다.

정신적 대조, 다시 말해 WOOP은 실현 가능성을 테스트하는 리트머스 시험지다. 내 목표가 현실성이 있으면 WOOP은 실행 계획을 알려주고 에너지를 충전해준다. 반대로 비현실적인 목표에 대해서는 정신 차리라며 등짝을 세게 때린다.

"우리는 소울메이트야!"라고 말하기 전에 잠시 고민해야 한다.

• 나의 소원은 무엇인가?

→ **'완벽한 결혼.'**

• 그 결과는 무엇인가?

→ **'다툼 없는 화목한 가정.'**

• 어떤 장애물이 예상되는가?

→ **'이케아에서 뭘 살지 아웅다웅할 것 같아.'**

• 장애를 극복할 계획은 무엇인가?

→ **'소파 색깔 때문에 말다툼이 시작되면 남편이(아내가) 하는 말을 듣는 시**
   늉이라도 하면서 진지하게 생각해보는 거지.'

이 과정을 거치고 나서 사랑하는 사람과 이케아에서 맘껏 쇼핑할 생각에 힘이 솟는다면 목표 달성에도 한 걸음 가까워진다. 반대로 배우자와 무언가를 할 생각만으로도 머리가 지끈거리고 힘이 빠진다면 이 과학적인 이상 실현 시스템은 몇 년의 시간만 벌어줄 뿐이다. 어차피 잘 되지 않을 관계는 시간이 지나도 좋아지지 않기 때문이다. WOOP은 비현실적인 목표를 가려내주고 포기와 그릿의 적기를 알려준다. 또한 이 정신적 산책 시간은 현실성 제로의 소원에 목매지 않도록 도와주고 꿈을 내려놨을 때에도 아쉬움보다는 오히려 홀가분한 느낌이 들도록 해준다.

WOOP은 어디에 그릿이 필요한지 알려주고 고비를 만나도 나를 다잡을 힘과 용기를 내게 한다. 또한 무엇을 포기해야 하는지도 알려주며 포기의 고통과 아쉬움을 잘 이겨내도록 도와준다. 수학자들이 최적 정지 문제에 정통하다고 해서 결혼 생활도 더 행복할지는 미지수이지만, WOOP이 그릿과 포기 문제에 있어서 키잡이 역할을 한다는 것만은 분명하다.

'끈기의 힘'이냐 '포기의 힘'이냐

3장에서 많은 내용이 나왔다. 이 내용들을 하나로 합치면 어디서 시작하고, 언제 포기하고, 언제 그릿이라는 악과 깡을 발휘하고, 원하는 목표 지점까지 어떻게 나아가야 하는지를 알 수 있다. 이 연구들을 종합해 하나의 재미있는 게임으로 만들었다. 질문에 답을 하면서 따라가보자.

❶ 어디에 그릿을 발휘해야 하는지 알고 있는가?

Ⓐ 안다!

Ⓑ 확신은 못 하지만 몇 개 감이 오는 게 있다.

Ⓒ 무슨 소리? 이것도 저것도 다 해보고 싶다.

Ⓐ → 곧바로 다음 질문으로 넘어가라.

Ⓑ → WOOP을 따라야 한다. 감이 오는 그 몇 가지에 소원-결과-장애-계획의 과정을 전부 적용한다. 절로 흥이 나고 힘이 나는 일이 있다면 그게 그릿을 발휘해야 할 일이다. 손만 대도 하품이 나오는 일은 과감하게 때려치워라.

Ⓒ → '작은 도박'을 하기 바란다. 진짜로 마음을 설레게 하는 것이 나올 때까지 여러 가지를 다 시도해본다. 뭔가 불이 반짝 켜지는 느낌이 드는 것을 발견하면 WOOP 과정을 따라라.

❷ 나는 낙관적인 편인가?

Ⓐ YES! 두말하면 잔소리다.

Ⓑ NO. 우리 모두 쓸쓸히 죽을 팔자다. 낙관은 무슨. 다 때려치우고 TV나 봐
야지.

Ⓐ → 알아서 기운을 차리는 사람이다. 질문 **❸**으로 넘어가라.

Ⓑ → 스스로의 설명 방식을 점검해봐야 한다. 비관주의는 상황을 더
정확하게 바라보는 편이다. 그게 비관주의의 딜레마다. 맞다. 냉소주
의자의 시각이 더 날카롭다. 그러나 1장에서 말했듯이 사사건건 확률
을 따지는 자세는 평범하고 그저 그런 성과를 낳는 지름길이다. 특히
나 자신을 건 도박에서는 성공을 더욱 멀어지게 한다. 그래서 마틴 셀
리그만은 '유연한 낙관주의'라는 균형 맞추기 방법을 만들었다. 이것
은 스스로를 과신하되 완전한 망상에는 빠지지 않게 해주는 훌륭한 수
단이다. 때로 비관주의는 스스로를 가감 없이 바라보게 해준다. 하지
만 위험이 아주 낮을 때(우리가 겪는 대부분의 일은 위험이 아주 낮다)나
보상이 아주 높을 때는(인생을 다 걸어도 좋다 싶은 일) 낙관주의가 답이
다. 중요한 것은 균형이다. 그리고 연습하면 균형 감각은 늘어난다.
작은 일에서는 다 잘될 거라는 낙관적 태도가 좋다. 잘 안 되도 잃을
것도 별로 없지 않은가? 인생이 송두리째 바뀔 만한 큰일이라면 낙관
적 태도는 확률을 무시하게 만든다. 잃을 것은 많고 얻을 것은 적은 상
황에서는 창고에 고이 묵혀둔 비관주의 갑옷을 꺼내 먼지를 털어내야
한다. 그래야 장밋빛 망상에 빠지지 않는다.
네이비실 부럽지 않은 그릿을 가지고 싶지 않은가? 그렇다면 셀리그
만의 3P를 기억하라. 셀리그만은 3P는 말로 낙관주의와 비관주의가

상황을 바라보는 태도의 차이를 설명한다. 낙관주의자에게 나쁜 일이란 영속적이지 않으며(영속성Permanence), 모든 세상사가 다 부정적으로 흐르지도 않으며(침투성Pervasiveness), 온전히 내 탓도 아니다(개인화Personalization).

❸ 본인의 삶이 의미 있는 스토리를 가졌다고 생각하는가?

Ⓐ 물론이다. 누구나 자신만의 이야기가 있다.

Ⓑ 글쎄. 오늘은 어제와 같고, 내일도 같을 텐데 무슨 의미가 있을지 모르겠다.

Ⓐ → 다음 질문으로 넘어간다. 더 해줄 말이 없다.

Ⓑ → 내 무덤 앞에 세워질 비석에 새겨질 말을 생각해보자. 나는 어떤 사람으로 기억되고 싶은가? 사랑하는 사람과 친구들이 가장 칭찬하고 그리워해줬으면 하는 내 모습은 무엇인가? 그들은 내가 고난 속에서 보인 모습을 기억할 것이다. 모든 스토리가 다 진실을 담을 필요는 없다. 의미 있는 스토리는 원래 도약을 위한 발판으로 쓰인다. 이 구실을 잘하는 스토리가 고난과 역경을 뚫고 실현된다.

스토리는 개인에 따라 다를 수 있다. 종교나 애국심, 부모의 마음, 이 분야 최고가 되겠다는 목표 등 거창한 스토리도 좋지만, 스토리가 반드시 거창할 필요는 없다. 무언가 의미를 주는 것, 지금의 틀을 깨고 나가게 만드는 것만으로 스토리는 충분하다. 연구에 따르면 슈퍼히어로를 떠올리는 것이 헬스클럽에서 더 힘을 내는 데 도움이 된다고 한다. 단, '나는 슈퍼히어로다'고 생각할 때에 한해서다. 스토리는 근육과 의지력에 영향을 미친다.

자신의 스토리가 "이건 해볼 만해"라고 말할 때 우리는 더 열심히 노력한다. 빅터 프랭클처럼 인생이 걸린 도전에도 굴하지 않게 된다. 스토리는 현실에 일치할 때도 있고 어긋날 때도 있지만, 스토리는 우리에게 버티고 나아갈 힘을 준다. 더 힘을 얻고 싶다면 스토리를 노트에 적어라. 그것만으로도 행복감이 11퍼센트 올라갈 수 있다.

❹ 지금 하고 있는 일도 하나의 게임으로 생각할 수 있는가?

Ⓐ 물론이다. 지금 목표를 달성하고, 더 어려운 목표를 세우는 게 내게는 아주 큰 동기이다.

Ⓑ 연말 인사고과를 기다리는 신세에 게임은 무슨 게임.

Ⓐ → 조언이 필요 없으니 게임을 계속하라. 다음 질문으로 넘어가라.

Ⓑ → 어떤 일에 흠뻑 빠지고 싶다면 WNGF라는 4가지 조건을 기억하라. 새로운 도전과제(Novel), 분명한 목표(Goal)와 피드백(Feedback) 그리고 승리가 불가능하지 않은(Winnable) 게임일 것. 남의 문제는 쉽게 해결하는데 내 문제는 왜 이리 머리를 쥐어 싸매는가? 친구의 문제는 내 문제가 아니기 때문이다. 그 거리감이 문제를 감정적으로 바라보는 태도를 버리고 재미있는 도전으로 바라보게 만든다. 도전을 스트레스 폭격기가 아니라 짜릿한 게임으로 바뀌게 한다. 게임의 미션처럼 도전도 하나하나 풀어나가면 그만이라고 바라보는 태도는 회복탄력성을 높이고 스트레스를 줄인다.

괴짜경제학 분야에서 번뜩이는 실험 하나를 했다. 학자들은 사무실에 걸린 『딜버트』 만화의 숫자를 세고 그것을 회사 직원들의 사기 수준과 비교 대조했다. (『딜버트』는 사무실에서 생길 수 있는 일을 신랄하게 풍자한 만화다. '딜버트의 법칙'은 창의적인 인재보다 무능한 직원이 먼저 승진하게 되는 상황을 의미한다.) 네모난 파티션에 『딜버트』가 많이 걸려 있다는 것은 직원들의 업무 몰입 수준이 그만큼 떨어진다는 반증이었다. 일도 삶도 '내' 게임이다. 남들이 내 일과 삶에 짜릿함을 안겨줄 것이라고 멀뚱히 두 손 놓고 기다려서는 안 된다. WNGF를 기억하고 주도권을 가져와야 한다. 조 심슨의 생존담을 들은 사람들은 애초에 산악 등반 같은 위험한 일을 왜 하느냐는 말부터 던진다. 좋은 질문이다. 그러나 조 심슨의 대답은 간명했다. 등반이 재미있기 때문이다.

❺ **나는 그릿 빼면 시체다. 내일 죽더라도 이거 하나는 제대로 끝내자고 생각하는가?**

Ⓐ 지금 이 순간 나한테 제일 중요한 게 뭔지 알고 거기에 집중하고 있다.

Ⓑ 당장은 모르겠다. 지금 하고 싶고 해야 할 일만도 300가지가 넘는다.

Ⓐ → 알아서 잘 하고 있으니 더는 설명이 필요 없다.

Ⓑ → 시간은 왕창 소모되지만 가치는 별로 없는 활동과 일과가 무엇인지 고민해야 한다. TV 방송작가인 앤디 루니는 어느 날 문득 쓸모도 없는 것들을 이고 산다는 생각이 들었다. 그래서 과감히 정리하기로 했다. 그는 담보대출, 공공요금, 세금 등 한 달에 집에 들어가는 비용을 몽땅 더했다. 그리고 이 비용을 집 면적으로 나누었다. 집 안에 있는 물건들이 제자리를 지키려면 단위 면적당 한 달에 얼마의 임대료를 내야 하는지가 구해졌다. 냉장고는 임대료만큼의 값을 하는가? 물론이다. 그 이상의 값을 한다. 녹이 잔뜩 슨 채 지하실에 처박힌 낡은 운동 기구는? 임대료만큼의 구실은 못하고 있었다. 그래서 처분했다. 시간에도 비슷한 계산법을 쓸 수 있다. 가치는 거의 없고 목표 달성에도

도움이 되지 않는 활동은 접어라. 이 시간들을 합친다면 진짜 중요한 일을 향해 성큼성큼 나아갈 수 있는 자양분이 마련된다.

모든 일을 다 할 수 없고 다 잘할 수도 없다. 아무 결과도 가치도 만들지 못하는 일은 과감히 정리하고, 나한테 진짜로 가치 있는 일에 들이는 시간과 노력을 두 배로 높여라.

❻ 거의 다 왔다. 어처구니없어 보일지도 모르는 일을 시도하는 게 두렵지 않은가?

Ⓐ 그렇다. 내겐 실패보다 시도조차 하지 않는 일이 더 두렵다.

Ⓑ 나는 위험을 감수하고 싶지 않다. 시도해봤다가 별로이면 어떡하는가?

Ⓐ → 왜 아직도 여기서 죽치고 있는가? 얼른 나가 세상을 정복하라.

Ⓑ → 제발 배트맨처럼 구는 태도를 버려라. 다 완벽해야 직성이 풀린다는 식의 태도를 버려라. 스파게티 구조물 쌓기 대회를 평정한 유치원 아이들을 본받아라. 미친 척해도 좋다. 시도하고 실패하고 거기에서 배워라. 그냥 하는 말이 아니다. 아이처럼 생각하고 행동할 때 창의성이 는다는 연구 결과도 있다.

인정하고 싶지 않겠지만 우리는 자기가 원하는 것도 제대로 모를 때가 허다하다. 어린 시절에 꿈꾼 분야에서 일하는 사람은 6퍼센트밖에 되지 않으며, 근로 인구의 3분의 1은 대학 전공과는 아무 상관도 없는 분야에서 일한다. 문을 열고 밖으로 나가라. 리처드 와이즈먼이 연구한 행운을 많이 만나는 사람들처럼 겁내지 말고 이것저것 다 해봐라. 프린스턴을 중퇴하고 중국으로 떠날 필요까지는 없지만, 그런다고 해도 그게 완전히 정신 나간 짓은 아니다.

스토리와 한계. 그릿과 포기에서는 결국 이 두 가지가 관건이다. 이거 다 싶은 것에는 확실하게 그릿을 퍼붓고, 아니다 싶은 것은 과감히 포기한다면 무적이 될 수 있다.

그릿이라는 뚝심을 어디에 발휘해야 하는지는 이제 확실히 알았다. 거기까지는 아니더라도 그런 일을 찾아낼 방법은 알았다. 그런데 성공에는 다른 사람의 도움도 필요하다고 생각하는가? 아니면 다 필요 없고 나 혼자만 열심히 노력하면 된다고 생각하는가? 어느 쪽이 맞는가? 성공에서 중요한 것은 인맥인가, 아니면 지식인가?

chapter 4

실력과 인맥 중 무엇이 더 결정적인가

20만 명의 인생을 바꾼 미치광이 수학자, 에르되시

전설적인 수학자 팔 에르되시Pál Erdös는 어린 시절에 친구가 없었다. 그가 태어난 날 겨우 세 살과 다섯 살이던 두 누나가 성홍열로 죽었고, 아들마저 잘못될지 모른다는 걱정에 겁이 난 어머니가 그를 학교는커녕 집 밖으로도 못 나가게 했기 때문이다.

그에게 가장 좋은 친구는 숫자였다. 두 명의 가정교사와 수학책에 둘러싸여 외롭게 하루를 보내는 것이 그의 일상이었다. 아이는 누가 봐도 타고난 영재였다. 세 살에는 세 자릿수 곱셈을 척척 해냈다. 네 살에는 상대의 나이만 듣고도 그 사람이 살아온 시간을 초 단위로 계산했고, 스물한 살에는 수학 박사학위를 땄다.

어른이 된 에르되시는 암페타민을 강장제 삼아, 인생의 유일한 낙인 '수학 연구'에 하루 19시간을 매달리곤 했다. 그의 생산성은 사람의 한계를 뛰어넘었다. 몇 해 만에 학술 논문을 50개나 썼는데, 다른 수학자들 같았으면 평생 쓰기도 어려운 양이었다.

그러나 영화 「스파이더맨」에서의 교훈처럼 "큰 힘에는 큰 책임이 따른다." 그리고 대단한 능력에는…… 대단한 기벽이 따른다. 빼도 박도 못할 진실이다. 에르되시는 괴짜였다. 「타임」지마저도 "괴짜 중의 괴짜"라는 제목으로 그에 대한 기사를 내보낼 정도였다.

에르되시의 친구라면, 한밤중에 그가 수학 연구를 하고 싶다고 불쑥 찾아오는 일쯤은 각오해야 한다. 이 손님은 "내 뇌가 열렸어"라는 말을 수시로 하고 한 번 오면 며칠이고 머무른다. 자기 옷을 빨 생각도 하지 않아 대신 빨아줘야 한다. 또한 새벽 5시에 수학 정리를 연구한다며 냄비와 프라이팬을 쾅쾅 두들겨대는 통에 소스라치게 놀라 부엌으로 달려가야 할지도 모른다. 또 그 친구는 아이들을 '엡실론'이라고 부른다. 수학에서 엡실론(ε)은 '작은 수'를 나타내는 그리스어 기호이기 때문이다.

에르되시는 자나 깨나 수학 생각뿐이었다. 동료인 폴 윙클러Paul Winkler는 이렇게 말했다. "에르되시는 내 쌍둥이의 성인식에 올 때도 공책을 들고 있었다. 그는 내 장모님에게 쫓겨날 뻔했다. 잔뜩 구겨진 양복 차림에 옆구리에 공책 하나를 끼고 있는 그를 거리의 부랑아로 오해했기 때문이다. 성인식 동안 수학 정리 한두 개를 증명하는 것은 에르되시에겐 일도 아니었다." 실제로도 그는 수학 말고는 거의 아무것도 하지 않았다. 1940년대 이후로 소설책은 펼쳐보지도 않았고, 1950년대부터는 영화도 보지 않았다. 그의 모든 삶이 수학이었다. 수학으로 시작해 수학으로 끝났다.

에르되시는 당연히 수학자로 대성했다. 역대 수학자 중 가장 많은 논문을 발표했고, 그 논문들은 살아서도 모자라 사후에도 7년이나 계속 발표되었다. 명예박사 학위만도 최소 15개였다.

그러나 에르되시가 두고두고 기억되는 이유는 그의 업적 때문만이 아니라 다른 사람들과 맺은 인맥 때문이다. 정확히 말해 다른 사람들에게 미친 영향 때문에, 그는 후대에도 계속 회자되었다. 연구실에 틀어박혀 증명에만 매달리는 일반적인 수학자들과 다르게, 에르되시는 암페타민을 물처럼 먹어대고 역마살까지 걸린 수학계의 마당발이었다. 그는 협업을 사랑했다. 여행 가방 하나에 의지해 25개 나라를 제집처럼 드나들었으며, 그와 합동 연구를 한 수학자는 전 세계에 500명이 넘었다. 워낙 많은 사람과 한 탓에 누가 누구인지도 잘 기억하지 못했다.

에르되시는 명석했다. 그러나 많은 사람이 그의 괴팍한 성격을 참아준 이유가 단순히 그가 똑똑해서는 아니었다. 애덤 그랜트의 표현을 빌리면 에르되시는 기버였다. 그는 상대의 발전을 진심으로 기원했으며, 진심으로 용기와 도움을 주었다. 그가 한밤중에 친구 집 초인종을 누른다는 것은 수학계의 '요다'가 찾아와 그 친구를 위대한 수학의 '제다이'로 만들어주고 싶다는 뜻이었다.

수학은 외로운 게임이다. 에르되시는 누구보다도 그 사실을 잘 알았다. 그러나 그에게 수학이란 친구들과 함께 하나하나 퀘스트를 풀어나가는 게임이었다. 그는 세계를 종횡무진하며 친구들을 도와주고 합동 연구를 하는 것만으로는 부족했는지, 상금도 내걸었다. 어려운 수학 문제를 풀거나 난해한 정리를 증명한 사람에게 자비로 상금을 주기도 했는데, 1만 달러나 쾌척한 적도 있다. 외롭고 쓸쓸한 수학 연구에 대비되는, 사람 냄새 풀풀 나는 인센티브였다.

에르되시는 수학자로서 최고의 영예인 필즈 메달을 수상하지는 못했다. 그러나 그 상을 받은 대부분의 사람들이 그에게 한 번쯤은 도움을 받은 경험이 있었다. 여기에서 그 유명한 '에르되시 수(Erdös number)'라는 개념이 탄생했다. 이것은 수학 정리나 도구가 아니라, 그와 얼마나 가깝게 지내며 공동 연구를 했는지를 나타내는 숫자에 불과하다(다작으로 유명한 배우 케빈 베이컨이 다른 배우들과 몇 다리에 거쳐 연결돼 있는지를 따지는 '케빈 베이컨의 여섯 다리 법칙'과 비슷하다고 생각하면 된다).

A라는 사람이 에르되시와 공동 논문 작업을 했다면 A의 에르되시 수는

1이다. A라는 사람과 B가 공동으로 논문을 저술했다면 B의 에르되시 수는 2다. 수학계의 마당발로서 에르되시는 공동 연구를 워낙에 많이 했고 도와준 수학자도 많았다. 그래서 수학자들 사이에서는 에르되시 수로 업적과 능력을 자찬하는 분위기도 있다.

에르되시와 가까운 사이라는 것은 뛰어난 수학자라는 의미이기도 했다. 노벨 물리학상 수상자 두 명은 에르되시 수가 2고, 수상자 14명은 에르되시 수가 3이다. 위대한 학자들의 뒤에는 에르되시의 도움이 있었다.

팔 에르되시는 1996년 9월 20일 83세의 나이에 죽었다(그만의 특이한 표현으로 말하면 그는 세상에서 사라졌다. 그에게 있어 '죽는다'는 것은 수학 연구를 멈추는 순간을 의미했다). 에르되시의 에르되시 수는 0이다. 0은 조금은 쓸쓸하고 우울한 숫자지만 반어적으로 생각해볼 수도 있다. 0은 에르되시가 얼마나 아낌없이 퍼주는 사람이었는지를 상징한다. 에르되시의 에르되시 수가 0이든 100이든 그것은 중요하지 않다. 중요한 것은 유리수의 에르되시 수를 가진 사람이 아주 많다는 사실이다.

친구 하나 없던 소년이 수학계 역사에 없었고 미래에도 없을 최대의 마당발이 되었다. 에르되시의 이름을 따서 만든 수는 두고두고 이어지며 모든 수학자의 업적을 평가하는 척도가 되었다. 수학계에서 에르되시보다 인맥이 넓은 사람은 없었고, 그처럼 많은 사람에게 도움을 베푼 사람도 없었고, 그만큼 모두가 그리워하고 사랑하는 사람도 없었다. 그가 죽은 후에도 이런 사람들이 줄기는커녕 오히려 늘고 있다. 현재까지 그에게 직간접적으로 영향을 받은 사람은 에르되시 수로 따졌을 때 20만 명이 넘을 것으로 추정된다.

에르되시의 사례를 비추어봤을 때, 성공에 있어 인맥은 필수적이다. 내가 '무엇을' 아는지 못지않게 내가 '누구를' 아는지가 중요하다는 뜻이다. 그런데 성공에 인맥이 그렇게 중요하다면, 누구나 에르되시처럼 마당발이 되어야만 하는 걸까? 그렇다면 외향적인 사람일수록 더 성공하는가?

최고의 리더가 되는 외향적인 사람들

어머니는 항상 내게 말했다. 활달하고 사교적인 사람이 되라고. (솔직히 난 전혀 그런 성격이 아니다. 여기서 이렇게 혼자 글이나 쓰고 있는 것만 봐도 말 다했다.)

마음 맞는 친구들과 보내는 시간도 물론 즐겁지만, 혼자만의 시간도 필요하다. 이건 누구나 할 수 있는 말이고, 우리가 고민해야 할 부분은 따로 있다. 나는 방전된 배터리를 어떻게 충전하는가? 파티에 가는 것과 책을 읽는 것 중 어느 것에 더 마음이 끌리는가? 친한 친구와 둘이서만 오붓하게 노는 것이 좋은가, 아니면 친구들과 와자지껄하게 노는 것이 좋은가?

내향성과 외향성은 심리학에서 가장 흔하게 사용되는 성격 구분이지만, 구체적 기준에 대해서는 여전히 이쪽 말이 다르고 저쪽 말이 다르다. 우리는 외향성을 평가할 때 얼마나 사람을 잘 사귀는지에만 관심을 둔다. 그러나 외향적인 사람일수록 사회 활동을 하거나 주목을 받을 때 더 많은 '보상 가치'를 얻는다는 사실은 간과한다.

사교적이고 활달한 사람이 되라는 어머니의 조언에는 다 이유가 있다. 사람을 상대하는 것은 우리 인생에서 아주 중요한 부분이다. 원만한 대인 관계와 사람을 다루는 능력이 곧 성공과 직결된다는 사실 역시 부인할 수 없다.

'외향적인 사람의 소득이 그렇지 않은 사람보다 더 높다'는 사실을 꾸준히 입증하는 연구도 있다. 스탠퍼드 대학교가 MBA 대학원생들을 25년 동안 연구한 결과, 그들 대부분이 전형적인 외향성을 가지고 있었다. 그 성격의 근원은 어린 시절까지 거슬러 올라갈 수 있다. '어린 시절의 외향성은 외적 성공을 예측하게 하는 긍정적 지표다'라고 말하는 연구도 있다. 고등학교 때 인기 순위 하위 5명과 상위 5명이 어른이 되었을 때의, 두 집단의 소득은 5퍼센트나 차이가 난다.

물론 돈이 성공의 전부는 아니다. 승진을 간절히 원하는가? 외향성은 직업 만족도와 연봉 수준, 승진 횟수에도 영향을 미친다.

심지어 나쁜 습관마저도 외향적인 사람에게는 금전적 성공으로 돌아오기도 한다. 애주가와 흡연자 중 누구의 소득이 더 높을까? 애주가는 소득이 높은 반면, 흡연자는 그렇지 않다. 애주가는 금주하는 사람보다 벌이가 10퍼센트나 높다. 적어도 한 달에 한 번 술집에 간다면 그 10퍼센트에 7퍼센트가 또 더해진다. 이유가 무엇일까? 흡연과 다르게 음주는 주로 사회활동과 이어지기 때문이다. 논문의 저자들은 음주 활동의 증가가 사회적 자본의 증가를 이끈다고 추측한다. 다시 말해 음주가 유대관계를 쌓고 인맥을 관리하는 데 도움을 준다는 것이다.

대부분의 사람들이 '리더라면 활달하고 사교적인 성격일 것'이라고 생각한다. 이것이 바로 말이 씨가 되는 자기충족적 예언이다. 임원 4,000명을 분석한 연구에서 외향성 점수가 '아주 높음'으로 나온 사람들은 전체 중에서 그리 많지 않았다. 그런데 조직 구조의 꼭대기에 위치한 사람일수록 '아주 높음'인 사람이 많아졌다. 다시 말해 전체 인구 중에서 외향성 점수가 아주 높은 사람은 16퍼센트에 불과했지만, 최고경영자 중에서는 60퍼센트나 됐다.

왜 이런 결과가 나왔을까? 이유를 알면 소름이 돋을지도 모른다. 사실

리더로 보이는 데 필요한 자질은 더 많은 지식이 아니라는 뜻이다. 제일 먼저 말을 꺼내고 대화에 자주 끼어들기만 해도(이것은 아주 외향적인 행동이다) 우두머리로 보이기에 충분하다. 반면에 낯을 가리고 머뭇대는 사람을 보면 우리는 '저 사람은 별로 똑똑하지 않은 것 같아'라는 인상을 받는다.

페퍼 교수가 지적한 것처럼 출세에는 자기 PR이 필요하다. 자기 PR은 외향적 사람에게는 숨을 쉬듯 자연스러운 일이다. 그리고 리더 자격을 가진 사람으로 자신을 내비치고 싶을 때도 실제 능력보다 자기 PR이 훨씬 중요하다.

현재 회사를 그만두고 다른 곳을 알아보는 중인가? 더 푸른 초원으로 옮겨갈 생각인가? 이때에도 외향적인 사람이 유리하다. 미국의 사회학자 마크 그래노베터Mark Granovetter의 '약한 유대관계(weak ties)'에 대한 연구에 따르면, 멋진 기회를 물어다주는 사람들은 대개 가까운 친구나 친척이 아니다. 가까운 지인들이 소개하는 기회나 일자리는 보통 거기서 거기다. 반면에 평소 얼굴만 알고 지내던 사이인 사람들이 좋은 일자리나 거래 소식을 더 잽싸게 물어다준다. 마당발 인맥도 멋진 직장을 구하는 데 큰 도움이 된다. '인맥은 연봉과 관련이 높으며, 시간이 갈수록 연봉이 늘어나는 것과도 관련이 높다'는 연구 결과도 있다.

이렇게 말하면 좀 그렇지만, 기업에서 직원을 뽑을 때 인맥이 얼마나 되느냐를 중요한 채용 기준으로 삼는 것도 방법일 수 있다. 한 사람이 가진 인맥이 기업의 이익에 큰 영향을 미칠 수도 있기 때문이다. MIT 연구는 이렇게 말한다. "IBM의 경우 사회에서 인맥을 많이 쌓은 직원일수록 성과도 더 좋았다. 인맥과 성과에서 드러나는 격차는 계량화도 가능하다. 이메일 한 통을 주고받을 때마다 매출은 평균 948달러가 늘어났다."

중요한 건 실력이라고 우기며 마당발 인맥을 무시하는 이들도 있지만 절대 그렇지 않다. 재미를 위해 마약 거래를 예로 들어보자. 마약 거래만큼 수지가 좋은 장사가 없지만 그만큼 위험이 큰 장사도 없다. 잘 되면 돈방석이지만 잘못되면 인생이 끝장난다.

"판을 키우지 마라." 마약상들에게는 체포를 면하기 위한 철칙이다. 그러나 인맥만은 판이 클수록 좋은데, 불법 행위에도 마당발 인맥은 아주 중요하다. 사이먼 프레이저 대학교 연구에 따르면, 인맥이 넓은 마약상일수록 돈을 많이 벌고 구속되는 일도 적었다. 범죄 조직의 크기? 소용없다. 거리의 떠돌이 마약상인지, 콜롬비아 최대 마약 조직인 칼리 카르텔 소속인지는 중요하지 않았다. 마약상의 돈벌이와 철창행을 피하는 데 가장 도움이 되는 것은 평소 쌓아둔 인맥이었다.

연구 결과는 분명했다. 자신만의 인맥을 키우고 잘 유지하는 마약상일수록 다른 마약상들보다 훨씬 돈을 많이 벌었다. 그리고 당연히, 다른 범법자들과 똘똘 뭉쳐 만든 인맥의 크기는 생존과도 관련이 높았다. 넓은 인맥은 목숨을 보호해주는 장치이기 때문에, 마당발인 마약상일수록 더 오래 살아남는 것이었다.

내향성과 외향성의 혈투에서 승자가 누구인지는 보지 않아도 뻔하다. 그렇다면 일터라는 테두리를 벗어나 인생 전체를 볼 때에도 마찬가지로 외향성이 승리하는가?

리처드 와이즈먼의 행운 연구를 기억해보자. 그의 연구에서는 '외향적인 사람이 더 운이 좋다'는 결과가 나왔다. 행운의 과학에서는 새로운 기회를 많이 만나는 것이 중요하다. 넓은 인맥은 좋은 곳에 취직할 기회를 많이 만들어주지만 '전혀 생각하지 못한 분야에서' 새로운 가능성을 만날 기회도 많이 만들어준다. 부유하고 외향적인 주식 트레이더들이 전화기를 붙잡고 사는 이유도 여기에 있다.

내향적인 사람은 자기 복을 제 발로 걷어차고 고생도 더 많이 한다. 그리고 결정적 한 방에 무너진다. 외향적인 사람이 내향적인 사람보다 행복하다는 것은 절대로 우습게 볼 일이 아니다. "외향성과 행복 또는 주관적 웰빙(subjective well-being)의 관계는 관련 논문에서 꾸준하면서도 확고하게 등장하는 연구 결과 중 하나이다." 실제로도 외향적인 사람은 혼자 있을 때도 내향적 사람보다는 행복감이 훨씬 높으며, 내향적인 사람이어도 겉으로 외향적인 사람인 양 굴다 보면 행복감이 더 높아진다는 연구 결과도 있다.

흠. 외향적인 사람은 돈도 많이 벌고 승진도 더 빨리 하고 리더도 더 쉽게 되고 좋은 일자리도 더 빨리 찾고 운도 더 따르고 더 행복하다. '빌어먹을!'이라는 욕이 저절로 나온다. 그래, 다 좋다고 치자. 그런데, 누구는 뭐 내향적인 성격이 되고 싶어서 됐겠는가?

스스로를 독방에 감금한 천재 과학자 뉴턴

외향적 성격의 장점을 말했으니 내향적 성격도 분석해봐야 한다(사실 외향적인 사람이라면 2장까지 읽다가 덮어두고 친구들과 놀러 나갔을지도 모른다.)

폴 에르되시의 명성은 그의 넓은 인맥이 한몫했다. 그렇다면 인맥과 담을 쌓은 과학자도 성공이란 걸 할 수 있을까? 물론이다. 아이작 뉴턴은 단순히 성공한 과학자가 아니었다. 그는 우주의 법칙을 새로 기술했다. 남의 도움 없이 거의 혼자 힘으로 이뤄낸 업적이었다.

제임스 글릭James Gleick은 저서 『아이작 뉴턴』에서 그에 대해 기막히게 표현했다. "그는 깜깜하고 불분명한 마법의 세상에 태어나 부모도 연인도 친구도 없이 낯설도록 순수하고 강박적인 삶을 살았다. 앞길을 가로막은 위대한 학자들과 온몸이 부서져라 싸웠고, 적어도 한두 번은 미치기 일보 직전까지 갔다가 간신히 벗어났을 것이며, 자신의 연구를 아무도 모르게 꽁꽁 감췄다. 그럼에도 인간사에서 가장 중요한 지식을 그렇게나 많이 발견한 사람은 이전에도 이후에도 없었다."

아리스토텔레스, 케플러, 갈릴레오 등등. 그들도 과학에 큰 공헌을 했지만, 뉴턴은 세상이 어떻게 움직이는지에 대해 최초로 일관되고 통합된 로드맵을 보여주었다. 뉴턴을 기점으로 우리의 세계는 마법의 세상에서 과학의 세상으로 바뀌었다. 뉴턴 이전에 만물의 움직임을 예측할 때는 수학보다는 주로 추측에 의존했다. 뉴턴 이후로 우리는 우주의 움직임에 '질서'가 있다는 것을 알게 되었다. 글릭은 뉴턴을 '현대 세계의 수석 건축가'라고 묘사했다.

아인슈타인이 나타나기 전까지 거의 200년 동안 뉴턴만큼 과학사에 큰 영향을 미친 과학자는 없었다. 그리고 아인슈타인이 우주의 규칙에 대한 과학자들의 생각을 뒤집은 것은 분명한 사실이지만, 평범한 사람들이 세상과 우주를 바라보는 방식까지 바꾸지는 못했다. 그러나 뉴턴이 제시한 새로운 게임에서는 일반인도 예외가 아니었다.

'패러다임 변화'라는 표현도 조금은 부족하다. 아인슈타인은 물리학의 모든 힘에 대한 개념을 하나의 통합된 이론으로 녹이려 했지만 끝내 실패했다. 반면에 뉴턴은 '세상은 이렇게 움직인다'라고 자부해도 좋을 정도로 거의 완벽에 가까운 개념 체계를 만들어냈다.

뉴턴은 20대에 미적분학, 광학, 중력 이론을 만들었다. 오늘날처럼 첨단 기술의 도움을 받은 것도 아니었다. 이 젊은이는 광학을 이해하려 일부러 자기 눈에 바늘을 찔러 넣기도 했다. 중력 이론은 어떻게 만들었는가? 뉴턴 전에 중력에 대한 이해는 지지부진했다. 물건이 땅으로 떨어진다는 것은 모두가 알았고 갈릴레오도 피사의 사탑에서 물체를 떨어뜨리는 실험을 했지만, 구체적인 규칙을 찾아내지는 못했다. 갈릴레오는 가속이 작용한다는 것은 알았지만 '왜' 가속이 작용하는지는 몰랐다.

게다가 뉴턴은 이 모든 것을 거의 혼자 다 해냈다. "내가 멀리 본다면 그 것은 거인의 어깨에 올라서 있기 때문이다"며 겸양을 피웠어도, 사실 그는 거의 두문불출하며 혼자 힘으로 그 많은 업적을 이뤘다.

어딘가 한 군데 얼빠진 모습으로 다니는 교수의 전형을 만들고 싶다면 뉴턴이 딱이다. 그는 때로 몇 날 며칠 방에서 나가지도 않았다. 혼자 산책을 하다가 정신 나간 사람처럼 웅얼대면서 흙바닥에 방정식을 그려 넣기도 했다. 고독하고 외로운 천재? 뉴턴처럼 완벽하게 들어맞는 사람도 드물다. 그에게는 세상의 작동 방식을 이해하도록 도와줄 수학 도구도 없었다. 그래서 그는 직접 도구를 만들었다. 모든 고등학생의 원망의 대상인 미적분. 이것도 뉴턴의 작품이다. 그것도 혼자 만든 작품이다. 그는 친구도 없었고, 타인과의 교류라고는 어쩌다 주고받는 서신 왕래가 전부였다. 결혼도 하지 않았다. 죽을 때까지 동정이었을 것이라는 추측도 난무한다.

머리로 떨어진 사과가 중력 이론의 시초가 되었다고 알고 있지만 사실이 아닐 수 있다. 만에 하나 사실이라고 해도, 진짜 사과가 떨어졌을 순간에 그는 아마 문을 걸어 잠그고 혼자 집에 틀어박혀 있었을 것이다. 꼬맹이들에게 내 집 잔디밭에서 나가라고 고래고래 소리를 지르는 괴팍한 이웃집 아저씨와 같은 뉴턴의 모습이 훤하다. 1696년 트리니티 칼리지를 떠날 때도 그는 홀가분했다. 한 도시에서 35년이나 살았지만 어차피 친구라고는 없었기 때문이다.

뉴턴처럼 연구하라는 것은 사람답게 살기를 포기하라는 말과 같다. 그러나 뉴턴의 독방 생활은 자처한 것이었으며, 심지어 그는 이것을 감금이라고 생각하지도 않았다. 파스칼은 "인간의 모든 불행은 단 하나, 방에 조용히 틀어박히는 것을 견디지 못한다는 데서 온다"고 말했지만 뉴턴은 반대였다. 그에게 고독한 은둔 생활은 벌이 아니라 상이었다.

자, 이제 감이 오는가? 팔 에르되시 같은 부하직원에게는 유능한 동료들을 잔뜩 붙여주고 출장 예산도 넉넉하게 책정해주는 것이 좋다. 반대로 뉴턴과 같은 부하직원에게는 넉넉한 연구비도 첨단 장비도 좋지만, 더 중요한 건 따로 있다. 이 고독한 천재가 세상을 뒤바꾸는 놀라운 발견을 계속할 수 있도록 알맞은 환경을 만들어주는 것. 그가 개똥밭을 구르든 말든 혼자 알아서 하게 내버려둬야 한다.

뉴턴은 역사상 가장 똑똑한 사람이라는 감투를 쓸 자격이 충분하며 최고의 천재에게 남의 도움은 별로 필요 없다. 아둔한 무리는 걸리적거리기만 할 뿐이다.

그러나 뉴턴의 위대한 점이 과연 뛰어난 머리뿐인가? 이해할 수 없는 극단적 생활방식 말고는 그에게서 배울 부분이 과연 아무것도 없는가?

최고의 전문가가 되는 내향적인 사람들

외향성의 이면에 대해서 알려진 것이 거의 없는 이유는 무엇인가? 이건 순전히 마케팅의 공로다. '내향적이고 꽁한 사람보다는 외향적이고 호탕한 사람이 더 많아', '외향적인 사람이 친구도 많고 말도 더 잘해' 따위의 마케팅 말이다. 수전 케인Susan Cain의 지적처럼, 우리의 문화 곳곳에 외향성을 편애하는 정서가 스며들어 있다. 특히 미국에서 그런 편견이 유독 심하다.

대가가 되는 데는 1만 시간의 노력이 필요하다는 내용을 기억하는가? 방해하는 사람이 아무도 없으면 무언가를 갈고닦을 시간도 아주 많아진다. 얼굴만 돌리면 한눈팔 일투성이인 시대에 뉴턴은 확실한 가르침을 준다. 외향적인 사람은 마당발 인맥으로 많은 도움을 얻을 수 있는 대신에 자기만의 성에 혼자 틀어박혀 귀중한 연구에 매진할 시간도 그만큼 적다. 그렇다. 내향적인 사람은 자기 분야에서 대가가 될 가능성이 더 높다. 그게 내향성의 장점이다.

그렇다면 그 가능성이 얼마나 더 크다는 것인가? 외향성은 개인의 능력 함양과는 부정적인 관계에 있다. 더 쉬운 말로 하면, 외향적인 사람일수록 실력은 더 낮다는 뜻이다. 친구가 많다는 것은 아주 좋은 일이지만 신경 써야 할 일들이 어마어마하게 늘어날 수 있기 때문이다.

흔히들 '운동선수'라고 하면 인기 많은 고등학교 풋볼팀 주장을 떠올린다. 아니면 면도기 광고에 출연해 잘빠진 근육을 뽐내는 야구선수를 보고,

운동선수는 당연히 파티라면 사족을 못 쓸 것이라고 생각한다. 한참 틀린 생각이다. 올림픽 금메달리스트 출신인 데이비드 헤머리David Hemery는 정상급 선수 10명 중 9명은 내향적인 성격이라고 말한다. "그 비율은 무시할 수 없을 정도로 뚜렷하다. 정상급 운동선수의 89퍼센트는 스스로를 내향적 성격이라고 말한다. 본인을 외향적 성격이라고 말하는 선수는 6퍼센트뿐이고, 나머지 5퍼센트는 '중간 지대'에 속한다."

구단 소속 선수들은 남들과 어울리는 일이 많지만 그렇게 보낸 시간은 실력 향상에 별로 도움이 되지 않는다. 몇 시간이고 타격대에서 홀로 배트를 휘두르며 벌이는 처절한 사투, 더는 팔도 들어 올리지 못할 만큼 연습하고 또 연습하는 3점 슛이 운동선수를 승리로 이끈다. 파티장을 어슬렁거리는 대신에 해가 떨어진 후에도 연습하는 몇 번의 전력 질주가 실력을 키워준다.

음악가들이라고 다르지 않다. K. 안데르스 에릭손은 정상급 바이올리니스트들에게 하루 일과 중 연주 실력 향상에 가장 도움이 되는 일은 무엇이냐고 물었다. 질문에 답한 바이올리니스트의 90퍼센트는 '혼자 연습하는 시간'이라고 대답했다. 체스 선수는? 실제로도 토너먼트 전에서 오래 살아남은 선수들을 봐도 알 수 있듯이, 기량 향상 여부를 통계적으로 확인시켜주는 유일하게 유의미한 지표는 '혼자 하는 복기'였다.

최우수 성적을 내는 학생이 누구인지, 지식을 더 많이 쌓을 사람은 누구인지 알고 싶은가? IQ를 예측 지표로 삼아서는 안 된다. 성적이 좋을지 아닐지를 알려주는 예측 지표는 지능이 아니라 내향적 성격이다. 『콰이어트』에서 수전 케인은 이렇게 말한다.

대학생의 학업 성취도를 예상하게 해주는 지표는 인지 능력이 아니라 내향성이다. 한 연구에서 학생들 141명을 대상으로 미술에서 천문학, 통계학에 이르기까지 20개 과목에 대한 지식 수준을 시험했다. 단 한 과목도 빠짐없이 내향적 학생들이 외향적 학생들보다 지식 수준이 높았다. 졸업 학위, 국공립 장학금 최종 선발자 명단, 우등생들의 모임인 파이 베타 카파회 회원의 수도 내향적인 사람이 압도적으로 많다.

장차 세상을 뒤바꿀 창의적 천재를 미리 점찍고 싶은가? 인기 없는 샌님을 고르면 된다.

평생 열정을 쏟을 수 있는 대상에만 온 정신을 집중하는 태도는 창의성이 높은 사람의 전형적 특징이다. 심리학자 미하이 칙센트미하이는 예술, 과학, 기업, 정부 분야에서 뛰어난 창의성을 보인 91명을 대상으로 1990년부터 1995년까지 연구를 수행했다. 이들 중 대다수는 청소년기에 거의 외톨이나 다름없었는데, 남다른 호기심과 하고 싶은 것에만 집중하는 태도는 또래들에게는 별종이라는 인상을 주기 때문이다. 시도 때도 없이 친구들과 어울려 놀기를 좋아하는 10대는 혼자 재능을 기를 시간이 거의 없다. 음악 연습이건 수학 공부건 혼자라는 끔찍한 시간을 견뎌야 하기 때문이다.

최고 실적을 내는 투자자들은 어떤가? 그들의 정서는 꾸준하게 내향적이다. 컴퓨터 프로그래밍이나 테니스 선수처럼 전문적인 직업군에서도 넉살을 부리지 못하고 호불호가 분명한 태도를 가진 사람일수록 소득이 높은 편이었다.

애덤 그랜트가 정의한 성공의 첫 번째 조건

외향적인 사람이 정말로 더 유능한가? 앞에서 외향적인 사람일수록 리더가 될 소지가 크고 유능하다고 '여겨질' 가능성도 높다고 했다. 그런데 애덤 그랜트는 리더십을 연구하면서 아주 흥미로운 사실을 발견했다. 내향적인 리더와 외향적인 리더 중 어느 쪽이 더 좋은가는 그 밑에서 일하는 사람들에 따라 달라진다는 사실이다. 수동적인 직원 일색이라면 사람들과 잘 어울리고 정력적으로 움직이는 외향적 리더의 능력이 빛을 발한다. 반대로, 알아서 동기를 얻는 직원들 사이에서는 내향적 리더가 더 좋은 리더다. 내향적 리더는 묵묵히 귀를 기울일 줄 알며 도와줘야 할 순간과 자리를 비켜줘야 할 순간을 잘 구분하기 때문이다.

성공한 사람 중에는 호탕한 성격도 있고 조용하고 과묵한 성격도 있다. 세상에는 양쪽 사람들이 다 필요하지만, 솔직히 우리는 이쪽에도 저쪽에도 해당하지 않는다. 세상 사람의 3분의 1은 곧 죽어도 내향적이거나 외로워도 슬퍼도 밝게 구는 외향적 성격이지만, 나머지 3분의 2는 두 성향을 모두 가진 양향 성격자(ambivert)다. 양향 성격자는 두 극단의 중간 어디쯤에 위치한다. 한 마디로 내향성과 외향성은 스펙트럼이다.

중간 성격이라고 해서 능력이 뛰어나지 않다고 생각하면 오산이다. 희한하게도 최고의 영업사원들은 양향 성격자다. 외향성이 더 유리할 거라고 생각하기 십상이지만 오히려 말만 많거나 고압적으로 굴 수 있다. 내향성인 사람은 진중하고 남의 말을 잘 듣기는 하지만 사람들이 북적대는 곳에서는 제대로 추진력을 발휘하지 못할 수 있다. 그랜트가 영업사원들을 연구해보니 최상위 실적자들은 외향성-내향성 스펙트럼의 가운데 위치한 사람들이었다.

여기서 진짜 교훈이 등장한다. 혼자 있는 것이 죽도록 싫은 외향적인 사람은, MBA 학위를 딴 후 순종적인 사람들의 리더가 되는 것을 목표로 삼아야 한다. 반대로 사람을 많이 상대할 생각만으로도 머리가 지끈거린다면 자신만의 열정에 깊이 파고들고 1만 시간을 노력해 그 분야 최고의 대가가 되겠다는 전략을 세워야 한다. 그러나 중간 지대에 있는 나머지 다수는 언제 외향적으로 굴면서 인맥을 쌓는 것이 좋고 언제 문을 걸어 닫고 자기만의 능력 함양에 몰두하는 것이 좋은지 알아야 한다.

그랜트는 「월스트리트 저널」에서 이렇게 말했다.

상황을 용의주도하게 읽고 스스로에게 질문하라. '가장 행복하거나 가장 성공하려면 나는 지금 당장 무엇을 해야 하는가?'

내향적인 사람은 '죽어라 노력한다'와 같은 간단한 전략만 따르면 된다. 그러나 내향성인 사람도 양향 성격자도 최상의 인맥관리 전략을 세우는 데에는 고전을 면하기 힘들다. 내향성도 양향성도 인맥관리라는 말 자체에 거부감을 느낀다. 그들은 남들과 잘 어울려 지내는 것을 눈앞에서만 사람 좋은 웃음을 남발하는 정치인이나 약아빠진 중고차 판매상처럼 가식적이고 진솔하지 못한 행동이라고 생각하기 때문이다.

그래도 희망을 놓을 필요는 없다. 외향적인 사람은 인맥관리 재능을 타고 났지만, 이 능력은 후천적으로도 얼마든 기를 수 있다. 한 가지 중요한 것은 인맥관리를 역겨운 거짓 웃음을 남발하는 행동이라고 생각하지 말아야 한다는 것이다. 좋은 일자리를 구할 때에도, 몇 킬로그램의 코카인을 팔 때에도, 인맥은 백이면 백 도움이 되지 절대로 해가 되지는 않는다.

실리콘밸리 최고 '인맥왕'의 비결

인맥이 큰 보상을 준다는 것은 누구나 안다. 그러나 인맥관리라고 하면 뭔가 얕은 술수라는 느낌이 든다. 경영학 교수 프란체스카 지노Francesca Gino는, 우리가 무언가 얻어내려는 의도를 가지고 사람을 만나면 왠지 떳떳하지 않다는 느낌을 받게 된다고 말한다. 우리는 처음부터 의도하고 계획한 인연이 아니라 뜻하지 않고 우연히 만들어지는 인맥을 좋은 인맥이라고 생각한다. 그러나 인맥 쌓기를 정정당당한 행동이라고 생각하는 사람들이 넓은 인맥을 만든다. 인맥 쌓기를 꼼수나 편법이라고 생각하는 사람이야말로 인맥이 가장 필요하다(또한 알고 보면 그들의 인맥이 가장 약하다).

이런 잘못된 생각 때문에 내향적인 사람은 사람을 두루 만나지 않고 기분에 따라서만 사람을 만나려 한다. 착각하고 있기는 외향적인 사람도 마찬가지다. 그들 대부분은 사람들과 서글서글하게 잘 지내기는 하지만 정작 자기 일과 직업을 발전시키는 데 도움이 되는 관계는 만들지 못한다.

성공하고 싶은 마음 때문에 인맥을 쌓으면서도 그것을 전혀 꼼수라고 생각하지 않을 수 있는가? 내성적인 사람도 그런 태도가 가능한가?

이 질문에 답을 알려주는 사람은 애덤 리프킨Adam Rifkin이다. 2011년에 「포천」지는 리프킨을 실리콘밸리 최고의 마당발로 선정했다. 여기서 반전이 있다. 리프킨은 숫기라곤 전혀 없는 내성적인 인물이다. 하지만 그의 성격은 누구보다도 다정다감하다.

그의 마당발 비결은 무엇인가? 친구가 되는 것이다. 비결이랄 것도 없는 비결이다. 인맥 쌓기는 아무나 배울 수 있는 기술이기도 하지만, '누구나 이미 잘 아는' 기술이기도 하다. 친구가 되면 된다.

애덤 그랜트의 분류를 적용하면 그는 기버다. 그랜트는 자신의 저서 『기브 앤 테이크』에서 최고의 마당발인 리프킨에 대해 한참을 설명했다. (장담하건대, 그랜트도 나도 리프킨과 아는 사이일 것이 분명하다. 그는 모르고 지내는 사람이 없다.) 내가 인맥관리에 대해 물었을 때 리프킨은 이렇게 대답했다.

"받는 것보다는 주는 것이 더 좋다. 상대에게 무언가 도움을 줄 만한 기회가 없는지 살펴봐야 한다. 이를테면 지식을 나누거나, 그 사람과 안면은 없지만 인사 정도는 해두는 게 좋을 만한 사람을 소개해주는 거다. 인맥관리를 거래로 생각해서는 안된다. 내가 이만큼 도와줬으니 너도 이만큼 보답해야 한다는 태도는 안된다. 나와 상대의 공통점에 순수하게 관심이 간다는 것을 보여줘야 한다."

이웃과 잘 지내기. 문제없다. 친구 사귀기. 이것도 문제없다. 그런데 정작 일하면서 사귄 친구에게는 인맥관리라는 아름답지 못한 표현을 붙이고는 삐딱한 눈으로 바라본다. 인맥도 결국에는 친구 사귀기라는 점을 깨닫는 순간 이 문제는 사라진다. 어떤 시각으로 바라보느냐가 중요하다.

다른 마당발들의 생각도 같다. 베스트셀러 작가인 라미트 세티Ramit Sethi도 내게 이렇게 말했다.

우리 주위에는 같이 있기만 해도 기분이 좋은 친구가 적어도 한둘은 있다. 그들은 멋진 선물을 보내기를 주저하지 않는다. "이 책 진짜 좋아." "이 비디오 진짜

재밌더라. 빌려줄게." 그들이 먼저 내게 손길을 내민다는 점에서 이것도 일종의 인맥관리다. 그러다 어느 날 이 친구들이 내게 와서 "X사에 아는 친구가 있다고 들었어. 지금 거기랑 연결 좀 하려고 사방팔방 알아보는 중이거든. 혹시 그 친구를 소개해줄 수 있어?"라고 묻는다면? 우리는 당연히 된다고 말할 것이다. 인맥이라는 것도 결국 개인의 인간관계다.

안팎이 다르고 찝찝한 인맥이라는 것이 몰도바에서처럼 신뢰가 사라진 상황을 말한다면, 정반대의 인맥관리도 있지 않을까?

답은 아이슬란드다. 이곳은 세계에서 가장 행복한 나라 중 하나인데, 그 나라 국민들이 서로 끈끈한 관계에 있다는 사실도 행복지수가 높은 데 한 몫을 한다. 이 나라 사람들은 길을 오가다 아는 사람이나 친구를 만나는 경우가 허다하다. 아이슬란드에서 "오다가 친구가 보여서요"라는 말은 아주 흔한 지각 사유다.

현실은 어떠한가? 우리는 공과 사를 엄격하게 구분한다. 그런데, 우리의 뇌에는 그런 구분이 없다. 인류가 작은 부족사회를 벗어나 생활하게 된 지는 얼마 되지 않는다. 부족사회에서는 모두가 알고 지내고, 함께 일했으며, 대부분이 혈연관계였다. 공사의 구분은 우리 뇌에는 새롭고 낯설며 모순된 개념이다. 우리가 '인맥관리'라는 말은 찝찝하게 생각하고 '가족'이라는 말에는 푸근한 감정을 느끼는 이유도 여기에 있다.

이스라엘 학자인 유발 노아 하라리Yuval Noah Harari의 지적처럼, 인간이 지금의 성세를 누리게 된 주요 이유 중 하나는 이른바 '유사 친족관계(fictive kinship)'에 있다. 대다수 종의 무리는 가족으로만 이뤄진다. 나머지는 다 잠재적인 적이다. 호모 사피엔스가 크게 번성한 이유는 '상호 합의

한 스토리'에 따라 가족의 정의를 확대했기 때문이다. 가족은 단지 혈연만을 의미하지 않는다. "우리는 미국인이야, 우리는 IBM 직원이야, 우리는 같은 야구팀이야"라고 주장하며 더 큰 가족의 일원이 되었음을 선언한다. 즉 우리 모두는 친구이며, 친구란 자의로 선택한 또 다른 가족이라는 뜻이다. 그래서 다른 동물들은 하지 못하는 대규모 협업도 가능하다. 우리가 호모 사피엔스 종으로서 성공한 비결도, 개인으로서 성공하는 비결도 '우정'에 있다.

복잡하지도 어지럽지도 않은 사실이지만, 우리는 내 일에 중요하다 싶은 사람에게 얄팍한 우정의 허울을 뒤집어쓴 채 다가가는 것은 뒤가 켕기는 짓이라고 생각한다. 그리고 공은 공이고 사는 사라고 생각한다. 그러나 이것 역시 잘못된 구분이다. 모든 연인을 하나로 묶는 가장 중요한 공통점은 '마법'이나 '끌리는 그 무엇'이 아니라 '근접성'이다. 만나보지도 않은 사람과 사랑에 빠지는 것이 오히려 현실적으로 더 불가능하다.

다른 인간관계 역시 마찬가지다. 먼 데 사는 사촌보다 가까이 사는 이웃이 더 좋은 친구가 되는 까닭도 서로 붙어살기 때문이다. 매주 볼링을 치러 가는 사이가 아니어도, 피의 선서를 하지 않아도 지금이라도 얼마든지 우정을 만들 수 있다. 동네 이웃과도, 파티션 너머 동료와도, 택배 기사와도, 우정을 쌓을 수 있다. 그렇게 쌓는 인맥은 나쁜 것이 아니고 부자연스러운 것도 아니다. 중요한 것은 서로 친구가 되려는 마음이다. 미스터 로저스의 노래 「내 이웃이 되어 주겠습니까?」는 옆집으로 이사 오라거나 다른 무언가를 부탁하지 않는다. 그는 그냥 좋은 이웃으로 지내자는 부탁만 한다.

회사 밖의 친구 관계는 대부분 서로 얼굴을 자주 보기 때문에 생겨난다.

이런 상황이 바탕에 깔리는 것이 당연한데도 우리는 직장에서는 지리적 근접성을 자연스럽게 받아들이지 못한다. 마치 걸을 때 왼발이 먼저 나가는지 오른발이 먼저 나가는지 질문을 받으면 순간 걸음이 주춤해지는 것과 비슷하다. 평소에는 아무 생각 없이 하던 행동을 오늘따라 의식하면서 하려니 어색하고 서툴러질 수밖에 없다.

인맥이라는 말을 두려워할 이유도 꺼릴 이유도 없다. 내가 부탁을 했을 때 상대는 그 부탁을 얼마나 흔쾌히 들어줄까? 실제로 우리는 '예스'라는 답을 들을 가능성을 50퍼센트 정도 낮게 짐작한다. 그러나 타인을 불신하고 모든 사람이 이기적일 것이라는 가정은 자기충족적 예언이 될 수 있다. 친구를 사귈 때의 첫째 규칙은 관계를 낙관하는 태도다. 저 사람이 나를 좋게 봐줄 것이라고 생각하면, 실제로도 그럴 확률이 높아진다.

유치원생의 친구 사귀기에서 배우는 교훈

로버트 풀검Robert Fulghum의 『내가 정말 알아야 할 모든 것은 유치원에서 배웠다』는 1980년대 출간되자마자 돌풍을 불러일으켰다. 우리도 유치원 시절로 돌아가서, 마음으로도 이해되고 과학으로도 입증된 우정의 기본 원칙을 생각해보자.

❶ 최선을 다해 경청하고 진심으로 칭찬하라

유치원에서 나와 잘 맞는 친구를 찾는 방법은 무엇인가? 질문과 대답을 통해 공통점을 발견할 수 있다. 상대의 말에 귀 기울이는 태도는 유대감 형성의 지름길이지만 우리 대부분이 끔찍하게 못하는 일이기도 하다.

심리학자이며 뇌과학자이기도 한 다이애나 타미르Diana Tamir는 우리의 뇌가 음식을 먹거나 돈을 벌 때보다 자기 이야기를 할 때 더 큰 쾌락을 느낀다고 한다. 그렇기 때문에 우리는 내 말만 떠드는 태도를 멈추고 상대에게 말할 기회를 더 많이 줘야 한다. 아서 에런Arthur Aron의 연구도 대화 상대에게 근황이나 이런저런 일을 물을 때 놀랍도록 짧은 시간에 평생지기 못지않은 강한 유대감이 생긴다는 사실을 입증했다.

FBI 행동 전문가 로빈 드리크Robin Dreeke에 따르면, 가장 중요한 행동은 '상대의 의견과 생각을 구하고 옳다 그르다 재단하지 않는 태도'다. 이 말 끝나고 또 무슨 말을 해야 하지? 이렇게 내가 할 말만 고민하는 태도는 버려야 한다. 일단 상대의 말에 귀를 기울여야 한다.

드디어 저 사람과 나의 공통점을 찾아냈다면? 그다음에는 진심 어린 칭찬과 찬사의 말을 잊지 말아야 한다. 인간은 섹스나 돈보다 칭찬에 더 목마르다. 영향력 연구의 전문가 로버트 치알디니는 칭찬의 핵심이 '진심'이라고 말한다. 듣는 사람도 말하는 사람도 민망해 얼굴이 화끈거릴 정도의 칭찬이나 찬사는 필요 없다. 그냥 마음속에 떠오르는 그 사람의 좋은 점을 솔직하게 말하면 된다. 속이 빤히 보이는 무성의한 아부의 말일지라도 하지 않는 것보다는 훨씬 낫다지만 우리는 보험을 하나라도 더 팔아야 하는 영업사원이 아니다. 그러니 진심이 담긴 칭찬만으로도 충분하다.

멋지게 보여야 해, 뇌리에 콱 박히는 인상을 심어야 해. 이런 태도는 안 한 것만 못한 결과가 날 수 있다. 우리 인간은 똑똑한 실력자보다 천성이 따뜻한 사람을 더 좋아한다. 한 연구에서 상냥한 바보와 똑똑한 얌체를 선택하게 했더니 피험자들은 상냥한 바보를 더 많이 선택했다. 또한, 내 멋대로 조언을 한다거나 잘 알지도 못하면서 잘잘못을 지적해서도 안 된다. 그러나 상대에게 조언을 구하는 태도는 좋다. 그 사람의 따뜻한 마음을 느낄 절호의 기회가 될 수 있기 때문이다.

드리크가 자주 쓰는 대화법은 상대의 고민이나 고충을 물어보는 것이다. 하소연하기를 좋아하는 것은 인간의 천성이기 때문이다.

❷ 맛있는 간식이 있으면 조건 없이 나눠 먹어라

상대에게 먼저 도움의 손길을 내밀어라. 애덤 그랜트나 팔 에르되시처럼 행동하라. 기버가 되어라. 친구가 무척 곤란한 일에 시달리고 있다면, 그를 조금이라도 도울 방법은 없는지 고민하라.

하나를 주면 하나를 받아야 직성이 풀리는 가짜 마당발이 되지 마라. 우리가 정말로 원하는 것은 우정 그 자체다. 진짜 친구는 무언가 대가를 바라거나 꿍꿍이를 숨기고 호의를 베풀지 않는다. 그냥 돕고 싶어 돕는다. 도움도 우정도 돌고 돈다. 여러 연구가 밝혔다시피 내가 누군가의 행복을 위해 힘을 써주면 내게도 행복이 찾아온다. 행복한 (진짜) 친구는 내 행복을 15퍼센트 더 높여준다. 친구의 친구의 친구가 행복하기만 해도 내 행복은 6퍼센트나 올라갈 수 있다. 따라서 보답부터 생각하면서 돕지 말고, 도와준 뒤에는 보답을 요구하지도 말아야 한다. 그러면 친구도 행복해지고 나도 행복해지고 모두가 행복해진다. 내가 원하는 것은 진짜 친구가 되는 것이다. 그러므로 도와주기로 약속했다면 약속을 꼭 지켜야 한다. (이런 행동을 반복하다 보면 어느 순간 좋은 사람이 되어 있을 것이다.)

❸ 지금의 친구들에서부터 출발하라

한 연구 결과에 따르면 인맥을 늘리는 가장 빠르고 쉬운 방법 중 하나는 길거리에서 명함 돌리는 것이 아니다. 그것보다는 옛 친구들과 다시 연락하는 것부터 시작하라. 절대로 낯부끄러운 행동이 아니다. 어차피 그들은 다 친구들이다. 다만 그 친구들과는 1년도 넘게 연락을 주고받지 않았다. 이것은 인맥 늘리기의 좋은 출발점이고 마음만 먹으면 얼마든지 할 수 있는 일이다. SNS상의 친구 목록이나 개인 주소록을 보고 가끔 이메일을 보내 안부를 묻자. 새로 만드는 인맥보다는 지금 연락이 뜸해진 친구들이 일과 직장 경력에는 훨씬 큰 도움이 될 수 있다. 시카고 대학 신경과학자 존 카치오포John Cacioppo는 페이스북을 이용해 대면 만남을 주선할 때 행복감도 늘어난다고 말한다. 반대로 SNS를 '도구'가 아니라 '대체재'로 삼는 순간 우리의 외로움도 늘어난다.

그러나 한 가지 조심해야 한다. 소셜 미디어에서 안부를 주고받는 정도에 그치는 친구를 진짜 인맥이라고 생각해서는 안 된다. 이번에도 유치원 시절을 떠올리자. 인맥이라는 디지털 도서관 서가에 차곡차곡 쌓인 친구들은 실제로 만나 밥을 먹고 수다를 떠는 친구들과는 다르다. 소셜 미디어상에서만 이루어지는 인간관계는 가상의 우표 수집과 비슷하다고 보면 된다.

❹ 마당발 친구와 친하게 지내라

주변의 친구들을 보면 어떤 친구는 모르고 지내는 사람이 없고 어떤 이는 도대체 친구가 있나 싶을 정도로 관계의 폭이 좁다. 브라이언 우치Brian Uzzi 와 샤론 던랩Sharon Dunlap의 연구 결과, 인맥관리에도 일종의 80대 20 규칙이 존재했다. 지금 나와 알고 지내는 친구 대부분은 몇몇 주선자 친구들, 다시 말해 마당발인 친구들의 소개로 알게 된 사이일 것이다. 그러니 인맥을 넓히고 새 친구를 사귀고 싶다는 마음이 든다면 효과적인 방법을 써야 한다. 지금 페이스북 친구나 이메일 주소록을 보자. 그들을 어떻게 알게 됐는지 거슬러 오르다 보면 핵심 친구 몇 명이 나올 것이다. 이 주선자 친구들과 연락을 하고 지내면서 "이러이러한 쪽에서 잘하는 사람 누군지 알아?"라고 물어보자. 진짜로 필요한 사람을 소개받을지도 모른다.

❺ 문자 한 통, 차 한 잔으로 인맥을 사라

사람들은 인간관계를 넓히고 싶다고 말만 하면서, 인맥관리를 위해 시간을 들이거나 구체적인 노력을 하지 않는다. "한 주에 50달러 정도는 커피나 점심 식사비로 따로 마련해서 인맥관리에 써야지." 이 정도는 해야 제대로 된 인맥관리다. 작가인 벤 카스노차Ben Casnocha의 관찰에 따르면, 최고 마당발들은 인맥관리에 쓸 시간과 돈을 미리 빼두기 때문에 기회가 왔을 때 놓치지 않는다. 대학생들은 금요일과 토요일 밤에 새 친구들을 자연스럽게 사귈 수 있다는 사실을 잘 안다. 우리도 비슷한 방법을 쓰면 된다.

학술 연구로도 입증됐지만, 서로 얼굴 보기도 힘들다는 것이 친구 사이에 금이 가는 가장 큰 이유다. 시간은 병약한 스펜서 글렌던에게만 모자라지 않다. 우리 모두에게 시간은 언제나 모자라고 귀중하다. 누군가에게 나의 애정과 관심을 표시하는 가장 기본적인 방법은 바로 그 사람에게 시간을 내주는 것이다. 친구를 만나고 인맥을 관리할 시간을 미리 빼두어라. 그래야만 인맥관리는 '하고 싶은 일'이 아니라 '하고 있는 일'로 바뀐다. 돈으로 행복을 살 수 있는지 아닌지에 대해서는 사람마다 말이 다르다. 그러나 사랑하는 사람에게 쓰는 돈이 나에게도 행복을 가져다준다는 사실에 있어서만큼은 모든 연구가 같은 결론을 낸다. 문자 메시지 한 통, 차 한 잔이 나의 인맥을 살린다.

❻ 평소 닮고 싶어 했던 사람을 만나라

자기들끼리만 어울리려 하는 모임에는 나가지 마라. 그런 데 나가봤자 어색하고 겉돌 뿐이다. 유쾌한 모임에 나가는 것도 좋기는 하지만 뜸하게 참석하면 별 성과를 거두기는 힘들 수 있다. 주변에 주 1회 점심 모임이라도 가지는 사람들이 있는가? 매주 일요일에 모여 축구 경기를 보는 사람들이 있는가? 직장 내 독서 모임이 있는가? 이런 모임에서는 크게 힘들이지 않고도 다양한 사람들을 조직적으로 만날 수 있고 재미도 얻을 수 있다. 오래된 팀원과 새로운 팀원이 조화롭게 뒤섞인 팀이 가장 좋은 팀이듯, 인맥도 마찬가지다. 게다가 이런 모임의 일원이 되면 리처드 와이즈먼이 말하는 과학적 행운을 쉽게 맞이할 수 있다. 좋은 사람들과 좋은 시간을 함께 하다 보면 뜻밖의 행운이 찾아올 기회를 인위적으로 늘릴 수 있기 때문이다.

위의 말을 고루한 학술지에서 읽은 이론을 그대로 베껴 썼다고 생각하지 말기 바란다. 나는 로스앤젤레스에 머물 때 내 친구 앤디 워커가 주선하는 금요일 점심 모임에 빠지지 않고 나간다. 샌프란시스코에 들를 일이 있으면, 리프킨이 실리콘밸리 기업가들을 위해 여는 106마일 모임에 꼭 참석하고 일 년에 두세 번은 시간을 내서 보스턴에 간다. 가우탐 무쿤다가 여는 흥미로운 이들의 저녁 식사 모임에 참석하기 위해서다. 이 자리에는 가우탐이 알고 지내는 매력 만점의 사람들이 모여 저녁 내내 와인을 홀짝이며 대화의 꽃을 피운다. 또한 나는 친구 제임스 클리어가 매년 여는 블로거 모임에 빠지느니 차라리 콩팥 한쪽을 내놓을 것이다. 이런 모임들은 무언가 대가를 얻기 위해 나가는 자리가 아니다. 편안한 분위기에서 좋은 친구를 만나고 새 친구를 사귈 수 있는 완벽한 기회여서 나가는 자리다.

게다가 이런 모임은 큰 노력 없이도 삶이 좋은 쪽으로 바뀌는 계기가 되기도 한다. 엄마들이 입버릇처럼 하는 말이 있다. "정학이나 당하는 애들하고는 어울리지 마라", "성적도 좋고 착한 아이랑 어울려 다니면 어디가 덧나니?" 엄마의 말이 맞았다. 찰스 두히그Charles Duhigg의 베스트셀러 『습관의 힘』은 인생을 극적으로 바꾼 사람들에 대한 1994년 하버드 연구를 소개한다. 그들의 인생 역전 비결은 획기적 한 방이 아니었다. 평소 닮고 싶어 했던 사람들과 어울린 것이 인생을 바꾼 비결이었다.

그러니 모임을 정할 때는 현명하게 선택해야 한다. 터먼 연구는 1,000명이 넘는 피험자의 평생을 추적 조사했다. 연구진은 피험자들이 어울리는 무리에 대해 이런 결론을 내렸다. "그 피험자가 어떤 사람이 될 것인지는 대개 같이 어울리는 무리가 결정한다. 더 건강해지고 싶은 사람에게 가장 효과 있고 직접적인 변화를 가져오는 지름길은 다른 건강한 사람들과 어울리는 것이다."

한 종류의 모임만 고집하는 것이 아니라 여러 사회 모임에 두루 참가하면 회복탄력성이 늘어나고 스트레스 극복에도 도움이 된다. "내 주위에는 참석하고 싶은 모임이 하나도 없는데?" 무슨 걱정인가? 내가 모임의 주체가 되면 되지 않는가? 아무 부담 없이 정기적으로 얼굴을 볼 핑계거리를 만들고 싶어 하던 다른 친구들이 이때다 하고 반색을 표할 것이다.

❼ 참석만 하지 말고 사이좋게 지내라

많은 사람이 모임에 얼굴 도장만 찍으면 끝이라고 생각하면서 따로 시간을 내서 진짜 우정을 쌓으려는 노력은 하지 않는다. 노트르담의 학자들이, 200만 명이 주고받은 전화 통화 800만 건을 분석한 결과, 2주에 한 번 정도는 연락하는 사이여야 우정이 계속된다는 결론이 나왔다. 물론 가까운 친구 사이가 아니면 그렇게 자주 연락을 할 필요는 없으나 기본 원칙은 같다. 가끔 안부 정도는 주고받는 것이 중요하다.

안부 인사를 건네는 데는 5분이면 충분하다. 매주 보내는 이메일이 조금씩 쌓여 나중에 엄청난 차이를 만든다. 리프킨은 혀를 내두를 정도로 마당발이지만 실제로 그가 인맥관리에 쓰는 시간은 얼마 되지 않는다. 매주 이메일을 주고받으면서 도와줄 부분이나 소개해줄 사람이 없는지 살펴보는 게 다다. 그러나 이 작은 호의는 그가 아는 사람들에게는 커다란 도움이기 때문에 그의 인간관계도 자연스럽게 잘 유지될 수밖에 없다. (그리고 건강에도 좋다. 장수 연구에 따르면, 도움을 가장 많이 받은 사람이 아니라 가장 많이 '도와준' 사람이 장수한다고 한다.)

이제 동료와 우정을 쌓는 것을 고민해볼 차례다. 인사부의 팀 결속력 강화 프로그램 따위는 믿지 마라. 이런 프로그램들은 결속력 강화는커녕 불신만 잔뜩 키운다.

팀의 성공 여부를 예측하고 싶을 때는 팀원들이 얼마나 사이좋게 지내는지를 보면 된다. 회사의 공식 매뉴얼에는 나오지 않지만 팀원들의 소통을 늘리고 효과성을 높이는 적절한 방법은 무엇인가? '가벼운 농담 따먹기'다.

최고의 업무 기량을 내는 사람이 누구인지 알고 싶을 때는 점심 식사 자리를 살펴보면 된다. 벤 웨이버Ben Waber는 큰 테이블에 앉은 사람들이 성과도 훨씬 크게 내는 사람들이었다는 사실을 발견했다. 이런 사람들은 인맥이 넓었으며 동료들의 업무도 더 정확하게 파악하고 있었다. 다양한 집단의 동료들을 사귀는 것도 좋다.

> 서로 연결점이 없는 무리들의 다리 역할을 하는 사람들은 승진이 빠른 편인 데다, 남들보다 앞서서 기회를 알게 되기 때문에 다른 분야로도 더 쉽게 옮겨간다. ……번뜩이는 통찰을 보여줘도 남들이 그 통찰을 믿어주고 따라주지 않는 한 아무 소용이 없다.

무슨 말이 하고 싶은지 안다. 도무지 말이 안 통하는 동료들이 있기는 하다. (어떤 때는 상사가 답답해 죽을 정도로 먹통이라 내가 알아서 내 일을 챙겨야 한다.) 아무리 노력해도 사이가 좋아지지 않는 직장 동료들도 있다.

스탠퍼드 경영대학원 제프리 페퍼 교수의 조언을 새겨들어야 한다. 승진을 원하는 사람들이 직장에서 가장 흔하게 저지르는 실수가 무엇이냐는 내 질문에 페퍼 교수는 '사내 정치를 무시하는 태도'라고 대답했다. "사내 인간관계가 도움이 된다는 건 알아. 하지만 그딴 정치 놀음은 질색이야"라고 말하고 싶은가? 임상 심리학자이며 직장 내 인간관계 컨설턴트인 알 번스틴Al Bernstein의 충고도 귀담아들어야 한다. "사내 정치에 능숙한 사람은 없다. 그냥 간신히 버틸 수 있을 뿐이다. 인간관계를 무시하고 살고 싶다면 세상과 멀리 떨어진 외딴 섬에 틀어박혀야 한다." 숀 아처Shawn Achor의 하버드 연구에서는 동료들과 사이가 원만하지 못한 직원일수록 승진에서 누락할 확률도 높다는 결과가 나왔다. (이 문장을 백 번이고 천 번이고 다시 읽어서 완전히 외우자. 외운다고 돈이 들지는 않는다.)

사무실에 도는 뒷담화를 듣다 보면 머리가 지끈거릴 수 있지만 할 수만 있다면 그것에도 역시 귀를 기울여야 한다. 연구에 따르면, 직장 내 뒷소문의 70~90퍼센트는 사실이지만 이런 것은 회사 공지 메일에는 절대 뜨지 않는다. 뒤처지지 않으려면 주위에서 무슨 일이 벌어지고 있는지 정도는 알아야 한다.

조직의 리더라면 특히나 직원들과 좋은 관계를 만드는 데 최선의 노력을 다해야 한다. 직장인들은 주변에 가까이 지내는 실력자가 한 명만 있어도 생산성이 10퍼센트는 올라간다. 그만한 동기부여가 또 어디 있겠는가?

그런데 바로 이 부분이 우리에게 절망을 안겨준다. 「미국의 사회적 고립: 지난 20년 동안의 의논 상대 변화」라는 제목의 논문에서는, 1985년에 미국인들 대부분은 비밀을 말할 수 있는 친구가 적어도 세 명은 있었다고 답했다. 하지만 2004년에는 '하나도 없다'는 답이 제일 많았고 '중요한 일을 털어놓을 수 있는 친구가 하나도 없다'고 말한 응답자가 거의 세 배로 늘어났다. 진정한 친구가 거의 없다는 것은 비만보다도 위험하며, 하루에 담배 15개비를 피우는 것만큼 건강에 나쁘다.

나 정도면 남부럽지 않은 인맥을 가졌다고 자랑하고 싶은가? 만약 그게 사실이라 해도 성공하고 싶다면 지금부터 말하는 인맥만큼은 다시 한 번 확실히 점검하고 특히 관심을 쏟아야 한다.

멘토가 필요하지 않은 사람은 없다

세상을 뒤흔드는 진도 10의 초강력 지진파가 되고 싶은가? 역사를 바꾸고 교과서에 실리는 인물이 되고 싶은가? 1만 시간의 법칙을 만든 K. 안데르스 에릭손은 다음과 같이 말한다.

훌륭한 사람이 되기 위해선 멘토가 필요하다. 세계 정상에 오른 운동선수, 과학자, 예술가들에 대한 연구는 일관된 결과를 보여준다. 벤저민 블룸Benjamin Bloom은 모든 훌륭한 위인들이 예외 없이 대가인 스승에게서 훈련을 받았다는 사실을 밝혀냈다. 그들의 훈련이 있었기에 어린 학생들은 세계 수준으로 성장했다.

미하이 칙센트미하이가 세계에서 가장 창의적인 사람들 91명을 인터뷰했던 내용도 기억하자. 당대 최고 석학과 기업가와 예술가들의 공통점은 무엇이었을까? 그들 모두 대학생이 되었을 때에는 인생의 지침으로 삼을 훌륭한 멘토가 한 명씩은 있었다.

조지 로체George Roche는 최고경영자 1,250명에게 설문을 했고 그중 3분의 2가 '멘토가 있다'고 대답했다. 그들은 연봉도 더 높았고 일에 대한 행복감도 더 컸다. 멘토가 있는 경영자의 연봉은 평균 28.8퍼센트 높았으며, 상여금은 평균 65.9퍼센트 더 높았다. 이런 평균치를 다 합하면 그들의 현금 보상액은 29퍼센트 더 많았다.

"나는 내 사업을 해. 그러니 상사의 눈치를 보지 않아도 돼." 이런 사람에게도 멘토는 필요하다. 셰인 스노Shane Snow가 『스마트컷』에서 소개한 연구에 따르면 멘토가 있는 기업가들은 소득이 7배나 높고, 사업도 3.5배 더 빨리 성장시킨다고 한다.

멘토는 왜 그토록 중요한가? 아무리 시간이 많다고 해도 혼자서 모든 시행착오를 다 겪을 수는 없고, 혼자 하는 실수는 자칫 실패로 이어질 수 있다. 타인의 실수를 보면서 거기에서 배우는 것이 좋다. 훌륭한 멘토와 위대한 스승은 우리가 빨리 배우도록 도와준다. 학교에서도 좋은 선생님이 있느냐 없느냐는 큰 차이다. 스탠퍼드 경제학자 에릭 하누셰크Eric Hanushek는 "교습 능력이 떨어지는 교사는 1년에 6개월치 진도를 나가는 것이 고작이지만, 실력 좋은 교사는 한 해에 1년 반치 진도를 나간다"고 말한다. 산술적으로도 쉽게 이해가 가는 수치다. 명문 학교와 실력 없는 교사의 결합보다는 성적이 떨어지는 학교와 실력 좋은 교사의 결합이 아이들에게는 훨씬 좋다.

멘토의 장점은 또 있다. 나는 1만 시간의 법칙과 관련해서, 실력 향상을 위해 그토록 오랫동안 뼈를 깎는 노력을 기울이게 만드는 이유가 무엇인지 정말로 궁금했다. 1장에도 잠깐 소개했듯 광기와 집착도 그 이유 중 하나다. 그러나 결코 그게 전부는 아니다. 멘토는 배움을 재미있는 것으로 바꿔준다. 멘토는 스트레스를 스트레스로만 보지 않고 상대해야 할 무언가로 바라보게 해주며, 우리가 최선을 다하고 좌절감을 극복하도록 도와준다.

실제로 세계 정상급 실력자들 옆에는 노력과 훈련을 '재미있는 것'으로 만들어주는 스승이나 코치가 있었다. 어떤 일에 실력이 아주 좋아지고 숙달된 순간 그 일이 더 재미있고 더 즐거워지기는 한다. 그러나 우리는 그 반대로 재미가 실력 발전을 이끌기도 한다는 사실을 간과했다. 진정한 열정을 불어넣어주는 코치나 스승이 생기는 순간, 우리는 진정한 대가가 되는 데 필요한 훈련 과정에 매진할 수 있다.

재미는 고된 노력이나 전문 지식, 최고가 되는 것과는 다른 차원에서 바라봐야 하는 문제다. 재미라는 것은 감정적 요소다. 그것도 아주 중요한. 그렇기 때문에 내가 멘토를 좋아하고 존경하는 것도 중요하지만, 내 성공에 도움이 될 멘토 역시 나를 좋아하고 존중해주는 것이 중요하다.

1980년대였다. 어린 저드 애퍼타우Judd Apatow는 친구들을 웃긴답시고 독이 있는 아이비 이파리를 콧구멍에 쑤셔 넣었다. 별로 재미있는 개그는 아니었다. 그의 꿈은 코미디언이었다. 「새터데이 나이트 라이브Saturday Night Live」쇼의 애청자인 그는, 재미있는 회차를 비디오에 녹화하고 대본을 직접 받아 적으면서 유머를 분석했다. 매주 「TV 가이드」지도 빠지지 않고 탐독했다. 5학년 때는 코미디언 그룹인 마르크스 형제에 대한 30쪽짜리 논문도 썼다. 학교 숙제가 아니라 자기가 하고 싶어서 한 일이다.

왕따를 당해 혼자 외롭게 놀고, 부모가 서로 잡아먹을 듯이 굴다가 이혼한 아이에게는 이런 열정이라도 있어야 한다. 그러나 아무도 알아주지 않는 열정을 가진다는 것은 고독하고 쓸쓸한 싸움이었다.

소년은 자신의 꿈을 위해 현직 코미디언들을 인터뷰해보기로 결심했다. 인터넷도 없고, 코미디언들이 인기 스타도 아니었던 그 시절, 그는 홍보

담당자에게 전화를 걸며 제발 끊지만 말기를 바랐다. 하지만 전화를 받은 담당자는 '뭐 안 될 것 없잖아?'라고 생각했다. 전화를 받은 코미디언들 대부분이 인터뷰 요청에 응해준 것이다. (애퍼타우는 자기가 열다섯 살이며 고등학교 방송국 소속이라는 말은 하지 않았다. 그게 인터뷰 승낙에 도움이 되었을 것이다.)

이렇게 해서 코미디언을 꿈꾸는 왕따 소년은 제이 레노, 게리 샌들링 같은 당대 최고의 코미디언들과 「심슨 가족」의 공동 제작자인 제임스 브룩스에 이르기까지 인터뷰하는 데 성공했다. 애퍼타우는 또한 로스앤젤레스의 할머니 집에 머무르면서 제리 사인펠드도 인터뷰했다. '위어드 알'이라 불리는 패러디 가수이자 풍자 작가 얀코빅을 인터뷰하러 포킵시로 가는 수고도 마다하지 않았다.

그들을 인터뷰하면서 애퍼타우는 유머 대본을 쓰고, 무대 시간을 잡고, 개인의 경험을 각본에 녹이고, 다양한 관중에 맞게 소재를 적절히 녹이는 요령도 배웠다. 무엇보다 값진 소득은 자신이 외톨이가 아님을 알게 되었다는 것이다. 알고 보니 세상에는 그와 비슷한 사람이 아주 많았다.

멘토들은 자신들의 과거를 떠올리며, 장래의 코미디언에게 아낌없는 조언과 격려를 보냈다. 결국 저드 애퍼타우는 드라마 「40살까지 못 해본 남자」와 「사고 친 후에」로 대중과 평단의 사랑을 받는 감독으로 성장했다. 멘토들이 없었다면 결코 이루지 못했을 성공이다. 이처럼 성공에는 반드시 멘토가 필요하다. (그리고 독한 아이비 잎을 콧구멍에 쑤셔 넣는 주책맞은 행동은 필요 없다.)

저드 애퍼타우에게는 멋진 멘토들이 있었다. 그러나 그들이 애퍼타우에게 크게 도움이 된 중요하고도 미묘한 이유 중 하나는 바로 개인적 유대감이었다. 그들 역시 한때는 코미디언을 지망하는 외로운 아이들이었던 것이다. 이처럼 멘토와의 개인적 유대감은 꼭 필요하다.

사회심리학자 퍼넬러피 록우드Penelope Lockwood와 지바 쿤다Ziva Kunda
의 연구에 따르면, 역할모델을 보고 영감을 얻는지 의욕이 저하되는지 결
정하는 요인은 관련성(relevance)과 달성 가능성(attainability)이다. 내가 존경
하는 사람과 나 사이에 비슷한 점이 있으면 '무언가 해보고 싶은 의욕'이
생긴다. 그리고 그 사람이 하는 것을 보며 나도 할 수 있다는 느낌이 들 때
진짜 결과가 만들어진다.

회사는 좋은 의도로 멘토십 프로그램을 만들지만 크게 도움이 되지는
못한다. 크리스티나 언더힐Christina Underhill이 지난 20년 동안의 멘토십 연
구를 분석한 결과 현격한 차이를 찾아냈다. 회사의 공식 멘토십 프로그램
은 미미한 효과를 거둔 반면에, 개인이 직접 찾아낸 비공식 멘토는 아주
큰 도움이 되었다. 셰인 스노도 같은 말을 한다.

학생과 멘토가 자발적으로 뭉쳐 개인적인 관계를 만들었을 때, 그 학생은 미래
소득이나 안정적인 직업, 승진 횟수, 업무 만족도, 업무 스트레스, 자긍심에서
훨씬 좋은 성과를 거두었다.

그렇다. 멘토는 중요하다. 우리는 우리에게 맞는 멘토를 조직에 의존하
지 말고 직접 찾아야 한다. 다 좋은데, 대체 어디에 가야 참된 멘토를 찾을
수 있다는 것인가?

일생일대의 멘토를 만나는 법

멘토를 만드는 방법은 일반적인 인맥 쌓기 방법과는 조금 다르다. 누구나 그 분야 최고 실력자를 멘토로 두고 싶지만, 그 사람은 자기 일만으로도 아주 바쁘다. 너도나도 시간 좀 내달라고 부탁하기 때문에 그들은 선택을 해야 하고 까다롭게 고를 수밖에 없다. 그들에게는 온갖 기회가 찾아오지만 그들의 하루 역시 24시간에 불과하기 때문이다.

그렇다면 나에게 맞는 멋진 멘토를 만나려면 어떻게 해야 하는가? 우선 5가지 원칙부터 새겨들어야 한다.

❶ 멘토에게 절실함을 보여줘라

'스승은 제자가 모든 준비를 마쳤을 때 나타난다'는 격언이 있다. 실력을 쌓기 위해 모든 노력을 다하고 있다면 멘토를 얻기도 어렵지 않다. 내가 훌륭한 실력을 발휘하면 앞서 성공을 이룬 사람들이 나를 알아보고 기꺼이 도와주고 싶어 할 것이기 때문이다. 스스로 움직일 줄 알면서 재능과 노력까지 겸비한 사람은 드물다. 알아주는 사람이 없으면 무언가를 잘못하고 있다는 뜻이다. 노력이 충분하지 않거나 우물 안에서 놀고 있거나 둘 중 하나다.

"일을 얻으려면 경험이 있어야 하지만, 일도 없는데 어떻게 경험을 쌓는다는 거야?" 이것은 결국 닭이 먼저냐 달걀이 먼저냐의 딜레마다. 게으른 사람들이 하는 주장도 늘 똑같다. "실력을 보여야 멘토를 얻을 수 있다고? 멘토가 없는데 어떻게 실력을 쌓아?" 틀린 생각이다.

많은 이들이 스스로 힘들게 노력하기가 귀찮아서 멘토를 원한다. 신경과학 연구에 따르면 전문가의 말을 들을 때 우리 뇌의 일부는 '가동이 중지' 된다.

에모리 의과대학 신경경제학자이며 정신의학 교수인 조지 번스 George Berns 가 진행한 연구에 의하면, 전문가로 보이는 사람이 조언을 하거나 지시를 할 때 피험자들은 스스로 생각하는 것을 멈춘다. …… 이런 뇌 활동 결과는 전문가에 대한 신뢰가 의사결정의 부담을 내려놓게 만든다는 것을 암시한다.

학생이 학교에서 선생님이 가르치는 말을 듣는 중이라면 생각을 잠시 중단해도 문제없다. 선생님들은 그러라고 있는 사람들이다. 그러나 우리가 '공짜로' 시간을 내달라고 부탁할 사람들은 눈코 뜰 새 없이 바쁜 전문가들이다. 조언을 듣겠다는 사람의 뇌가 가동 중단 상태인 것을 원하는 멘토는 없다. 멘토는 적절한 조언과 충분한 지식으로 내 등에 날개를 달아주고 싶은 것이지, 걸어 다니는 교과서가 되어 지식을 읊어주고 싶은 것이 아니다.

멘토가 나를 위해 수고를 아끼고 싶지 않은 마음이 들 때는 언제인가? 내가 할 수 있는 방법은 다 해봤고 더 앞으로 나아가려면 멘토의 도움이 절실하다는 것을 보여줬을 때다. 힘껏 노력했다는 사실은 내가 멘토의 시간을 낭비하지 않을 사람임을, 하나를 가르치면 적어도 둘은 알아들을 사람임을 보여준다. 멘토들도 같은 경험을 해본 사람들이기 때문에, 멘토와

나 사이에는 커다란 공감대가 형성될 수 있다.

내게 무엇이 필요한지를 고민하기 전에 멘토가 어떤 생각을 하고 있을지부터 알아야 한다. "나는 이 분야 최고고 바쁜 사람이야. 내가 없는 시간을 쪼개서 저 사람을 도와줘야 할 이유가 뭐지?" 당연한 생각이다.

❷ 멘토를 조사하고 연구하라

그 분야에서 최고인 사람들에 대한 정보는 인터넷에 들어가면 얼마든 나온다. 시간을 내라. 그 사람의 작업을 잘 알고 있고 이해한다는 것은 그 사람에게 해줄 수 있는 귀하고 훌륭한 찬사다.

그러나 내가 멘토로 삼고 싶은 사람을 조사하는 이유는 단지 찬사를 보내기 위해서만은 아니다. 나는 그 사람이 '내게 맞는' 멘토인지도 알아야 한다. 먼발치에서 본 예쁜 얼굴에 반해 데이트를 신청하는 것은 좋지만 그것만으로는 결혼까지 결심할 이유가 되지 못한다. (그건 내 삶을 위해서도 좋지 않다.) 그러니 착각하지 말자. 멘토를 구하는 것은 하룻밤 유흥이 아니라 결혼과 비슷하다.

저 사람이 내게 좋은 멘토인지, 혼자만의 세상에 빠진 사람은 아닌지 알아야 한다. 베스트셀러 『탤런트 코드』에서 대니얼 코일은 채찍질할 줄 아는 멘토가 필요하다고 말한다. 다시 말해 멘토는 실력도 출중해야 하지만 우리에게 의욕을 심어주고 동기를 부여할 수도 있어야 한다.

멘토에게 나라는 사람을 알릴 수만 있어도 조사하고 연구할 가치는 충분하다. 내가 웬만한 사람보다 똑똑하다는 것을 멘토에게 보여준다는 사실 자체가 크게 도움이 되기 때문이다. 로버트 로젠탈Robert Rosenthal과 레노어 제이컵슨Lenore Jacobson이 수행했고 지금은 고전이 된 연구가 있다.

연구에 참여한 교사들에게 두 심리학자는 몇몇 학생의 머리가 굉장히 비상하고 잠재력이 아주 높다고 말했다. 8개월 후인 학년 말에 이 아이들의 IQ를 검사했더니 이전보다 평균이 22점이나 높게 나왔다. 그런데 이 실험에는 함정이 있었다. '머리가 굉장히 비상한 학생들'은 진짜로 IQ가 높은 것이 아니라 무작위로 고른 아이들이었다. 그러나 그 아이들의 머리가 비상하다는 교사들의 '믿음'은 자기충족적 예언으로 작용했다. 그렇다고 교사가 그 아이들에게 특별히 더 시간을 쏟은 것도 아니었다. 로젠탈 교수는 이 효과를 다음과 같이 설명한다.

> 교사들은 그런 특별한 아이들을 가르친다는 사실에 흥분했다. ……그 아이들을 존중하고 각별히 기대하고 있다는 것이 교사들의 태도에서 은연중에 드러났을 것이 분명하다. 그 학생들은 이런 기대에 부응해 자신의 이해력이 향상되었다고 느꼈으며 성적도 올릴 수 있다고 생각하게 되었다.

❸ 멘토의 시간을 낭비하지 마라

시간 낭비라는 생각을 좋아할 멘토는 없다. 그리고 무엇보다도, 가르쳐봤자 소용없는 모습은 기본 실력이 부족하다는 사실을 여실히 드러낸다. '이 사람은 도움받을 준비가 되지 않았네'라는 생각을 멘토에게 심어주는 셈이다.

바쁜 멘토에게 장문의 이메일을 보낸다고 해서 진심이 전달되지는 않는다. 정신 나간 사람이라는 소리나 듣지 않으면 다행이다. 그러니 멘토의 시간을 생각해 단문의 이메일부터 시작해야 한다.

멘토와의 관계를 시작하는 완벽한 포석은 좋은 질문이다. 여기서 핵심은 '좋은' 질문이다. 구글 검색으로 얼마든 답을 찾을 수 있는 질문은 하지 마라. 이 말을 돌에 새겨라. 책상에 피로 새겨라. 아예 문신으로 새겨라. 혼자 할 수 있는 건 혼자 공부해야 한다. 멘토에게 질문을 던지는 것은 게임에서 파워를 모았다가 한 방에 발사하는 것과 같다. 쓸데없이 낭비하지 말고 결정적인 순간에 써야 한다.

④ 차분히 관계를 쌓아나가라

처음에는 멘토의 '멘'자도 꺼내지 말아야 한다. 첫 데이트에 결혼의 '결'자도 꺼내지 말아야 하는 것과 같다. 나는 멘토와 관계를 쌓기 시작하려는 것이지 어떻게든 물건을 팔려는 것이 아니다. 그런 관계에는 시간이 걸린다. 그렇더라도 한 단계씩 차분히 관계를 쌓아가는 조치는 필요하다. 어쨌거나 지금 나는 멘토에게 무언가를 부탁하려는 입장이다.

베스트셀러 저자인 라이언 홀리데이Ryan Holiday는 로버트 그린Robert Greene을 비롯해 여러 멘토의 도움을 받았다고 밝혔다.

그림 안에 머물러라. 바쁜 사람들은 나를 금세 잊는다. 그렇기 때문에 관련성과 신선함을 유지할 방법을 찾는 것이 중요하다. 가끔가다 보내는 이메일이나 어쩌다 던지는 질문은, 성가신 느낌이라기보다 관심을 가져볼 만한 사람이라는 생각을 하게 만든다. 무언가를 계속 살아 있게 하는 것이 죽은 것을 살리기보다는 쉽다. …… 다만, 피를 계속 돌게 해야 하는 사람은 멘토가 아니라 나다.

잊을 만할 때마다 대화라는 제세동기로 충격요법을 줘서 멘토와의 관계에 계속 피가 흐르게 해야 하지만 절대 귀찮은 존재가 돼서는 안 된다. 그들의 조언대로 실천하고 결과가 나오면 얼마나 다른 효과가 났는지 멘토에게 말하라. 멘토가 원하는 것은 그런 태도다. 멘토가 관심을 보이면 다음 단계를 밟아라. "저는 이렇게 했고 그랬더니 이런 아주 멋진 결과가 나왔습니다. 그리고 다음 단계에 대해 선생님의 고견을 듣고 싶습니다. 제가 방법을 고민해봤습니다. 1번 안이 좋을까요, 아니면 2번 안이 좋을까요?"

서로 의견을 주고받는 식으로 대화가 이뤄져야 한다. 조언만 들으면 끝나는 대화는 멘토와의 관계를 만드는 데 도움이 되지 않는다.

❺ 자랑스러운 멘티가 되어라

무술 영화 상영 전문 프로그램인 블랙벨트 시어터의 암묵적 룰은 '닌자단을 부끄럽게 하지 말 것'이다. 도움을 준 시간이 낭비이기를 바라는 멘토는 아무도 없다. 결국 나의 목표도 멘토의 목표도 '내가 멋진 성과를 내는 것'이다. 그러나 멘토에게는 드러나지 않지만 부차적 목표가 또 있다. 바로 '훌륭한 멘토로 여겨지는 것'이다.

명성 연구의 대가 딘 키스 사이먼턴은 위대한 멘토로 여겨지는 것 자체가 굉장한 영예라고 말한다. 저 사람이 위대한 멘토인지 아닌지는 어떻게 아는가? 가르친 제자들이 성공을 거뒀다면 그는 위대한 멘토다.

그러므로 내 경력도 중요하지만 멘토들의 이력도 중요하다. 앞에서도 말했지만 대가들이 명성을 날리는 까닭은, 사람을 잘 사귀고 성격이 좋아서가 아니라 실력이 좋아서다. 그러나 자기 분야에서 최고이면서 가르치는 재주까지 뛰어나기는 정말로 힘들다. 인재를 발굴해 미래의 리더로 양성하는 능력까지 뛰어난 고위급 경영자라면 그의 이력서에도 크게 보탬이 될 수 있다. 멘티가 멘토에게 CEO로 가는 급행열차표를 쥐어주는 셈이다.

내가 찾아낸 리더가 실력 향상에는 크게 도움을 주지만 사내 정치 문제에는 완전히 숙맥일지도 모른다. 아주 흔한 일이고 큰 문제도 아니다. 해결책도 어렵지 않다. 제2의 멘토를 구하면 된다. 멘토는 포테이토칩과 비슷하다. 멘토가 꼭 한 명이어야 한다는 법은 없다. 조지 로체의 경영자 연구에서 경영자들의 멘토는 평균 두 명이었고 여성 경영자는 평균 세 명의 멘토를 갖고 있었다. 딘 키스 사이먼턴도 같은 말을 한다.

멀리 볼 줄 아는 학생은 한 명이 아닌 여러 명의 멘토에게 다가가야 한다. 재능 있는 젊은이는 개인적 성장을 위해 여러 멘토를 거울로 삼으며, 멘토를 있는 그대로 따라 하는 자폭 행동도 하지 않는다. 대신에 다양한 멘토에게 훈련을 받으며 경험한 다양성을 하나로 종합할 줄 알아야 한다. 기술이나 스타일, 아이디어의 융합이야말로 자신만의 명성을 쌓을 수 있는 배경이 된다.

나 정도면 어느 정도 성공했다고 생각하는데? 나 정도 실력에 무슨 멘토가 필요해? 이렇게 생각하는 사람도 있을 수 있다. 큰 오산이다.

내분비외과 전문의이자 하버드 의과대학 교수인 아툴 가완디Atul Gawande는 「뉴요커」지 전속 필자이며, 베스트셀러도 네 권이나 펴냈다. 그는 미국에서 매년 32명에게만 수여되는 로즈 장학금과 맥아더 재단 천재 장학금의 수여자이기도 하다. 또한 현재 결혼해서 세 자녀를 두고 있다. (가완디의 이력서는 신은 불공평하다는 자괴감을 들게 한다. 도대체 나는 이 나이 먹도록 뭘 한 거지?)

그런데 2011년에 그가 자신에게 절대적으로 필요하다고 생각한 것은 무엇이었는가? 바로 코치였다. 가완디는 자신의 실력을 끌어올려줄 코치가 필요하다고 생각했다.

그 정도로 성공한 사람이 '실력 발전을 위해' 코치가 필요하다고? 말도 안 돼. 저 사람 일중독자인 게 분명해. 보통은 그런 반응을 보인다. 그러나 가완디의 시각은 다르다. 프로 선수들은 모두 코치가 있다. 심지어 체력 단련 전문가, 식이 전문가, 대회 전문가 등 여러 코치를 두는 선수들도 많다. 프로 구단에 소속되어 공을 던지는 선수들도 전문 코치의 도움을 받는 것을 진지하게 고민하는 마당에, 매일 환자의 몸에 메스를 들이대는 수술 전문의라고 코치의 지도를 받지 말라는 법은 없다.

로버트 오스틴이라는 저명한 외과의가 은퇴 후 수술실에서 가완디의 뒤에 서서 조언을 해주었을 때 어떤 일이 생겼을까? 맥아더 재단이 선정한 천재가 자신의 사소한 잘못들을 일일이 지적하는 말을 겸허한 자세로 받아들였을 때 어떤 일이 생겼을까? 가완디의 환자들은 수술 후 합병증이 현격히 줄어들었다. 더는 좋아질 수 없을 것 같던 수술 전문의의 실력이 한층 더 좋아졌다.

우리는 타인으로부터 무언가를 배울 수 있다. 그리고 배우는 중에 평생의 친구까지 얻는다면 더욱 환상적이다. 저드 애퍼타우는 가진 것이라곤 꿈이 전부인 외톨이 아이였다. 그래서 그는 작은 모험을 했고 잠재적 멘토들에게 도움을 청했으며 커다란 보상을 거두었다. 그러면서 평생 이어갈 친구들도 얻었다. 그런데 여기서 끝이 아니다. 애퍼타우는 지금 자기가 받은 도움을 되돌려주고 있다.

게리 샌들링, 제임스 브룩스 등 수많은 사람들이 내게 친절을 베풀어주었다. 지금 내가 쌓은 지식은 전부 그들의 쇼에서 일하면서 배운 것들이다. 사람은 누구나 도움이 필요하고, 도움이 필요한 사람을 도와주는 것은 나에게는 자연스러운 일이다. 가령 내가 드라마 제작을 맡으면 당연히 스태프가 필요하다. 가끔 젊은 작가들을 고용하기도 하는데, 그들은 재능이 뛰어나지만 아직은 뭘 어떻게 할지 몰라 허둥대곤 한다. 그들에게 제대로 된 방법을 가르치는 것이 내 일의 일부이기도 하다. 그럼으로써 내 작업도 한결 쉬워진다. 멘토링은 받는 사람에게 도움이 되는 것은 물론이고 나 역시도 한시름 덜게 해준다.

애퍼타우는 선행을 선행으로 갚는다는 귀중한 교훈을 어디서 배웠는가? 물론 멘토다. 게리 샌들링은 애퍼타우에게 '누군가를 도와주다 보면 나 자신도 도움을 받는다'고 가르쳤다.

다른 연구 결과들도 이 말을 뒷받침한다. 「스타워즈」의 요다는 꼬부랑 할아버지지만 누구보다도 냉철한 기세를 뿜는다. 이유는 다른 데 있지 않다. 멘토링이 그를 행복하게 해주기 때문이다. 젊은 인재를 키우는 일은, 신체가 건강할 때 혹은 돈을 많이 벌 때보다도 4배 더 큰 행복을 가져다준다. 그러니 '내 기술은 완성형이니 남의 도움은 필요 없다'는 생각은 삼가야 한다. 그보다 내가 누구를 도울 수 있는지 고민하는 것이 현명할 것이다.

chapter 5

**자신감은 성공의 전제조건인가
때로 독이 되는가**

세계 최고의 체스 챔피언을 흔든 슈퍼컴퓨터의 한 수

그는 도무지 이해가 되지 않았다. 저 컴퓨터가 왜 저러는 거지? 흘끗 시계를 봤다. 겨우 한 수에 시간을 많이 허비하고 싶지 않았지만 지금 상황은 꽤나 신경에 거슬렸다.

1997년 이 순간, 세계 최고의 체스 마스터 가리 카스파로프Garry Kasparov와 IBM 슈퍼컴퓨터 딥 블루Deep Blue의 역사적 대결이 펼쳐지고 있었다. 단순한 친선 게임이 아니라 초미의 관심이 쏠린 세기의 대결이었다. 인간과 기계, 누가 더 똑똑한가?

이 시합은 처음이 아니었다. 1년 전에 펼쳐진 대결에서 카스파로프는 6국 중 5국을 이기며 가뿐히 승리했다. 체스 그랜드마스터인 모리스 애슐리Maurice Ashley는 다큐멘터리 「인간 대 기계」에서 카스파로프를 이렇게 묘사했다.

그는 당대 가장 압도적인 체스 기사였다. 그는 12년 동안이나 세계 챔피언 자리를 지켰다. 명실상부 역사상 최고의 체스 기사라고 해도 과언이 아니었다. 그가 경기장으로 들어가면 사람들은 1등이 아니라 2등을 점치느라 바빴다. 그가 다른 체스 기사들을 다 이긴다는 것은 기정사실이나 다름없었다.

딥 블루도 가만히 당하지만은 않았다. 이전 해 펼쳐진 시합은 전체적으로는 딥 블루의 패배였지만 6국 중 1국을 이겼다. 그리고 IBM 엔지니어팀은 패배에도 아랑곳하지 않았다. 그들은 풍부한 자금을 지원받으면서 딥 블루 소프트웨어를 갈고 다듬었다.

그래도 카스파로프는 자신이 있었다. IBM의 체스 자문인 조엘 벤저민 Joel Benjamin은 그를 이렇게 평가했다. "그의 자아는 누구보다도 건강하다. 이 점은 챔피언에게는 대체로 긍정적 요소다. 자신감이 충분하지 않은 것보다는 과도한 것이 낫다."

그러나 지금 이 순간 카스파로프는 당황해서 멈칫했다. 1국의 44수째에 딥 블루는 루크(장기의 차에 해당하는 말—옮긴이)를 D5에서 D1로 옮겼다. 카스파로프로서는 평생을 궁리해도 이해하지 못할 한 수였다.

카스파로프는 왜 저런 수가 나왔는지 고심하고 또 고심했다. 초침이 째깍째깍 흘렀다. 컴퓨터가 실수를 한 것인가? 위험천만한 가정이었다. 수를 이해하지 못한다고 해서 상대가 실수를 했다고 가정하는 것은 독선이고 태만이었다. 지난해 카스파로프가 압승을 거두긴 했지만, 이번 수는 지나치게 쉬운 수여서 컴퓨터를 얕잡아 보기도 힘들었다.

카스파로프는 현존하는 최고의 체스 챔피언이었다. 그가 컴퓨터의 수를 이해하지 못한다면 그 누구도 이해할 수 없다. 딥 블루는 카스파로프의 이전 대국들을 전부 분석했기 때문에 그의 실력이 어느 정도인지 잘 알고 있었지만, 카스파로프는 컴퓨터의 실력을 전혀 파악하지 못하고 있었다. 혹시 컴퓨터가 카스파로프보다 똑똑하다면? 5수나 10수가 아니라 20수를 내다볼 수 있다면?

'어쩌면 내가 별로 똑똑하지 않아서 컴퓨터의 수를 읽지 못하는 것일 수도 있어.'

카스파로프를 혼란에 빠뜨린 그 44번째 수는 대국 결과에는 영향을 미치지 못했다. 어쨌거나 이 판은 카스파로프가 이겼다. 그러나 그는 눈에 띄게 흔들리고 있었다.

두 번째 대국에서 딥 블루는 또다시 이해할 수 없는 수를 뒀다. 퀸을 진격시킨 것이 아니라 폰(장기의 졸에 해당-옮긴이)을 움직였다. 카스파로프에게는 유리한 수였지만 도무지 이해하지 못할 수이기도 했다. 딥 블루가 그보다 더 똑똑한 것은 아닌지 의심이 들었다. 그는 의자에서 불안하게 뒤척거렸다. 두세 수가 더 오가고 관중들의 눈에도 결과가 분명하게 보였다. 인간을 대표한 챔피언은 이기기는 힘들지만 무승부는 가능할 것 같았다. 하지만 카스파로프는 딥 블루의 대리 선수에게 먼저 손을 내밀었다. 항복이었다.

나머지 대국 동안 카스파로프의 경기 스타일은 전혀 그답지 않았다. 그는 공격적인 수를 두지 못하고 방어에만 급급했다. 3국, 4국, 5국 모두 무승부로 끝났다. 그리고 6국에서 카스파로프는 초보자나 할 법한 실수를 하며 함정에 빠졌다. 평소라면 그렇게 수를 읽지 못하지는 않았을 것이다. 하지만 위축감이 그의 발목을 잡았다. 이렇게 해서 6국은 딥 블루가 이겼고, 카스파로프는 1승 3무 2패로 경기에서 졌다.

마침내 기계가 인간을 이겼다. 진정한 천재 컴퓨터의 탄생인가? 딥 블루는 정말로 20수를 내다보면서 그랜드마스터도 읽지 못할 전략을 구사한 것이 맞는가?

아니었다. 전혀 그렇지 않았다. 1국에서 나온 이해할 수 없는 루크의 이동? 그건 소프트웨어 버그였다. 코드 에러에 불과했다. 그건 IBM이 이번 체스 대국에 대비해 미리 프로그래밍 해둔 안전장치일 뿐이었다. 딥 블루가 지연 상태에 빠져 시간을 허비하는 것을 막기 위해 둔 의미 없는 수에 불과했다. 그게 다였다.

카스파로프는 그 사실을 당연히 몰랐다. 그는 딥 블루가 철저한 계산 끝에 말을 움직였다고 생각했지만 실제로는 계산된 수가 아니었다. 그리고 이 수에 카스파로프는 흔들렸다. 그는 딥 블루의 그 한 수를 천재적이고 자신감 넘치는 한 수라고, 컴퓨터가 더 똑똑하다는 것을 증명하는 한 수라고 생각했다. 그리고 자신감을 잃은 것이 카스파로프가 진 결정적 패인이었다.

나중에 논평가들의 설명처럼, 카스파로프는 2국에서도 얼마든 무승부를 이끌어낼 수 있었지만 이미 무너질 대로 무너져버려 체념하고 말았다. 그는 자신의 실력을 믿지 못했고 기계가 더 똑똑하다고 믿었다.

카스파로프는 다른 시합에서 상대의 눈을 보며 수를 읽는 사람이었으며 상대의 허세쯤은 쉽게 간파하는 챔피언이었다. 그러나 딥 블루는 아무 기색도 내비치지 않았다. 아니, 딥 블루는 기색을 내비치는 능력조차 없었고, 그것이 카스파로프의 자신감을 여지없이 흔들었다. 경우에 따라서 '외적으로' 보이는 자신감이 승패를 가르기도 한다.

실력 있는 사람보다 자신감 있는 사람이 더 빨리 승진한다

이제 본론으로 들어가자. 성공한 사람들은 자신감이 넘친다. 크게 성공한 사람일수록 자신감도 하늘을 찌른다. 경영사상의 최고 석학으로 꼽히는 마셜 골드스미스Marshall Goldsmith는 「이코노미스트」지를 통해 이렇게 말했다.

> 성공한 사람들은 동료들보다 자신의 실력을 더 높이 친다. 나는 내가 여는 훈련 프로그램 참가자 5만 명에게 본인의 성과를 동료 전문가들과 비교해서 평가해달라는 질문을 했다. 80~85퍼센트는 자신의 실력이 동료 전문가 집단 중에서 상위 20퍼센트 안에 든다고 평가했고, 약 70퍼센트는 상위 10퍼센트 안에 든다고 평가했다. 의사나 파일럿, 투자 은행가처럼 사회적 지위가 높은 전문가 집단일수록 자기 실력을 높게 평가하는 성향이 아주 크다.

정상에 오른 사람들은 확실히 자신감이 넘친다. 전기 시스템을 발명한 니콜라 테슬라Nikola Tesla는 서명을 할 때 이름이 아니라 'GI'라는 글자를 적었다. 이것은 '위대한 발명가(Great Inventor)'의 약어다. 겸양은 그의 장점이 아니었다.

「자긍심과 소득」이라는 연구를 보면, 소득과 관련된 문제에서 자신감은 똑똑한 머리만큼 중요하다. 미남 미녀가 더 성공하는가? 대체로 그렇다.

아름다운 여자는 소득이 4퍼센트 더 높고 잘생긴 남자는 3퍼센트 높다. 별로 큰 차이가 나지 않는 것 같지만, 평균 근로자의 평생 소득으로 따진다면 23만 달러나 차이가 난다. 반대로 외모에서 밀리는 여자의 벌이는 3퍼센트 낮고, 못생긴 남자의 벌이는 무려 22퍼센트나 낮다. 그런데 그 이유를 알면 어이가 없다. 미남 미녀가 돈을 쓸어 담는 이유는 보기 좋은 외모 때문이 아니다. 잘난 외모 때문에 자신감도 높아져서다.

자신감은 높으면 높을수록 좋다. 높은 자신감은 생산성을 높이고 어려운 도전도 기꺼이 받아들이게 만들어 나를 직장에서 더 빛나게 해준다. 성과가 좋은 사람보다 자신감이 높은 사람들이 승진도 더 빨리한다. 그리고 앞에서도 나왔지만, 먼저 말을 걸고 스스럼없이 이야기하는 자신감 넘치는 태도는 '리더로 여겨지는' 지름길이다.

자신감이 과도하다 못해 착각에 빠질 수 있는가? 물론이다. 하지만 나쁜 착각이 아니라 좋은 착각이다. 마셜 골드스미스는 이 착각에 대해 말했다.

성공한 사람들은 긍정적인 망상을 가지고 있다. 그들에게 있어 본인의 역사는 본인과 본인이 한 일을 보여주는 확인 장치다. 과거를 긍정적으로 해석하는 태도는 미래를 낙관하게 만들고 미래의 성공 가능성도 높인다.

한 연구는 이렇게 말한다. "자기기만은 스트레스를 줄여주고, 고통을 참는 능력을 키워준다. 이것들 모두 경쟁 환경에서 동기부여와 성과를 높여주는 요소들이다."

대다수 사람은 자신을 어느 정도는 좋게 착각하는 편이다. 1997년에 「U.S. 뉴스 앤 월드 리포트」지는 죽어서 누가 가장 천국에 갈 것 같은지 설문을 했다. 빌 클린턴 대통령이 천국에 갈 확률은 52퍼센트, 마이클 조던은 65퍼센트, 마더 테레사는 79퍼센트였다. 그렇다면 가장 확실하게 천국에 갈 사람은 누구인가? 설문조사에서 천국에 갈 확률이 87퍼센트로 나온 사람은 누구인가? '나'였다. 응답자들은 자신이야말로 천국의 문을 통과할 확률이 가장 높다고 생각했다.

그 정도면 자신 있는 정도가 아니라 거만한 것이라고 생각할 수 있다. 지나친 자신감이 되려 세상 물정 모르는 사람처럼 보이는 부작용을 낳지는 않을까? 부작용이 있기는 하지만 좋은 쪽으로의 부작용이다. 자기애에 빠진 사람들, 자신감이 넘치다 못해 얼굴에 철면피를 깐 사람들은 면접 점수가 더 높게 나온다. 한 연구가 말하듯, 처음부터 자기애를 가진 사람을 채용하려고 해서 채용하는 것이 아니다. 자신 있는 태도가 자연스럽게 실력을 드러내기 때문에 채용되는 것이다. 게다가 이런 사람들은 리더 자리에도 더 많이 오른다. 확고한 자신감은 팀의 성과를 높이는 데 도움이 되는 반면에, 자신감 저조는 팀의 성과에 피해를 준다.

자신감의 힘이 이렇게나 강한 이유는 무엇인가? 마셜 골드스미스의 말에 따르면 자신감이 '통제감'을 주기 때문이다.

성공할 것이라고 자신하는 사람은 남들이 위협이라고 말하는 것을 기회라고 여긴다. 그들은 불확실성이나 모호함을 두려워하지 않고 포용한다. 그들은 위험을 더 크게 감수하고 보상도 더 크게 얻는다. 선택을 한 다음에는 스스로를 믿는다. 성공한 사람들은 '내적 통제 소재(성공이나 삶의 요인을 자신의 내부에서 찾는 것. 반대는 외적 통제 소재다 – 옮긴이)'가 높다. 다시 말해 그들은 운명의 피해자인 양 굴지 않는다. 그들이 생각하는 성공은 본인의 의욕과 능력이 결합된 결과이지, 행운이나 우연, 운명의 작용이 아니다. 그들은 행운이 성공에 결정적 역할을 할 때에도 이런 믿음을 버리지 않는다.

카스파로프는 딥 블루가 루크를 그렇게 움직인 데에는 무슨 이유가 있을 거라고 확신했고, 그런 생각에 통제감을 잃었다. 통제감이 사라진 그는 자신감을 잃었고 경기에서도 졌다.

자신감의 힘이 그렇게 막강하다면, 자신감이 없을 때에도 겉으로는 자신감이 있는 척 굴어야 맞는 것일까?

나치와의 전쟁을 승리로 이끈 유령부대의 전략

미군들은 어설펐다. 이런 상태가 계속된다면 독일군의 승리가 확실했다. 때는 1944년이었고, 나치가 프랑스를 점령한 지도 4년이 됐다. 나치의 스파이는 어디에나 깔려 있었다. 미국은 자신들의 움직임을 독일이 알아채지 못할 것이라고 생각했지만, 독일군은 미군의 모든 작전을 다 간파하고 한발 앞서 움직였다.

미군 병사들이 지역 상인 소유의 와인 상자 하나를 훔쳤다. 미군 병사들은 몰랐지만 이 상인은 나치 협력자이자 독일군 스파이망의 일원이었다. 다른 스파이들도 술집에서 미군 병사들을 목격했다. 소속 부대를 나타내는 약장을 달지는 않았지만 그동안 주도면밀하게 미국군을 조사한 독일군 첩보부에게는 상관없었다. 미군 병사들이 술을 마시며 부르는 노래만으로도 어느 사단 소속인지 알기에 충분했다.

나치는 이 정보를 수집하는 데만 그치지 않고 아주 유용하게 써먹었다. 부대가 발견된 도시, 미국군 장군의 지프가(범퍼에 별 무늬가 있으면 장군 전용 지프였다) 발견된 장소, 그리고 미군 포병대의 이동을 보여주는 항공 사진을 판독한 독일군은 확실한 승기를 거머쥐기 위해 작전을 변경했다. 미군 기갑사단이 다가오고 있다는 첩보를 입수한 나치의 람케 장군은 88밀리미터 대전차포 수십 대를 이동 배치했다. 미리 기다리고 있다가 미군이 오는 즉시 깜짝 선물을 안겨줄 생각이었다.

그러나 깜짝 선물을 받은 쪽은 독일군이었다. 독일 스파이들이 열심히 주워 담은 첩보가 하나부터 열까지 전부 '가짜' 첩보였던 것이다.

미군은 그 술집 주인이 나치 협력자라는 사실을 알고 있었다. 그리고 그가 독일군에게 와인 도난 사건을 열심히 보고해 미군의 등장을 알릴 것이라는 사실도 알고 있었다. 미군 병사들이 술집에서 술을 마시기는 했다. 하지만 그들은 합해봐야 10명이었다. 그들은 자신들과 상관없는 부대의 약장을 패용하고 다른 사단의 군가를 불렀다. 다음 술집에 들어갈 때는 약장을 바꿔 달고 군가도 바꿔 불렀다. 이렇게 해서 대규모 미군 사단이 밀려올 것이라는 거짓 첩보가 만들어졌다. 장군의 지프도 실제는 별만 그려넣은 평범한 군용 지프였고, 이름 없는 소령이 장군 제복을 입고 고개를 빳빳이 들고 연기를 한 것에 불과했다.

생각 없이 웃자고 벌인 익살극은 절대 아니었다. 유령부대라는 별명을 가진 제23특수부대가 철저한 계산하에 벌인 행동이었다. 이 부대의 목적은 단 하나, 독일군으로 하여금 미군이 출현했다고 착각하도록 기만하는 것이었다. 그러면 필요도 없는 곳에서 무기와 자원을 낭비하는 독일군의 뒤를 미군이 기습하기가 훨씬 수월했다. 부대를 처음 규합한 랠프 잉거솔은 이 부대를 '내 사기꾼들'이라고 불렀다. 유령부대가 1944년 6월부터 1945년 3월까지 수행한 임무는 총 21건이었다.

약장을 바꿔 달거나 엉뚱한 군가를 부르는 것은 기만 전술의 극히 일부였다. 유령부대는 시각부대, 음파부대, 무선통신부대라는 세 개 부대로 이뤄졌다. 음파부대에 속한 145명의 대원은 탱크, 대포, 이동 중인 병사들의 소리를 녹음한 다음 250킬로그램짜리 스피커로 거의 25킬로미터 멀리까지 소리를 내보냈다. 적에게 미군이 이동 중이라고 착각하게 만들기 위해서였다. 296명의 대원으로 이뤄진 무선통신부대는 독일군이 미군 방송을 듣는다는 것을 알고 있었다. 그래서 무선통신부대는 미군 부대 각각이 가진 독특한 소리를 완벽하게 흉내 냄으로써 독일군이 미군 소재지를 오인하게 만들었다. 시각부대 대원 379명은 거의 화가들로, 미군이 주둔하고 있는 듯한 장면을 연출하는 것이 그들의 임무였다. 시각부대가 가장 자주 써먹은 도구는 바람을 넣어 부풀리는 40여 킬로그램의 풍선 탱크였는데, 멀리서 보거나 공중에서 보면 감쪽같이 진짜처럼 보였다. 그럴듯하게 만든 불도저 이동 자국, 음파부대의 녹음, 여기에 기갑사단의 이동 배치를 알리는 라디오 내용이 합쳐지면서 완벽한 사기극이 탄생했다. (가끔 풍선 탱크의 바람이 빠지면 가느다란 줄로 들어 올리는 임기응변도 펼쳤다.)

전쟁에서 기만술은 예전부터 존재했다. 그러나 기만술을 전담하는 부대, 즉 군의 모습과 소리와 통신 내용을 완벽하게 사실처럼 흉내 내는 임무를 전담하는 부대가 창설된 것은 제2차 세계대전 때가 처음이었다.

유령부대에 규정집 같은 것은 없었다. 그곳은 괴짜와 기인들의 집합소였다. 그들은 살상을 전담하는 군인이 아니라 예술가들이었고, 임무가 없을 때는 카드놀이가 아니라 스케치를 했다. 남들이 보기에 그들의 임무는 죽으러 가라는 임무였다. 소규모 부대가 무기라고는 거의 없이 고의로 적군의 주의를 끌어야 하기 때문이었다. 천 명도 안 되는 병사들이 3만 이상의 대규모 부대 흉내를 내야 했다. 유령부대의 기만술이 적군의 주의를 돌리는 데 성공하면 미군의 대규모 작전에 큰 도움이 되겠지만 상황이 나빠져 기만술이 들통나면 탱크도 없고 화력도 거의 없는 유령부대는 순식간에 전멸당할 수 있었다.

유령부대가 맡은 작전 중에서도 가장 위험하고 중요한 작전은 베템부르크 작전이었다. 미국은 나치군을 라인강까지 몰아내는 데는 성공했지만, 독일군은 마지막 결사 항전을 각오하면서 라인강을 '미군의 피로 붉게 물들일 것'이라고 맹세했다. 괜한 엄포가 아니었다. 마침 미군이 진군하는 길목에는 100여 킬로미터가 넘는 굴이 있었고 만약 나치가 이 굴을 발견해 이용한다면 연합군의 작전이 수포로 돌아갈지도 모르는 일이었다. 이 문제를 해결하기 위해 유령부대가 파견되었다. 그들이 2만 명이 넘는 대규모 사단 행세를 하면 여기에 속은 독일군이 더 남쪽 지점에서 미군을 공격할 것이다. 물론 그 지점에는 미군이 벌써 와서 대기하기로 돼 있었다.

그러나 유령부대는 이 기만 작전을 꼬박 7일이나 계속하게 될 거라고는 상상도 못했다. 그들은 그렇게나 오랫동안 기만 작전을 유지한 적이 없었다. 한 주가 다 돼 가면서 아슬아슬한 긴장감은 극에 달했다. 그러나 마침내 독일군을 패퇴시킨 후 지도를 확인해보니 적군이 완벽하게 속아 넘어갔다는 사실을 알게 되었다. 미군이 유령부대를 파견해 철저히 수비하기로 한 지점과 독일군의 공격 지점이 달랐던 것이다. 베텀부르크 작전의 성공만으로도 유령부대는 존재 가치를 충분히 입증하고도 남았다.

작전 결과는 놀랍도록 성공적이었지만 중간 중간 심장이 철렁 내려앉을 만한 일도 있었다. 한 번은 프랑스인 두 명이 외곽 경계선을 넘어왔다가 미군 병사 두 명이 40톤짜리 셔면 탱크처럼 보이는 것을 번쩍 들어 올리는 모습을 봤다. 그들은 너무 놀라 할 말을 잃고 옆에 선 어느 병사의 얼굴만 쳐다보았다. 그 병사는 담담하게 말했다. "미국인들은 힘이 장사거든요."

말콤 글래드웰이 지적한 자신감의 딜레마

자신감은 실력을 발전시키고 성공을 이끈다. 타인의 믿음을 산다. 하지만 자신감은 되려 나를 해칠 수 있고 망상과 오만을 이끌기도 한다. 그리고 과도한 자신감이 현실을 만나는 순간, 엉덩이를 걷어차일 수 있다.

"곰과 레슬링하는 건 만용이다"는 속담이 있다. 철모르는 자신감은 죽음을 재촉할 수 있다. 사람은 누구나 약간씩 망상을 하지만 그 망상이 정상치를 넘어서는 순간 문제가 된다. 안타깝게도 이건 별로 인기 있는 주제가 아니다. 모두가 자신감을 높이는 방법만을 알고 싶어 한다. 자신감이 드높으면 하늘을 날 듯 기분이 좋아지기 때문이다. 드높은 자신감은 없던 힘도 생겨나게 만들기 때문이다. 그러나 여러 연구에서도 말하듯, 현실 부인과 오만의 비탈길로 미끄러지는 것도 자기 힘을 과신할 때이다. 나 자신을 믿는 것은 아주 좋은 태도다. 다만 그 믿음이 지나치다거나, 현실을 무시한 믿음이라면 문제가 크다.

기업이 성공을 향해 나아갈 때에도 '지나친 자신감'은 큰 걸림돌이다. 하버드의 명예교수인 리처드 테들로Richard Tedlow는 이 주제에 대해 일침을 가한다.

나는 40년 동안 기업계 역사에 대한 글을 쓰고 강의를 하고, 수십 곳의 기업과 수십 명의 CEO들을 연구했지만, 그들 중 상당수가 피할 수 있었고 또 피했어야 마땅한 실수를 저질렀다는 사실에 새삼 놀라곤 한다. 뛰어난 사후 분석 능력을 가졌으면서도, 의사결정에 도움이 될 정보를 적시 적소에서 곧바로 얻었음에도 벌어진 실수였다. 전부 현실을 부인하는 개인들이 저지른 실수였다.

우리는 걸핏하면 능력 부족을 한탄하지만, 말콤 글래드웰은 하인포인트 대학교 강연에서 과잉확신이 더 큰 문제라고 강조했다. 왜인가? 능력 부족은 경험이 없는 사람들의 문제인 데다, 어지간해서는 경험이 없는 사람들이 전권을 맡는 일도 없기 때문이다. 과잉확신은 보통은 전문가들이 빠지는 함정이고, 지나치게 많은 힘과 권한을 부여받은 후 생기는 경우가 많다. 간단히 말하면 능력 부족은 좌절감을 안기지만 자신의 능력 부족을 절감하면 상황을 최악으로 끌고 가지는 않는다. 대개는 과잉확신에 빠진 사람이 훨씬 큰 피해를 입힌다.

오만이 망상으로만 끝나면 다행이지만 문제는 현실에서 대형 사고를 칠 때이다. 어떤 유형의 CEO가 되지도 않은 일을 벌여 회사를 망하게 하는가? 주주들에게 보내는 연차보고서에서 '나'라는 말을 많이 사용하는 CEO다. 금융 분석가인 로라 리텐하우스Laura Rittenhouse는 경영자들과 기업의 실적을 평가하면서 이런 성향을 발견할 수 있었다. 즉, 기업이 망할 가능성은 '나'라는 말의 횟수에 비례했다. 오만과 자기 생각에만 빠진 사람은 현실을 보지 못한다. 더 심한 경우는, 현실을 보지 못한다는 것조차 알지 못할 때이다. 언제나 눈을 감고 있으니 내가 장님인지 아닌지도 모른다.

지하실 귀신과 싸우는 일쯤은 얼마든 자신 있다고 말하는 꼬마 아이들이 있다고 치자. 이 아이들은 퇴마라는 것을 모르고 규칙도 모르기 때문에 오히려 자신의 귀신 잡는 능력이야말로 세계 최고라는 망상에 빠져 있다. 이런 허무맹랑한 과대망상에 어른도 빠질 수 있다. 문외한들은 저 일이 그 분야에서 얼마나 어려운 것인지 제대로 파악할 지식이 없다. 그래서 우리는 마술사의 다양한 트릭에 박수갈채를 보내고, 코미디언의 온갖 개그에 박장대소를 터뜨린다. 전문가로서 그 분야에 대한 통찰력을 기르고 난 다음에야 비로소 그 일이 얼마나 어려운 것인지 진가를 이해하게 된다.

더닝 크루거 효과란 말을 아는가? 실력과 경험이 낮은 사람일수록 일의 난이도를 제대로 판단할 경험이 없기 때문에 자신감만 하늘을 찌를 정도로 높아지는 인지편향을 뜻한다. 이런 경험은 누구에게나 있다. 앞사람의 요가 자세를 보면서 식은 죽 먹기라고 생각했지만, 따라 해보니 생각보다 훨씬 어려웠던 경험이나, 명화를 보면서 "이 정도는 나도 그리겠다"라고 말했던 경험은 누구나 있을 것이다.

처음에는 적절한 수준의 자신감에서 시작하지만, 아차 하는 순간 망상의 비탈길을 구르면서 이런 시시한 일을 하기에는 내 능력이 아깝다고 생각한다. 그런 망상에 빠지는 것은 멍청해서가 아니다. 내 머릿속의 스토리가 '네 실력이 너무 아까우니 대충대충 해도 된다'고 속삭이기 때문이다. 하지만 의심이라는 예방 주사를 맞으면 이야기가 달라진다. 현실에 한 발을 걸치고 있게 된다.

이 밖에도 자신감에는 또 다른 부작용이 있다. 성공으로 향하는 고속도로 중간에 떡하니 놓인 이 장애물은 사람을 이기적인 얼간이로 만들 수도 있다. 스스로 힘을 가졌다는 느낌은 인격에 굉장히 부정적인 영향을 미친다. 놀랍도록 많은 연구가 입증한 사실이다. 힘은 공감능력을 줄이고, 위선자가 되게 하고, 인간미를 없앤다. 어느 정도는 그럴 수밖에 없다. 높은 자리에 있는 사람은 당장은 좋아 보이지 않지만 멀리 보면 모두에게 득이 되는 힘든 결정을 내려야 할 때도 있다. 장군은 전쟁에서 이기기 위해 병사들을 죽을 곳으로 보내야 한다. 장군이 병사 한 명이 죽을 때마다 죄책감에 아무것도 못 한다면 제대로 전쟁을 치를 수 없다.

그러나 이 감정적 거리감 때문에 어느 순간 악순환에 빠질 수 있다. 힘이 있다는 느낌이 들 때 더 자기 생각만 하고 신의도 쉽게 저버린다. 힘을 가진 사람은 거짓말을 자주 하는 것을 넘어 더 능숙한 거짓말쟁이가 된다. 내가 제일이라고 생각한다는 것은 남들이 다쳐도 전혀 신경 쓰지 않는다는 뜻이다. 그래서 아무 스트레스 없이 거짓말을 줄줄 한다. 스트레스 신호를 내보이지 않기 때문에 다른 사람들은 내가 거짓을 말하고 있음을 알아채지 못한다. 그리고 나는 남들을 밟고 올라 성공한다.

사무실에서도 비슷한 일이 수시로 벌어진다. 카리스마 리더는 직원들에게 긍정적인 영향을 미칠 수 있지만 힘을 자신하는 리더는 팀워크에 부정적 영향을 미치기도 한다. "자신의 힘이 늘어났음을 실감한 리더는 말투부터 고압적으로 바뀐다. 팀원들이 리더의 열린 태도가 줄어들었다고 인식하면 소통도 줄어든다. 결과적으로 리더의 강한 힘은 팀 전체 성과에도 부정적 영향을 미친다."

현실을 부인하고 이기적인 얼간이까지 되면 성공도 물 건너갈 수 있다.

최고의 변호사들이 비관주의자인 이유

자신감의 단점은 현실을 자꾸 부인하는 이기적인 얼간이로 만든다는 것이다. 토마스 차모로-프레무지크Tomas Chamorro-Premuzic는 「하버드 비즈니스 리뷰」에서, 이 두 가지 문제만 반전시켜도 아주 좋은 효과를 볼 수 있다고 설명했다.

자신감을 낮추면 거만해지거나 망상에 빠질 가능성이 줄어든다. 실제로도, 자신감이 낮은 사람들은 자기 실수를 흔쾌히 인정하고 남 탓을 하지 않으며 타인의 공을 가로채려 하지도 않는다. 이런 태도야말로 낮은 자신감의 가장 중요한 장점일 수 있는데, 단지 개인의 성공만이 아니라 조직과 사회의 성공에도 도움이 되기 때문이다.

자신감만 높아지면 배우고 발전하기가 힘들다. 다 안다는 생각에 더 나은 답을 찾으려 노력하지 않기 때문이다. 마셜 골드스미스의 말처럼 "자신에 찬 망상은 성공에는 도움이 될지 몰라도 변화는 어렵게 만들 수 있다."
자신감을 조금 낮출 때 새로운 아이디어를 거부하지 않게 된다. 새로운 것이 없는지 찾기 위해 적극적이면서도 조심스러운 태도로 세상을 훑는다. 자기 힘을 자신하는 사람은 주위를 돌아보지 않는다. 그럴 필요가 없다고 생각하기 때문이다. 사람들은 자신한테 힘이 있다고 생각하기만 해도 조언을 잘 듣지 않는다. 초보자는 당연하고 심지어 전문가의 충고도 무시한다.

타인의 아이디어에 귀를 기울이면 지적 능력이 늘어난다. 사회적 교류는 실제로도 머리가 좋아지는 데 도움이 된다. 그러나 여기에도 함정이 있는데, 인지 능력까지 좋아지려면 타인의 관점을 받아들일 수 있어야 하며 타인의 관점을 받아들이려면 귀 기울여 들을 줄 알아야 한다.

오만해질수록 남의 말에 귀 기울이지 못한다. 그리고 오랫동안 이렇게 행동하다 보면 어느 누구도 내 생각에 동의하기는커녕 나와 말을 섞으려 하지도 않게 된다. 혹시라도 내가 창피를 당하게 되면 사람들은 그런 나를 보고 박수를 치며 좋아한다. 심지어 세심한 배려를 권하지 않았던 마키아벨리조차도 지도자가 공포심에 복종만 하는 아첨꾼에게 둘러싸이지 않으려면 사석에서만이라도 올곧은 소리를 할 줄 아는 부하를 옆에 두어야 한다고 경고했다. 미국의 작가 제임스 볼드윈James Baldwin도 비슷한 말을 했다. "직시한다고 모든 것이 바뀌는 것은 아니지만, 직시하지 않는다면 아무것도 바꾸지 못한다."

토마스 차모로-프레무지크는 '겸양은 현실을 확인하게 하고 거만함을 막아준다'고 말한다. 겸양은 지금 있는 곳과 가고 싶은 곳의 차이를 일깨워주기 때문에 자기 발전에도 도움이 된다. 또한 실력을 조금은 감추는 편이 자기 실력에 도취돼 어깨에 힘만 잔뜩 들어간 것보다는 훨씬 낫다.

어쩔 수 없는 겸양도 놀라운 결과를 발휘한다. 거만한 사람들을 거론할 때 빠지지 않는 유형이 의사들이다. 한 병원에서 원내 감염을 줄이기 위해 모든 의사가 진료 전에 반드시 따라야 할 규정을 만들었다. 의사들은 자신들을 무시하는 태도라고 생각했지만 관리부는 단호했다. 간호사에게 규정을 따르지 않는 의사의 진료 행위를 중단시킬 권한까지 주고, 문제가 생기면 윗선에서 무마하겠다고 했다. 어떤 결과가 나왔을까? 10일 만에 원내 감염률이 11퍼센트에서 0퍼센트로 떨어졌다. 자만에 가득 찬 의사들이 전에는 규정을 걸핏하면 건너뛰었지만 강제로 규정을 지키면서 극적인 효과가 나타난 것이다. 15개월 동안 실험 삼아 진행한 규정이 8명의 목숨을 살렸고 200만 달러의 비용을 절감시켰다.

원래의 길에서 벗어나지만 않는다면 나를 조금은 낮추는 것이 좋다. 토마스 차모로-프레뮤지크는 이렇게 말한다.

자신감을 낮추면 비관주의자로 변할 위험이 있지만 비관주의가 야망과 한 팀으로 묶이면 뛰어난 성과가 만들어질 수 있다. 어떤 분야에서든 최고가 되고 싶다면 내가 나의 가장 가혹한 비평가가 되어야 한다. 하지만 처음부터 자신감이 하늘 높은 줄 모르는 사람은 그러기가 거의 불가능하다.

헛바람을 빼고 나를 조금 부정적으로 바라보는 태도는 객관성을 지니기에 나쁘지 않은 자세다. 나를 비평가의 눈으로 바라보면 내 흠이 잘 보여 의욕은 꺾일 수 있지만 더 발전적으로 변할 수 있다. 심리학 연구에서도 부정적 감정이 학습 동기를 불러일으킨다고 말한다. 시험 점수가 A가 나오면 득의양양해지지만, F를 받으면 '왜' 망쳤는지 이유가 궁금해진다. 변화는 전문가의 길을 걸을 때 발생한다. 초보자는 가뜩이나 엉성하고 어설프다. 그래서 그 일을 포기하지 않으려는 의욕을 얻기 위해서라도 긍정적 피드백을 원하고 또 필요로 한다. 하지만 어느 순간 변하는 지점이 온다. 어느 정도 전문가가 된 다음부터는 일부러라도 부정적 피드백을 듣고 싶어 한다. 가끔가다 나오는 미묘한 실수를 바로 잡고 계속 발전하려면 어떻게 해야 하는지를 알고 싶어서다.

이것은 낙관주의와 그릿의 교훈과도 관련이 있다. 긍정적 믿음은 내가 계속 나아가도록 힘을 주지만 거기에는 착각과 망상도 다분히 담겨 있다. 세상을 더 정확하게 보는 사람들은 우울증이 있는 사람들이다. 비관적 기업가일수록 더 성공하고, 낙관적 도박꾼일수록 돈을 더 많이 잃으며, 최고의 변호사는 비관주의자라는 연구 결과도 있다. 내가 앞으로 나아가고 타인을 내 일에 동참시키는 데에는 낙관주의와 자신감이 필요하지만, 문제를 직시하고 개선하는 데에는 부정적인 생각과 비관주의가 더 도움이 된다. 물론 낙관주의와 자신감은 행복감을 높여주지만, 우리에게는 낙관과 비관, 이 두 가지가 다 필요하다.

에이브러햄 링컨이 모범 사례다. 그는 자신감을 낮추는 행동을 몇 번이나 직접 실천했다. 자신과 다른 생각을 차단하지 않았고, 새롭게 제기되는 전략들을 계속 살펴보기 위해 국방부 전보 사무실에서 시간을 보내는 것도 아까워하지 않았다. (새로운 아이디어에도 언제나 귀를 열었던 링컨은 특허권을 가진 유일한 미국 대통령이기도 했다.)

링컨의 집무실 문은 언제나 활짝 열려 있었다. 도널드 T. 필립스Donal T. Phillips는 저서 『비전을 전파하라』에서 링컨이야말로 미국 역사상 가장 만나기 쉬운 대통령이었다고 말한다. 사람을 만나는 일은 그의 업무 시간에서 75퍼센트를 차지했다. 남북전쟁 초기에는 그가 입대한 북부군 병사들과 전부 개별 면담을 했다는 설도 있다.

링컨은 자기 힘을 과시하는 사람이었는가? 아니다. 그의 인맥관리란 친구 사귀기에 더 가까웠다. 그는 자기 방식을 밀어붙이지 않았고 위협을 일삼지도 않았다. "사람들과 어울리면서 저 사람이 내 대의에 힘을 모으게 만들려면 내가 그의 진정한 친구라는 사실부터 납득하게 해야 한다"는 것이 그의 신조였다. 링컨은 노골적으로 그 자신을 반대하는 사람을 다루는 방식도 남달랐다. "내가 적을 무찌르는 방법은 그들을 내 친구로 삼는 것이다."

링컨은 겸손했는가? 물론이다. 그는 자기 잘못을 주저 없이 인정했다. 율리시스 S. 그랜트 장군에게 보낸 편지에서도 링컨의 이런 자세가 어김없이 드러난다. "당신이 맞고 내가 틀렸습니다. 깊이 인정하고 통감합니다."

겸양에는 보상이 따른다. 가장 인기 있는 상사는 자기를 낮추고 약점이 있음을 인정하는 상사다. 스탠퍼드 대학 교수 프랭크 플린Frank Flynn의 연구 결과에 따르면, 리더가 동료들에게 인간으로서의 나약함을 내보일 때 동료들은 그를 더 좋은 리더라고 인정한다. 미 해군의 연구에서도 민주적이고 경청 능력이 뛰어난 지휘관이 부하들의 존경을 받는다고 나온다. 부하들이 리더의 단호한 결단력을 원하는 시기는 딱 하나, (앞에 나온 해적들의 사례처럼) 위기가 닥쳤을 때다.

리더라면 흔히 자기애가 강할 것이라고 생각들 하지만, 앞에서도 말했듯이 자아도취자는 리더 자리에는 쉽게 올라도 훌륭한 리더는 되지 못한다. 자아도취자인 리더에게 성과를 낸다는 것은 자신을 멋들어지게 포장할 기회가 많다는 것과 같다. 이런 태도는 좋은 리더가 되는 데에는 도움이 되지 않는다. 리더가 필요한 순간은 위기가 닥쳤을 때지만, 자기애가 강한 리더는 자신을 바쳐 위기를 헤쳐나가는 것과는 영 거리가 멀기 때문이다.

인성은 별로라도 성과는 출중한 사람을 CEO로 세운다면, 자기애가 강한 사람을 선택하느니 차라리 일 중독자가 낫다. 존스홉킨스 의대의 데이비드 J. 린든David J. Linden 교수는 중독자들이 중요한 일에는 강박적이다 싶을 정도로 매달린다고 설명한다.

중독자들이 흔히 보이는 위험 감수와 새로움 추구, 강박적 인성이 오히려 일터에서는 크게 쓸모가 있을 수 있다. 대다수 리더는 중독되었기 때문에 성공하는 것이 아니다. 그보다는 그들을 중독으로 이끈 뇌 구조와 화학 작용이 실력을 발휘하는 데 도움이 되는 행동 기질을 이끌어내기 때문이다.

자신감에 대한 패러다임을 뒤바꿔라

정리하면 이렇다. 자신감은 하늘을 나는 기분을 선사하고 그릿을 발휘하게 해 타인에게 유능하다는 인상을 주지만, 반대로 남을 깔보고 발전이 더디며 모든 것을 잃을 수도 있는 거만하고 이기적인 사람으로 만든다. 반대로 자신감을 낮추면 전문가로 가는 길에 가까워질 수 있고 타인의 호감을 살 수 있지만, 의기양양한 행복감을 얻거나 유능하다는 인상을 심어주기는 어렵다.

뭐 어쩌라는 말인가 싶다. 이것도 아니고 저것도 아니란다. 유능하지만 울화통 치밀게 만드는 인간이 되거나, 호인이기는 하되 존경은 사지 못하는 인간이 되거나 둘 중 하나라는 소리다. 하나를 얻으면 하나를 잃어야 한다. 하지만 역으로 생각해보자. 자신감에 대한 패러다임 자체를 쓰레기통에 내버리는 것은 어떨까?

궤변이라고 외치기 전에 조금만 더 들어주기 바란다. 여러 연구에도 나오듯, 자신감에 대한 갑론을박이 답답한 논쟁으로만 끝나는 진짜 이유는 자긍심이라는 색안경을 버리지 못하기 때문일 수 있다. 그렇다면 자신감의 대안이 있기는 한가? 텍사스대 크리스틴 네프Kristine Neff 교수는 자신을 너그럽게 바라보는 '자기연민(self-compassion)'이 그 대안이라고 말한다. 실패한 나를 동정하게 되면, 성공하기 위해 망상에 빠진 얼간이가 되지 않아도 되고 발전하기 위해 지금의 무능력을 실감하지 않아도 된다. 터

무너없는 기대를 하고는 이루지 못한 자신을 탓하는 도돌이표 경험과도 영원히 굿바이다. 내 실력이 최고라고 자기최면을 걸지 않아도 된다. 어수룩하고 실력이 모자란 나를 너그럽게 볼 수 있다.

연구에 따르면, 자기연민을 키우면 자긍심의 장점만 취하고 단점은 다 버릴 수 있다. 이기적인 얼간이가 되지 않아도 또는 발전하지 못했어도 만족감을 느낄 수 있고 좋은 성과를 낼 수 있다. 자기연민은 자신감과 다르게 망상을 만들지 않는다. '불쾌한 사건이 벌어졌을 때 자기연민이 보이는 행동 반응: 자신을 너그럽게 대할 때의 효과'라는 연구는 자신을 너그럽게 보는 사람일수록 명료한 시각이 높아진다고 말한다. 그들은 자신과 세상을 더 정확하게 보지만, 실패한 자신을 가혹하게 비난하지도 않는다. 반대로 자긍심을 최고로 여기는 사람들은 그 자긍심을 잃고 싶어 하지 않는다. 그래서 착각에 빠지려는 욕구나 부정적인(하지만 쓸모 있는) 피드백을 거부하려는 욕구가 강하다. 그들은 세상을 있는 그대로 바라보지 못하고 자신을 정당화해주는 이론에 매달린다. 그러고는 오만과 자기애에 빠진다. 자긍심과 자기애 사이에는 확실한 상관관계가 존재하는 반면에, 자기연민과 자기애의 연관성은 거의 없다시피 하다.

자기애에 빠지지 않으면서도 나 자신을 너그럽게 보고 내 능력을 좋게 볼 때 어떤 결과가 만들어지는가? 사람들의 호감을 산다. 신경과학 연구에 의하면, 자기연민이 늘어나면 타인에 대한 공감 능력이 늘어난다. 과도한 자신감이 타인에 대한 공감을 줄이는 것과는 반대다. fMRI 스캔 영상에서도 자신을 너그럽게 보는 사람들의 뇌에서는 타인을 배려할 때 활성화되는 영역이 환하게 빛났다. 연애 관계에서도 저 사람이 좋은 연인이 될지 아닐지를 알려주는 좋은 지표는 자긍심이 아니라 자기연민이다.

이번 장의 앞머리에서도 언급했듯이 자신감은 행복을 높이는 데 중요한 역할을 한다. 그런데 자기연민도 똑같은 역할을 하고 부작용은 하나도 없다는 것을 아는가? 자기연민은 심리적 안정과 관련이 깊다. 행복감과 낙관주의, 개인의 적극성, 유대감을 늘려주고, 불안감과 우울감, 신경증적 완벽주의, 과거를 곱씹는 행동을 줄여준다.

인상적인 결과다. 그렇다면 자신감은 안 되는데 자기연민은 되는 이유는 무엇인가? 자신감은 망상이나 우연에 기대지만 둘 다 좋은 결과는 이끌지 못하기 때문이다. 내가 최고라고 느끼려면 현실을 외면하든가 언제 어디서나 계속해서 내 가치를 입증해야 한다. 그러다가 기대치에 못 미치는 순간이 오면 자신감에 커다란 구멍이 뚫린다. 나를 내게 입증하려고 필사적으로 노력하는 일? 얼마나 지치고 힘겨운 일인지는 말할 필요도 없다. 자기연민은 현실을 직시하게 하고 내가 완벽하지 않은 사람임을 인정하게 한다. 저명한 심리학자 앨버트 엘리스Albert Ellis의 말처럼 "자신감은 인간의 가장 큰 질병이다. 거기엔 조건이 따르기 때문이다." 자기연민이 있는 사람은 자신을 계속 입증해야 한다는 욕구에 시달리지 않으며 자격지심을 갖지 않는다.

나에게 너그럽게만 굴다가 혹여 수동적인 사람이 되지는 않을까? 자신감을 유지해야 한다는 걱정이 없으면 의욕과 의지가 사라지지는 않을까? 이런 생각이 들 수 있다.

하지만 그 반대다. 우리가 수동적이 되는 것은 자기연민이 부족할 때다. 자신감이 한껏 높은 상태에서는 마음속으로 그려낸 현실에 일치하지 않는 피드백은 무시하게 마련이다. 자신감이 부족한 상태에서는 문제가 보여도 그 문제에 극복하려는 도전 의식이 생기지 않을 수 있다. 반면에 자기연민은 문제를 직시하고 해결책을 강구하도록 이끈다. 자신을 너그럽게 볼 수 있기 때문에 책임감은 늘어나고 중압감은 줄어든다. 자신에게 자비를 베푸는 사람은 자책을 하지 않기 때문에 실패의 두려움도 적다. 다시 말해, 자기연민은 그릇을 늘리고 꾸물대며 늑장 피우는 태도를 줄여준다.

게다가 나 자신을 너그럽게 보는 것이 자신감을 유지하는 것보다 쉽다. 나를 치켜세우는 자기 스토리를 거듭해서 만들지 않아도 되고, 내 능력을 입증하기 위해 매일 대단한 일을 하지 않아도 된다. 우리 인간은 한쪽으로는 좋은 평판을 듣고 싶어 하지만, 다른 쪽으로는 솔직한 평가도 듣고 싶어 한다. 안타깝게도 두 가지를 매번 다 충족할 수는 없다. 자신감을 높이기가 그토록 어려운 이유도 여기에 있다. 반면에 자기연민은 어느 한쪽이 모자라도 괜찮다고 생각한다.

자신을 너그럽게 보려면 어떻게 해야 하는가? 네이비실의 제임스 워터스가 그 시작에 대해 이미 알려줬다. 바로 자기 대화다. 그렇다고 허황된 동기부여나 사탕발림식 칭찬 일색의 거창한 스토리를 말하라는 뜻이 아니다. 할머니가 손자에게 하듯, 다정하고 친절한 자기 스토리를 속삭여야 한다는 뜻이다. 일이 어긋난다고 해도 무조건 자책하고 트집을 잡아서는 안 된다. 네프 교수의 말처럼 "평생 동안 하루 온종일 나를 다정하고 친절하게 대해줄 수 있는 사람은 누구인가? 나밖에 없다."

그리고 나 자신이 한낱 인간에 불과하다는 사실을 받아들여야 한다. 언제든 실수할 수 있다는 사실을 인정해야 한다. 배트맨처럼 밤낮으로 완벽하지 않아도 된다. 아무도 그럴 수 없다. 모든 것에 완벽하려는 노력 자체가 비합리적 행동이고, 모든 좌절감의 근원이다.

마지막으로, 패배와 좌절을 인정해야 하며 외면하거나 세상이 다 끝났다고 생각해서도 안 된다. 합리화하거나 과장하는 것도 안 된다. 자신만의 해결책을 찾아야 한다. 언제든 실수할 수 있지만, 감정적으로 무너지지 말고 해결책을 찾아낼 수 있다고 생각하자. 나의 장점을 종이에 적기만 해도 기분이 한결 나아지고 자기연민이 커진다. 연구로도 입증된 사실이다.

이렇게 하면 내 인생이 하루아침에 달라질까? 그건 너무 헛된 기대다. 하지만 꾸준히 하다 보면 확연히 나아질 것이다. 자신감이 하늘을 찔렀다 다시 땅으로 떨어지면서 번번이 부작용을 겪는 것보다는 훨씬 낫다.

오만과 겸손 사이 적절한 균형을 찾는 법

지금까지 자신감의 장단점에 대해 전부 설명했다. 다음으로 몇 가지 현실적인 조언을 살펴보고, 자기연민의 또 다른 놀라운 장점도 더 알아보자.

❶ 자기 자신을 너그럽게 대할 것

자기연민은 자긍심을 이긴다. 나를 사회과학 글쓰기의 제이슨 본이라고 자칭하고 싶은 마음이 굴뚝같지만, 실상의 나는 궁정 어릿광대에 훨씬 가깝다. 그래도 괜찮다. 나를 부풀려서 볼 필요가 없고, 그게 더 낫다. 현실 부인에 빠진다거나 이기적인 얼간이가 되기는 싫다. 계속 배우고 싶지만 나를 나쁘게 보기는 싫다. 헛된 꿈에 기대거나 계속 자신을 입증해야 지켜지는 자긍심의 늪도 피해야 한다. 그렇다면 그 답은 자기연민이다. 자기연민은 자신감의 장점만 쏙 가져오고 단점은 다 버리기 때문이다.

❷ 필요한 능력을 찾아 그 분야에 집중할 것

평소에도 꽤 자신만만한 타입이라면? 그렇다면 자신감의 장점을 취하되 망상에 빠지지 않도록 조심하고 공감하는 태도를 유지해야 한다. 겸손함을 발휘해야 하는 때와 장소를 찾아다녀야 한다. 답을 안다고 속단하지 말고 열린 자세를 유지해야 한다. 거만하고 고독한 황제 신세가 되어선 안 된다.

자신감이 부족하다면? 문제없다. 다 안다고 자부하는 사람보다 더 빨리 배우고 친구도 더 많이 사귈 수 있을 것이다. 필요한 능력치가 정확히 얼마인지 알 수 있는 분야를 찾아내 거기에 노력을 집중한다면 괜히 이해도 안 되는 일을 하느라 진땀 흘리지 않아도 된다. (사실 지금도 이 글이 제대로 써진 글인지 아닌지는 아무도 신경 쓰지 않는다. 말만 끊이지 않고 나온다면 말이다.) 지금의 일을 잘 하면 자신감은 저절로 늘어난다.

❸ 매일의 작은 승리에 집중할 것

자신감은 성공의 결과지 원인이 아니다. 이 책이 아무리 열심히 자기연민을 강조한다고 해도 독자들은 여전히 자신감을 최고로 여길 수 있다. 그렇다면 성공에 이르는 가장 확실한 길은 지금의 일을 아주 훌륭하게 해내는 것이다. 대니얼 챔블리스Daniel Chambliss가 정상급 수영선수들을 연구한 결과에 따르면, 그들은 매일의 작은 승리에 집중함으로써 실력이 조금씩 발전했고 할 수 있다는 자신감도 같이 늘어났다. 승부 근성이 강한 사람은 각오가 남달라야 한다. 언제라도 성과가 떨어지면 자신을 패배자로 느끼는 위험에 빠질 수 있기 때문이다. 문제에 맞설 때에는 '잘 해야지'나 '잘 보여야지'가 아니라 '실력을 늘릴 기회야'라는 태도를 유지해야 한다. 실력 향상을 목표로 하는 태도는 의욕을 높이고 일에서 재미를 찾게 도와주며 활기를 불어넣는다. 그 결과는 다음번 일로도 그대로 이어진다. 항상 하는 말이지만, 나한테 맞는 환경을 찾는 것이 중요하다. 자신감은 어려운 일을 하나둘 헤쳐가다 보면 저절로 늘어난다. IQ 검사 창시자인 알프레드 비네Alfred Binet가 지능에 대해 설명한 말을 유념하자. "처음에 가장 똑똑한 사람이 나중에 가서까지도 가장 똑똑한 것은 아니다."

❹ 나 스스로를 속이지 말 것

잘 속이기는 굉장히 어렵고 거짓이 실패했을 때의 대가는 어마어마하다. 얼마간 좋은 인상을 주면 무엇 하는가? 믿을 수 없는 사람이라는 딱지를 붙이고 몰도바행 비행기를 타게 된다면 아무 소용이 없다. 혹시라도 남들을 감쪽같이 속이게 되면 어느 순간 나 자신도 내 거짓말에 넘어가고 만다. 상상할 수 있는 최악의 시나리오가 펼쳐지는 것이다. 리처드 파인만 Richard Feynman이 남긴 유명한 말이 있다. "자기 자신을 속여서는 안 된다. 자기 자신이야말로 가장 속기 쉬운 사람이다. 이것이 첫 번째 원칙이다."

반드시 좋은 인상을 심어줘야 하는 중요한 순간에는 거짓과 속임수가 최상의 선택으로 보이기는 한다. 하지만 내가 아닌 다른 누군가를 흉내 내기보다는 자신의 가장 좋은 모습을 보여주는 것이 훨씬 더 정답에 가깝다. 내가 아닌 척 연기를 펼치지 않아도 된다. 자신의 가장 좋은 모습을 보여주면 사람들도 나를 좋아할 것이다.

눈에 보이는 성공이나 실패만 가지고 자신을 좋다 나쁘다 판단하는 것은 편협한 흑백논리다. 지금보다 지혜로워지려면 지금보다 더 유연해져야 하고 성장에 따른 학습도 더 겸허히 받아들여야 한다. 내 주위의 현명한 사람들은 어떠한가? 오만에 젖어 엄포만 가득 늘어놓는가? 아니면 자신감이 바닥을 기었는가? 그들은 차분했고 이해심이 깊었으며 너그러웠고 함부로 판단하지 않았을 것이다. 모두가 그런 지혜를 가지기를 꿈꾼다. 그리고 지혜로 나아가는 첫걸음은 자기연민이다.

이만하면 자신감 갑론을박의 답이 되었기를 희망한다. (아니라고? 그래도 나는 나를 아주 너그러운 마음으로 용서할 생각이다.)

chapter 6

워커홀릭 vs 워라밸, 성공은 누구의 편일까

앞에서 설명했듯 자신감은 외양적 요소에 불과하다. 그렇다면 성공이라는 것을 이루는 데 필요한 핵심 요소는 무엇인가? 하루 몇 시간을 그 일에만 매달려야 하는가? 성공한 사람들은 대개 일중독자들이지만, 우리가 꿈꾸는 성공은 다르다. 우리는 일과 삶이 균형을 이루기를 원하고, 잠도 충분히 자기를 바란다. 이제 마지막 질문이다. 성공하려면 도대체 얼마나 열심히 일해야 할까?

열심히 일만 하면 진짜로 엄청나게 성공하는가? 설명할 필요도 없이 예스다. 성공학 전문가 키스 사이먼턴이 제시하는 위대한 성공의 공식은 듣기만 해도 기가 죽을 정도다.

성공을 원하는 사람은 그 일을 중심으로 생활이 돌아가야 한다. 편집광적으로 자신의 목표를 추구할 수 있어야 한다. 일찍 시작해야 하며 부단히 일해야 하며 절대로 포기하지 말아야 한다. 게으르거나 늑장을 부리거나 변덕이 심한 사람에게는 성공이 오지 않는다.

일하고 싶을 때만 일하며 아무런 희생을 치르지 않아도 눈부시게 성공하고 돈방석에 앉는 비결을 듣고 싶은 사람은 이 책을 내던지고 '목돈 없이 하는 부동산 투자' 따위의 정보를 찾아라.

UC 샌터크루즈 캠퍼스의 프랭크 배런Frank Barron 교수는 "주목할 만한 기여를 한 사람들은 다들 엄청난 생산성을 보인다. 예외는 없다"고 말했다. 헤어디자인의 거장 비달 사순도 "성공(success)이 노력(work)보다 먼저 나오는 유일한 곳은 사전뿐이다"라고 꼬집어 말한다. 그렇다. 최고가 되려면 노력에 있어서만큼은 아무도 못 말릴 사람이라는 소리 정도는 들어야 한다.

역사상 최고의 타자였던 완벽주의자 테드 윌리엄스

야구 좀 안다는 사람치고 테드 윌리엄스를 모르는 사람은 없다. 그는 1939년부터 1960년까지 프로 선수로 뛰었으며, 베이브 루스와 함께 역사상 최고의 타자로 손꼽힌다. 하지만 테드 윌리엄스를 잘 알건 아니건 우리가 모르는 사실이 있다.

윌리엄스에게 야구는 '게임'이 아니었다. 그야말로 목숨도 바칠 수 있는 무언가였다. 1988년 인터뷰에서 그는 어린 시절 별똥별을 보며 최고의 타자가 되게 해달라는 소원을 빌었다고 했다. 그러나 그는 가만히 앉아 소원이 실현될 날이 오기만을 기다리지 않았다. 그가 선수로 대성한 이유는 강박적이고 완벽주의적인 직업윤리 때문이었다. "내가 끊임없이 야구에만 몰두하지 않았다면, 1년 내내 야구 생각에만 빠져 있지 않았다면 뉴스 헤드라인에 실리는 일도 없었을 것이다. 내가 사는 이유는 다음에도 또 야구를 하기 위해서다."

1만 시간의 노력? 윌리엄스는 몇 곱절은 더 노력했다. 그에게는 야구뿐이었다. 학교가 끝나면 근처 운동장에 가서 조명이 꺼지는 밤 9시까지 배트를 휘둘렀다. 집에 가서도 부모님이 이제 자라는 소리를 하기 전까지 뒷마당에서 연습했다. 학교에도 일찍 갔다. 수업이 시작하기 전에 스윙 연습을 한 번이라도 더 하기 위해서였다. 교실에도 배트를 들고 갔다. 일부러 숙제가 적은 수업만 골라 들었다. 공부하기 싫어서가 아니라 방망이 휘두를 시간이 줄어드는 게 아까워서였다.

그래도 성에 차지 않았다. 스펜서 글렌던과 피터 드러커가 본다면 엄지를 추켜세울 행동도 했다. 가령 수비를 해야 할 때는 열심히 하는 시늉도 하지 않았다. 외야에 나가서는 홈플레이트 쪽은 보지도 않고 '등을 돌리고 서서' 글로브를 방망이처럼 휘두르는 연습을 할 때도 많았다. 같은 팀 선수들이 두 손 두 발 다 들 정도였다. 데이트할 시간? 당연히 없었다. 메이저 구단에 입단했을 때는 생일이 8월이 아니라 10월이라고 거짓말을 했다. 야구 시즌 중간에 생일이 있으면 경기에 방해가 될 수 있다는 이유에서였다. 윌리엄스는 「타임」과의 인터뷰에서 이렇게 말했다. "수백 명의 아이들이 위대한 야구선수가 될 능력을 갖고 태어나지만, 그 능력이 진가를 발휘하게 해주는 것은 오로지 연습, 연습, 연습밖에 없다."

윌리엄스가 최고의 타자가 된 이유는 아무도 못 말리는 연습벌레였기 때문만은 아니었다. 연습 방법도 크게 한몫을 했다. 그는 완벽주의자였으며 끝없이 자신을 갈고닦았다. 그는 야구를 과학적인 스포츠로 변모시켰다. 야구분석학이나 마이클 루이스의 『머니 볼』이 태어나기도 훨씬 전이었다. MIT를 찾아가 야구의 물리학에 대해서도 배웠다. 최고의 타자들을 분석해 『타격의 과학』이라는 책까지 썼다. 이 책은 오늘날까지도 타격 분야 최고의 책으로 손꼽힌다.

윌리엄스의 비밀 무기는 투수들에 대한 강도 높은 분석이었다. 그는 '적을 알면 백전백승'이라는 말을 신봉했다. 그에게 투수는 적이었다. "투수가 한 명인 것보다 더 빌어먹을 일은 무엇인가? 그건 투수가 두 명인 것이다.", "맞서 싸울 상대는 팀이 아니다. 상대는 투수다. 집중해야 할 상대는 내 앞의 투수다." 그는 이런 말을 입에 달고 살았다.

윌리엄스는 심판들이 투수들의 다양한 투구 방식을 꿰뚫어 보는 것에 감탄했고, 무언가 새로 알게 된 내용은 곧바로 노트에 적었다. 그는 "투수들이 어떤 공을 던질지 짐작할 수는 없다. 어떤 공을 던지는지를 이해할 뿐이다"라고 말했다. 그는 은퇴하고 수십 년이 지나서도 투수들의 투구 습관과 선호를 줄줄 읊어댔다. 이런 완벽주의와 세심한 성격은 그가 놀라운 성적을 거둘 수 있게 한 원동력이었지만, 동시에 스포츠 기자들과 불화를 일으키는 원인도 됐다. 최고가 되려고 가뜩이나 자기 자신을 가만두지 않는 남자에게 기자들의 비평 기사는 울화통이 터지고도 남는 일이었다.

윌리엄스는 매일 밤 알코올로 방망이를 깨끗하게 문질러 닦았고, 혹시라도 응축 현상 때문에 방망이에 문제가 생기지는 않았는지 무게도 쟀다. 클럽하우스에 마련된 그의 로커 옆에는 방망이 전용 사물함까지 따로 있었다. 그는 불면 날아갈까, 방망이를 소중히 다뤘다. 그리고 일단 연습을 시작하면 손에 피가 날 때까지 방망이를 휘둘렀다.

노력한 보람이 있었다. 「뉴요커」에 실린 기사에서 존 업다이크John Updike는 "홈플레이트에 오를 때마다 어김없이 폭발적인 능력을 분출하면서 관중의 환호성을 자아내는 선수는 윌리엄스 말고는 아무도 없었다"라고 표현했다.

그러나 인생에는 직구만 있는 게 아니라 변화구도 있다. 제2차 세계대전이 발발했고 윌리엄스에게도 징집 영장이 나왔다. 그가 선수 생활을 못 하게 되었다고 한탄만 늘어놨을까? 아니다. 해군 전투기 조종사가 되어서도 그의 성격은 어디 가지 않았다. 윌리엄스의 친구 존 글렌은 자서전에서 그 때의 일을 설명한다. "방망이를 휘두를 때나 비행을 할 때나 그는 어김없이 완벽주의자의 끈기를 발휘했다." 닥친 일은 완벽하게 해내야 직성이 풀리는 윌리엄스는 맡은 일에서만큼은 금세 실력을 발휘했다.

　전쟁 때문에 윌리엄스는 세 시즌을 몽땅 건너뛰었다. 경기에 복귀한 그의 실력이 녹슬었을까? 아니었다. 연습량을 두 배로 늘린 결과, 3주 뒤부터는 다시 선발 타자진에 합류했다.

　프로 선수는 분명 나이가 젊을수록 유리하지만 윌리엄스는 마흔두 살까지 메이저리거였다. 심지어 마지막 해에는 본인의 홈런 타율을 갱신했고, 1960년 마지막 타선에서도 홈런을 쳤을 정도였다.

　은퇴한 후 그는 워싱턴 세너터스 팀의 코치로 갔다. 그는 선수 시절의 완벽주의 성향을 코치가 되어서도 그대로 드러냈다. 선수들을 대상으로 마라톤 타격 연습을 시켰고, 통행금지 시간을 정했으며, 음주를 제한했고, 야간 경기 전에는 꼭 낮잠을 자게 했으며, 성생활도 자제하게 했다. 또한 시즌 중에 골프를 치는 선수에게 벌금을 1,000달러나 내게 했다. 골프가 타격 감각을 무디게 한다는 확신에서였다. '내가 1만 시간을 노력했으니 너희도 그래야 해'라는 태도를 선수들에게 강요한 것이다.

　노력한 만큼 대가도 있었다. 팀의 타율이 올라갔고 삼진아웃이 줄었으며 구장을 찾는 관중이 늘어났다. 팀의 성적은 24년래 최고로 올랐다. 윌리엄스와 으르렁대며 서로 못 잡아먹어 안달이던 스포츠기자들도 어쩔 수 없이 그를 '올해의 감독'으로 지명했다.

　1999년에 「스포팅 뉴스」지는 윌리엄스를 위대한 야구선수 100명 중 8위에 선정했다. 그리고 1991년 조지 H. W. 부시 대통령은 그에게 대통령 자유훈장을 서훈했다. 테드 윌리엄스가 위대한 성공을 이룰 수 있었던 이유는 일에 미친듯이 몰두했기 때문이었다.

*"그 정도면 됐어"*는 허용하지 않는 것

노력은 재능을 만들고 재능과 시간의 결합은 성공을 만든다. 그런데, 과도한 노력이란 얼마만큼을 뜻하는가? 모든 사람이 테드 윌리엄스처럼 할 수는 없으며, 하루 24시간 내내 일만 할 수도 없다. 휴식도 필요하고 취미도 필요하다. 일과 생활이 적절히 조화를 이루어야 한다는 것이다. 그렇다면 시간을 많이 투자하지 않아도 생산성을 높일 수 있을까? 어느 정도까지는 가능하다.

하지만 재능과 효율성이 똑같다면 시간을 많이 투자한 사람이 이긴다. 시간은 남들만큼 잘하느냐, 아니면 특출나게 잘하느냐를 가르는 대단히 중요한 요소다. 물론 머리가 좋으면 유리하지만, 최소 기준을 설명하는 '문지방 가설(threshold hypothesis)'에 따르면 지능이 전부는 아니다. 특히 세상을 바꾸는 위대한 혁신과 관련해 지능은 충분조건이 되지 못한다. 성공한 사람은 대부분 지능지수가 평균보다 높은 편이기는 하다. 세상을 바꾸는 혁신을 일궈내고 역사책에 기록된 사람 중에 IQ 120을 넘지 않는 사람은 거의 없다. 그러나 IQ 120이라는 고지를 넘기만 하면 IQ가 130이건 140이건 중요하지 않다. 최초의 핵폭탄 개발 프로젝트인 맨해튼 프로젝트에 참가한 물리학자의 IQ가 180이라면 나쁠 건 없다. 그러나 차이 나는 결과를 만들어내는 것은 더 많은 시간이지 60만큼 더 높은 아이큐가 아니다.

물론 어떤 사람은 작업량만 무지막지하게 많고 성과를 전혀 거두지 못한다. 로버트 쉴즈Robert Shields는 죽기 전까지 3,750만 단어나 되는 일지를 썼다. 그는 하루 4시간을 들여 자신의 혈압부터 광고우편물까지 모든 것을 다 기록했다. 게다가 매일 2시간씩 잠을 아껴가며 꿈도 세세하게 적었다. 하지만 그는 부자가 되지도 못했고 기네스북에 오르지도 못했다. 단지 소름 끼치도록 황홀하고 흥미로운 부고 기사가 실린 미치광이가 되었을 뿐이다.

시간만 오래 들인다고 다가 아니다. 그 시간에 얼마나 집중해서 노력했는지도 중요하다. 테드 윌리엄스처럼 자신을 채찍질하며 실력을 갈고닦아야 한다. 많은 사람은 평생 하루에 몇 시간씩 운전을 하지만, 그들 모두가 포뮬러 원 월드챔피언십에 출전할 수 있는 기량을 쌓지는 못한다. 아무리 하루 중 가장 많은 시간을 차지하는 일일지라도 무의미하게 임한다면 실력은 늘지 않는다. 그건 직업도 예외가 아니다. 연구에 따르면 의사와 간호사 역시 경험이 오래됐다고 해서 실력이 아주 높지는 않다. 습관적으로 하는 운전처럼, 일하는 데 아무런 '정복욕'이 없기 때문이다. 대가가 되려 노력하기보다 하루하루 닥친 일만 하는 것이다.

정상급 운동선수, 과학자, 예술가들에 대한 벤저민 블룸의 연구에 따르면, 위대한 멘토가 반드시 갖춰야 할 요소 가운데 하나는 '비밀 지식'도 '감정적 지원'도 아니다. 멘토는 제자로 하여금 더 열심히 노력하게 만들 수 있어야 한다. "위대한 멘토는 제자가 인간으로서 할 수 있는 사실상 최대의 한계치에 도달할 때까지 계속해서 기대치와 요구를 높인다."

야망 하나만으로도 충분히 성공을 가능할 수 있으며, 동기부여 역시 지능·능력·연봉보다 성공에 훨씬 더 큰 영향을 미친다. 여기에 수천, 수만 시간의 노력이 합쳐진다면 성공은 더더욱 확실해진다. 미켈란젤로는 말했다. "내가 지금의 실력을 쌓으려 얼마나 열심히 노력했는지 사람들이 안다면 지금처럼 감탄을 연발하지도 않을 것이다."

테드 윌리엄스는 타격 말고는 아무것도 생각하지 않았으며, 실력을 조금이라도 늘리기 위해 밤하늘의 별만큼 많은 시간을 연습했다. 그리고 마침내, 그 시대의 소년들이 꿈꾸는 최고의 타자가 되었다. 그런데 한 가지 의문이 생긴다. 비록 최고가 되었을지언정 삶이 퍽퍽해질 정도로 죽어라 일만 하다가 50세가 되어 관상동맥질환으로 고생하는 것이 과연 성공을 의미하는가?

남들보다 훨씬 잘할 수 있는 일을 찾아라, 그것이 대표 강점이다

일에서 의미를 얻는 순간 상황이 달라진다. 「월스트리트 저널」의 보도를 보면 "의미 있는 일을 찾아 몰입하고 열심히 노력한 사람들이 가장 장수했다"고 한다. 의미 있는 일이란 나에게 중요하고, 내가 잘할 수 있는 일을 뜻한다. 여러 연구도 입증했다시피, 남들보다 훨씬 잘할 수 있는 일(심리학에서는 이것을 '대표 강점'이라고 한다)을 하는 사람은 행복을 향해 시원하게 뚫린 고속도로를 달리고 있다고 봐도 무방하다. "자신이 가장 잘하는 일에 강점을 발휘해 남들보다 하루 몇 시간씩 더 일하는 사람은 걱정이나 스트레스, 분노, 슬픔, 신체적 고통을 더 적게 느낀다"는 연구 결과도 있다. 하루 종일 대표 강점을 쏟아부으며 일할 수 있다면 얼마나 근사한 기분일까? 야근을 밥 먹듯 해도 고생이라는 생각이 들지 않는다. 일이 너무 즐거워 집에 가고 싶다는 생각도 안 든다.

여기서 문제는 '일'이라는 단어다. 일이라고 하면 우리는 주로 부정적인 의미를 부여하며 끔찍하게 생각한다. 하지만 자신의 일을 '천직'이라고 생각하는 경우도 있다. 마크 트웨인은 『톰 소여의 모험』에서 "일은 우리 몸이 강제로 해야 하는 것으로 이뤄져 있고, 놀이는 우리 몸이 강제 없이 하는 것으로 이뤄져 있다"고 했다.

아무리 즐거운 일도 스트레스를 주지만, 한편으로 보람도 있다. 42킬로미터가 넘는 마라톤을 하는 동안 행복해 죽겠다고 생각하는 사람은 없다.

에베레스트산 등정 중에는 이런 짓을 왜 하나라는 생각이 든다. 박사학위를 따려면 몇 년이나 때려치우고 싶은 마음을 달래가며 혼자 노력해야 한다. 하지만 다 끝내고 나면 가슴이 벅찰 정도로 뿌듯하다. 아이 키우기는 얼마나 힘든가? 부모 노릇만큼 스트레스가 많고 힘든 일도 없다. 하지만 온종일 육아에 시달린다고 "부모 노릇 하다가 죽을 거야. 당장 그만둬"라고 말하는 사람은 없다. 가끔은 죽을 정도로 힘들지만 또 이처럼 달콤한 보상을 주는 일도 없다. 좋아하는 일도 다르지 않다.

의미 있는 일이 수명을 늘린다면 수명을 줄이는 것은 무엇인가? 실직이다. 맥길 대학교 에런 쇼Eran Shor 교수의 연구 결과, 실직으로 수명이 줄어들 가능성은 무려 63퍼센트나 된다는 사실이 드러났다. 본래 가지고 있던 건강 문제는 수명 단축의 원인이 될지는 몰라도 직접적인 상관관계는 없었다. 쇼 교수의 연구는 40년 동안 15개 나라에서 200만 명을 대상으로 진행한 대규모 연구였다. 그리고 63퍼센트라는 결과는 나라에 상관없이 같게 나타났다.

실직이 행복감 추락에 미치는 영향은 대단히 심각하다. 대다수 연구에 의하면 사람이 한평생 느끼는 행복감은 거의 일정하다. 결혼으로 몇 년은 행복감이 늘어나지만, 몇 년 뒤에는 예전 수준으로 돌아간다. 배우자가 죽으면 슬퍼 미칠 지경이지만 그것도 7년이 지나면 원래 수준으로 돌아간다. 하지만 중병에 걸리거나, 이혼을 하거나, 실직을 하는 등 커다란 사건은 우리가 웃음을 잃을 정도로 영구적 상해를 입힌다. 게다가 새 일자리를 찾은 후에도 행복감은 예전 수준을 완전히 회복하지 못하는 경우도 많다.

은퇴는 다르지 않은가? 이건 '좋은' 실직이지 않은가? 아니다. 은퇴는 인지력 감퇴, 심장질환, 암의 원인이 되기도 한다. 노화 때문이 아니라 능동적으로 몰입할 무언가를 잃었기 때문에 몸과 마음이 망가지는 것이다.

아무리 하기 싫은 일이어도 실직보다는 낫다고 생각할 수 있다. 하지만 하기 싫은 일을 억지로 하는 것이 실직보다 훨씬 나쁠 수 있다. 2010년 갤럽 조사에 따르면 일과 '감정적으로 단절돼' 있다고 느끼는 사람이 인생에서 누리는 즐거움은 오히려 실직자들보다도 낮았다. 그리고 스웨덴 근로자들을 조사한 연구에서도 단순 노동을 하는 근로자일수록 심근경색 발병률이 더 높았다. 맞다. 일이 지루하면 진짜로 죽을 수 있다.

사람들이 죽을 때 가장 후회하는 것 중 하나는 일에 미쳐 산 것이다. 완전히 공감이 간다. 하지만 가장 크게 후회하는 것은 따로 있다. "남들이 내게 원하는 인생 말고 내가 진짜로 원하는 인생을 살았어야 했어. 조금이라도 용기를 냈어야 했는데." 일은 우리의 삶에서 아주 많은 부분을 차지한다. 일에 미쳐 산 나날이 후회된다면 그건 아마도 그 직업을 좋아하지 않았기 때문일 것이다. 그리고 자신에게 솔직하지 못한 삶을 살았다면, 자신과 맞지 않는 직업을 택했기 때문일 것이다. 도전 의식을 불러일으키고 의미를 주는 일은 행복감과 충족감을 끌어올린다. 그리고 일이 의미를 지니게 되는 순간 일은 일이 아니게 된다.

아인슈타인의 삶은 누가 봐도 훌륭한 인생일까

영화 「시티 라이트」 개봉관에 알베르트 아인슈타인과 찰리 채플린이 참석했다. 두 슈퍼스타의 등장에 군중은 열광했고 채플린은 이 저명한 과학자에게 말했다. "사람들이 내게 열광하는 이유는 나를 이해해서이고, 당신에게 환호하는 이유는 당신을 이해하지 못하기 때문입니다."

틀린 말은 아니다. 사람들에게 아인슈타인의 업적이 무엇인지 물으면 '상대성 이론'이라는 답이 나올 것이다. (그리고 상대성 이론이 무엇이냐고 물으면 십중팔구 어색한 침묵만 감돈다. 일반인들에게 상대성 이론이라는 단어는 그냥 알고 있어야 할 단어일 뿐이다.) 월터 아이작슨Walter Isaacson의 명저 『아인슈타인: 삶과 우주』는 "아인슈타인은 혁명적인 광양자설을 만들었고 원자의 존재를 입증하는 데 도움을 줬으며 브라운 운동(액체나 기체 속의 작은 입자들이 불규칙하게 움직이는 현상―옮긴이)을 설명했고 우주와 시간에 대한 개념을 뒤집었고 훗날 과학사에서 가장 유명해지는 방정식을 만들었다"라고 적고 있다. 아인슈타인이 과학에 미친 영향이 워낙 지대했기 때문에 누구나 다 그를 노벨상 후보로 점쳤다. 그러나 그의 업적이 한두 가지가 아닌 탓에 그가 '어떤' 업적으로 노벨상을 탈지는 확신할 수 없었다. 마침내 1921년에 그는 노벨상을 수상했지만 상대성 이론 덕분은 아니었다. 그리고 세간에 그의 이름을 알리게 된 그 수많은 업적은 모두 스물여섯 살인 1905년에 세운 것들이었다.

뉴턴과 달리 아인슈타인은 서글서글한 성격에 사회 정의에도 관심이 많았고 가족과 자녀도 있었다. 그러나 세상을 등지고 산 뉴턴처럼, 아인슈타인도 머릿속에 떠도는 온갖 이론들만 생각하기도 바빴다. 그의 진짜 위대한 힘은 뛰어난 머리가 아니라 연구에 바치는 그 모든 시간과 집중력이었다. 명성도 친구도 가족도 둘째였다. 그는 여전히 모두를 등한시하고 자신만의 이론에 빠져 지냈다. 그 덕분에 가장 위대한 과학자가 되는 성과를 거두었다.

　이것은 파우스트의 거래였지만 대가를 치른 사람은 아인슈타인이 아니라 가족이었다. 아이작슨은 이렇게 적었다. "부모로서는 아니지만 과학 사상가로서 그에게는 큰 강점이 있었다. 신경을 분산하는 일은 전부 차단하는 능력과 성향이 있다는 것이었다. 이렇게 차단당하는 일에는 아이들과 가족도 포함되었다." 가족이 관심을 요구하면 아인슈타인은 더 연구에만 파고들었다.

　아인슈타인의 가족도 결국에는 참을 수 없는 한계점에 다다랐다. 아인슈타인은 "내게 있어 아내는 해고할 수 없는 고용인이다"라는 말까지 했다. 홧김에 아무렇게나 내던진 말은 절대로 아니었다. 부부생활에 금이 가기 시작했을 때 아인슈타인은 아내에게 부부관계를 이어나가기 위한 조건을 상세하게 적은 '계약서'를 내밀었다.

　아내는 마지못해 동의했지만 부부 사이는 더 멀어졌다. 아인슈타인이 거리를 두는 데다가 젊은 여성들과도 숱하게 염문을 뿌리고 다녔기 때문이다. 아들들이 어렸을 때는 그도 관심을 보이는 시늉이라도 했지만 시간이 지나면서 도로 무심한 아버지가 되었다. 이혼한 후에는 아이들도 거의 보지 않고 연구에만 몰두했다. 아들인 에두아르트는 정신병에 걸려 자살 기도를 했고 결국에는 정신병원에서 죽었다. 아인슈타인은 30년 동안 한 번도 아들을 보러 가지 않았다. 다른 아들인 한스는 "아마도 아버지가 유일하게 포기한 프로젝트가 바로 나일 것이다"라고 말할 정도였다.

다른 사례를 보자. 완벽주의자 테드 윌리엄스의 직업윤리는 그의 인간관계에 어떤 영향을 미쳤을까? 그의 인간관계도 아인슈타인과 별로 다르지 않았다.

테드 윌리엄스의 놀라운 실력은 야구에만 미쳐 산 덕분이었다. 하지만 그의 약점 역시 '야구에만 미쳐 산다는 것'이었다. 윌리엄스의 말년에 파트너였던 루이스 카우프만의 아들 로브 카우프만은 이렇게 말했다. "윌리엄스는 사교 능력은 완전히 빵점인 사람이었다. 도통 라커룸에서 나오지를 않았다. 그는 머리는 좋았지만 동료들이 가진 사교 능력은 하나도 배우지 못했다."

또한 그는 세 번이나 이혼했다. 그와 데이트를 한 이블린 터너라는 여성은 그의 청혼을 수차례 거절하면서, 자신을 첫 번째로 여길 때에 아내가 되겠다고 말했다. "야구가 첫 번째고 낚시가 두 번째고 당신은 세 번째입니다"가 테드의 대답이었다. 세 번째 아내인 돌로레스 위태치와 한창 사이가 나쁠 때에 그녀는 '내 타석은 반칙이었다'라는 제목으로 윌리엄스에 대한 책을 쓰겠다고 위협했다. 윌리엄스의 친구인 셀비 위트필드도 "최악의 남편감을 상상한다면 아마도 윌리엄스일 것이다"고 말했다.

윌리엄스는 아버지로서도 낙제점이었다. 본인도 인정했을 정도였다. "아버지로서 나는 삼진아웃이다. 옆에 있어준 적이 없었고 얼굴도 비추지 않았다. 내 할 일에만 빠져 지내느라 아버지 노릇은 전혀 하지 않았다." 필드에 바친 시간과 노력은 그에게 눈부신 영광을 가져다줬지만 세 자녀와의 관계는 망가뜨렸다. 딸인 바비 조가 아빠의 어린 시절은 어땠냐고 물었을 때 윌리엄스는 책에 다 나와 있으니 그거나 읽어보라고 했다.

윌리엄스는 감독으로서 팀의 성적을 크게 끌어올렸지만, 사람에게 무심한 태도는 선수들을 대할 때도 여지없이 드러났다. 레드삭스의 내야수 테드 렙셔가 한 말이 있다. "윌리엄스 감독은 다른 타자들이 왜 방망이를 잘 휘두르지 못하는지 이해하지 못했다. 그에게 완벽주의가 아닌 사람은 이해 불가의 영역이었다."

완벽주의자인 그는 팀의 사령탑으로서 모든 것을 자기가 통제해야 직성이 풀리는 사람이었다. 통제가 안 되면 화를 참지 못했다. 그의 성격이 얼마나 지독했는지는 전설처럼 전해질 정도였다. 윌리엄스는 모든 것을 노력으로 극복하는 사람이었지만, 가족 문제처럼 자기 뜻대로 통제가 안 되는 일에서 극복은 그의 선택이 아니었다. 남은 방법이라고는 화를 터뜨리는 것이었다.

윌리엄스의 성마른 성격은 '증폭제'였다. 세 번째 아내인 돌로레스는 그의 화를 이렇게 설명했다. "분노는 그의 가장 좋은 친구였다. 그에게 힘을 주었기 때문이다. 그가 배트를 휘둘러야 하는데 화가 난 상태라면, 공이 높이 날아갈 것이다. 낚시를 해야 하는데 화가 난 상태라면 낚싯대를 던져도 그냥 던지는 것이 아니다. 물고기한테는 희망이 없다."

하지만 인간관계에서 그의 분노는 치명적인 장애물이었다. 윌리엄스는 가족과 화기애애하게 체스를 두다가도 질 것 같으면 체스판을 뒤엎곤 했다. 전기작가 벤 브래들리Ben Bradlee의 기록에 따르면 "결국에는 돌로레스도 테드가 분노하는 근본적 원인을 깨달았다. 그는 완벽주의자로서 자신의 기대를 도무지 만족시킬 수 없어서였다. 테드는 아무리 시시한 일일지라도 자신이 세운 기대치를 달성하지 못하면 이성의 끈을 놓쳤다." 자신에게도 타인에게도 언제나 드높은 기대치를 세우는 그에게 만족감이라는 것은 먼 나라 이야기였다. 한 번은 팀 동료인 지미 피어솔이 테드에게 왜 그렇게 매사에 화를 내느냐고 물었다. 윌리엄스가 대답했다. "왜냐고? 난 매일 매 순간이 만족스러워야 하니까. 넌 아닐지 모르지만."

이런 일도 있었다. 타석에서 씩씩대며 대기석으로 돌아온 윌리엄스는 분한 마음을 가라앉히지 못했다. 마지막 공에서 헛스윙을 하지 말았어야 한다는 자책감이 두고두고 그를 괴롭혔다. 누구나 한 번쯤은 다 겪는 일이다. 내가 왜 저런 실수를 했을까 하는 마음에 잠을 자다가도 머리를 쥐어뜯는다. 상황은 비슷하지만 윌리엄스는 달랐다. 그는 앞 타석에서 홈런을 쳤다. 팀의 승리를 이끈 홈런이었다는 사실도 그에게는 중요하지 않았다. 팀 동료들은 승리에 열광했지만 윌리엄스는 침울했다. 더 잘 하지 못한 것이 분했다.

이렇게 지고는 못 배기는 성격은 야구처럼 인재들의 각축전이 펼쳐지는 분야에서는 (행복감까지는 아니어도) 세상을 놀라게 하는 결과를 만들 수 있다. 그러나 인간관계에서는 아니다. 윌리엄스의 타고난 추진력과 연습벌레 생활은 지기 싫어하는 성격을 더욱 키웠고, 어느 순간부터 그는 그런 성격을 잠시도 내려놓을 수가 없게 되었다. 증폭제는 그를 역사상 가장 위대한 타자 중 하나로 만든 일등 공신이었지만, 가장 사랑하는 사람들과의 관계에서는 영원히 사라지지 않는 걸림돌이 되었다.

1시간 일한다는 것은, 누군가와 보낼 1시간을 잃는 것이다

"진정한 예술가는 예술을 하지 않으니 차라리 아내를 굶주리게 하고 자식을 맨발로 다니게 하며 일흔 살 노모에게 자기 뒤치다꺼리를 하게 한다." 조지 버나드 쇼가 한 말이다. 모차르트는 아내가 첫 아이를 낳을 때 어디에 있었을까? 다른 방에 있었다. 작곡을 하면서.

일에 미친 의사들도 똑같다. 그들은 가족생활과 완벽주의 사이에서 혼란을 겪는 나머지 번아웃에 빠지고 만다. 심리학자 리처드 라이언Richard Ryan도 비슷한 증상을 설명한다. "고성과자들에게 불안증과 우울증이 발생하는 원인 가운데 하나는 인간관계가 좋지 못하다는 것이다. 그들은 자기만 생각하며 업적을 쌓기에도 시간이 모자라다. 그러니 인생에서 진짜 중요한 애정과 관심, 자상함, 공감 같은 것은 끼어들 틈이 거의 없다." 일에 미쳐 가족을 등한시하는 현상은 어제오늘의 일이 아니다. 고대 로마에는 "책 아니면 아이(libri aut liberi)"라는 말이 있었다고 한다. 창의적인 작업에 매진하는 사람은 가족을 희생물로 삼는다.

에너지도 중요한 문제다. 「아카데미 오브 매니지먼트 저널」 연구에 따르면, 광고 등 창의력을 쏟아붓는 업계의 종사자들이 배우자와 보내는 시간은 양도 적지만 질도 형편없이 낮은 편이다. 그들은 뇌가 텅 빈 상태로 퇴근한다. 그들의 에너지 저장고에는 자상한 배우자 행세를 할 에너지가 한 푼도 남아 있지 않다. 다른 연구에서도 나왔지만, 완벽주의 기질이 심한 사람일수록 만족스러운 인간관계를 만들 가능성은 33퍼센트나 떨어진다.

어떤 사람들은 작업 강도를 비정상적인 수준까지 끌어올린다. 명망 높은 과학 전문지 「네이처」는 1,400명 독자들에게 비공식 설문을 돌렸다. 그중 20퍼센트는 초점과 집중력을 높이기 위해 약물을 복용했는데, 가장 흔한 것은 흥분제인 리탈린이었다. 천재들의 습관을 분석한 결과 상당수가 팔 에르되시처럼 암페타민을 복용하고 있었다. 미국 대학생들을 조사했을 때에도, 4.1퍼센트가 똑같은 행동 습관을 보이는 것으로 나타났다.

모든 것을 잊고 열정적으로 집착할 수 있는 일을 가졌다는 것은 성공과 가깝다는 의미이지만, 행복해지는 데 꼭 필요한 인간관계를 엉망진창으로 만드는 폭탄이 될 수도 있다는 뜻이다. 숀 아처 하버드대 교수도 같은 말을 했다. "사교 생활에 시간을 더 많이 투자하는 사람이 오히려 스트레스를 가장 잘 이겨낸다. 그러나 우리 대부분은 정반대로 행동한다. 내 연구에서는 사회적 관계야말로 행복을 점쳐주는 가장 훌륭한 지표인 것으로 나타났다."

세상만사 다 무시한 1만 시간의 노력이 삶을 암흑으로 이끌 수도 있다. 하워드 가드너 교수가 피카소와 프로이트를 비롯해 세상에 이름을 떨친 창조자들을 연구한 결과, 이 창조자들은 자기의 비범한 재능을 보존하기 위한 방편으로 모든 것을 희생하고 있었다. 무엇보다도 균형 잡힌 개인이 될 수 있는 가능성을 포기했다.

체스의 전설 보비 피셔Bobby Fischer도 인터뷰에서 거의 똑같은 말을 했다. 체스에 미쳐 살지 않았다면 인생이 어떻게 달라졌을 것 같냐는 기자의 물음에 피셔가 대답했다. "글쎄, 지금보다야 나아졌을 것이다. 지금보다는 균형도 잡히고 두루두루 더 원만했을 것 같다." 프란츠 카프카는 스스로를 훨씬 더 신랄하게 비꼬았다. "작가로서의 내 운명을 점치는 것은 무척이나 단순하다. 내적 삶을 묘사하는 재능은 다른 모든 일을 뒷전으로 밀쳐버렸다. 내 삶은 끔찍할 정도로 쪼그라들었고 앞으로도 계속 쪼그라들 것이다. 그 밖의 것은 절대로 나를 만족시키지 못할 것이다."

2장에서 스펜서 글렌던과 피터 드러커가 보였던 기회비용의 문제를 여기에도 적용할 수 있다. 1시간 일을 한다는 것은 가족과 친구와 보낼 1시간을 잃는다는 뜻이다. 성공을 위해선 무언가를 희생해야 한다는 것인가? 슬프지만 맞는 말 같다.

번아웃 증후군을 피하는 가장 좋은 방법

어쨌거나 지금까지의 이야기는 꿈꾸던 일을 하고 있다는 가정을 전제로 한다. 그렇다면 꿈꾸던 일과는 상관없는 직업에 종사한다면? 사실 우리 대부분이 그렇지 않을까? 열정도 흥미도 느끼지 못하는 일에 종사하고 있는데 격무에 치이기까지 한다면 그 결과는 훨씬 부정적이다. 전혀 놀랍지 않은 사실이다. 일본에서는 그 심각성이 손쓸 수 없는 지경에 이르렀다. 오죽하면 '과로사'라는 말까지 만들어졌을 정도로 일반적인 현상이 되어 버렸다. 워낙 흔하게 사용되는 말이다 보니 2002년에는 사전에도 정식 등재되었다. 정부도 사태의 심각성을 인지해 추적 조사에 들어갔다. 일본에서 과로사로 죽은 사람의 수는 교통사고 사망자 수에 맞먹었다.

보통은 심장마비나 뇌졸중을 직접적인 사망 원인으로 규정하지만, 자살 역시 직접적인 원인에 속하며 심지어 '과로자살'이라고 따로 이름까지 붙었다. 보험회사는 100만 달러가 넘는 보험금을 수령한 과로자살자 유가족들과 매해 수많은 법정 분쟁을 벌인다. 일본 근로자들의 90퍼센트는 '일과 생활의 균형'이라는 개념조차 잘 모른다는 조사 결과도 나왔다. 일부 기업들은 이런 문제를 근원부터 없애기 위해 근무 시간이 끝나면 직원들에게 "퇴근하세요"라는 내용의 방송을 내보낸다.

과로로 인한 심장마비나 뇌졸중이 흔한 일은 아니다. 대부분은 몸과 마음이 완전히 비참한 상태로 무너져도 그러려니 하고 넘긴다. 그러고는 '번아웃'이 돼서 그런 거라고 대수롭지 않게 넘긴다. 하지만 심리학자들의 지적에 따르면 번아웃은 단순한 급성 스트레스 과다가 아니라, 명백한 임상 우울증이다.

스트레스를 겪지 않는 사람은 없고, 대다수는 잠깐이라도 휴식을 취하고 나면 어느 정도는 그것을 떨쳐낸다. 스트레스 연구의 권위자 크리스티나 매슬랙Christina Maslach은 진짜 번아웃은 자신에게 맞지 않는 일을 할 때 생긴다고 말한다. 좋아하는 일을 열정적으로 하는 사람은 인간관계가 엉망이거나 신체적 피로감에 시달리기는 해도, 다른 평범한 직장인들처럼 정신까지도 힘이 다 빠지는 번아웃에 시달리지 않는다. "수도원이나 몬테소리 교육법을 시행하는 학교들, 종교 기관 부설 탁아소처럼 근무자들이 자기 일을 단순한 직업이 아니라 소명으로 여기는 곳에서는 번아웃이 거의 없었다"고 말한다. 지금 하는 일이 마음에 들지도 않고 과로에 시달리면서 기대치나 가치관에도 영 부합하지 않을 때 겪는 어려움은 단지 스트레스만이 아니다. 관점까지도 달라질 수 있다. 더는 발전할 수 없을 것 같고 일에도 몰입하지 못하다가 결국에는 냉소와 비관에 빠진다.

결론을 말하자면, 번아웃은 '그릿의 대척점'이다. 네이비실의 제임스 워터스와 마틴 셀리그만의 연구를 설명하면서 회복탄력성은 낙관적 태도에서 나온다고 했다. '이렇게 해봤자 아무것도 못 이룰 거야. 더는 할 수 없어. 좋아질 가망이 전혀 없어.' 그리고 번아웃은 이런 비관적 시각이 지배할 때 등장한다.

낙관론자든 비관론자든 그저 끈기 있게 견디면 된다고 생각할 수 있지만, 우울의 늪을 허우적대는 사람이 성공하기는 대단히 힘들다. 줄리아 보엠Julia Boehm과 소냐 류보머스키는 「커리어 평가 저널」에서 '행복이 성공을 이끄는 경우는 많지만 성공이 행복을 이끄는 경우는 많지 않다'고 적고 있다. 낙관주의는 힘들고 지친 순간에 나를 앞으로 나아가도록 밀어주지만, 번아웃은 비관주의의 소용돌이를 만든다. 이 소용돌이에 휩쓸린 순간 다 소용없다는 생각에 빠져 어떤 일에서도 만족감을 얻지 못한다. 그러고는 '과로사'에 마지막 희망을 걸게 된다.

이런 사태의 처방약은 무엇인가? 돈만 잘 벌면 장땡일까? 아니다. 「객관적 성공과 주관적 성공은 시간이 지나면서 어떻게 서로 맞물려 얽히는가?」라는 연구는 급료 자체가 업무 만족도를 올리지 못한다는 사실을 보여주었다. 소득이 는다고 갑자기 그 일이 천직이 되지는 않으며 번아웃 가능성이 줄지도 않는다. 업무가 적성에 맞지도 않는데 과로에도 시달린다면 뭔가 변화를 꾀해야 한다.

아무리 열정과 흥미를 가진 일일지라도 과도하게 일에만 매달리는 사람이라면, 다른 이들을 만나고 사귀는 시간을 늘려야 한다. 미국 의학 협회는 정상에 오른 의사들에게 번아웃을 어떻게 피하냐고 물어봤다. 그들이 가장 요긴하게 써먹은 방법 중 하나는 '가족이나 친구들과 고민을 나누는 것'이었다. 사람은 누구나 한계가 있다. 그리고 일과 개인생활에서 균형을 맞춘 삶을 살고 싶으면 나는 물론이고 내 주변 사람들에게도 좋은 일을 찾아야 한다. 작가 샘 해리스Sam Harris가 「애틀랜틱」지와 한 인터뷰를 눈여겨볼 필요가 있다.

어떤 업적은 성공을 원하는 강박증적 욕구 혹은 돈이나 힘을 욕망하는 데서 나오기도 한다. 수많은 예술작품은 이기적 망상에 사로잡혔을 때 나온다. 자신에 대한 망상을 영원히 떨쳐내는 사람은 아마도 위대한 소설을 쓰지 못할 것이고 차세대 애플을 세우지도 못할 것이다. 부처의 깨달음을 얻으면서 블라디미르 나보코프나 스티브 잡스 같은 업적을 세우기는 힘들 수 있다. 위대한 소설가나 기업가가 될지, 아니면 부처가 될지 선택의 기로에 놓인 사람은 아무도 없었다. 다행이라면 다행이다. 나한테 중요한 질문은 이것이다. 우리는 어느 정도나 강박적으로 자기를 몰아붙여야 생산적인 삶을 살 수 있는가? 우리 대부분이 생각하는 수준보다는 훨씬 낮은 수준이라는 것이 내 생각이다.

강박적인 일 중독은 성공을 가져다줄지 몰라도, 조화롭고 충만한 삶으로 이끌어주지는 못한다.

chapter 7

일과 삶의 균형을 지키는 유연한 사람이 되는 법

재미와 성공 두 마리 토끼를 잡는 법

우리는 성공도 하고 싶고, 친구나 가족과 단절되어 살고 싶지도 않고, 우울증이나 번아웃 증후군에 시달리기도 싫다. 재미와 성공이라는 두 마리 토끼를 잡는 것이 가능한가, 아니면 그림의 떡에 불과한가?

어떤 때는 '더 많이'가 답이 아니다. 사실 '더 많이'라는 것 그 자체가 불가능할 때도 있다. 최고의 실력을 얻으려면 가끔은 휴식과 재미도 필요하고, 반미치광이 짓을 해야 할 때도 있다.

과학자들은 학생 254명을 대상으로 장난기와 성적표를 비교하는 연구를 했다. 놀랍게도, 장난기와 성적 사이에는 긍정적 관계가 있었다. 단순히 관계가 있는 정도가 아니었다. 장난기가 많은 학생일수록 시험이나 숙제와 상관 없는 교재도 읽었다. 그들은 호기심이 왕성했고 의욕도 높았다. 다른 연구에서도 아이들의 휴식 시간과 학업 성적 사이에 연관이 있다는 사실이 밝혀졌다. 더 많이 논다는 것은 더 많은 학습을 의미했다.

재미는 인간관계에서도 직장 생활에서도 사람들과 유대감을 기르는 데 도움이 된다. 웃으면서 실없는 농담 한마디 안 해본 사람과 잘 지낼 가능성이 얼마나 되겠는가? 윌리엄 햄페스William Hampes가 학생 98명을 조사한 연구에서도 유머가 신뢰 형성에 크게 관여한다는 것이 드러났다. 격의 없이 우스갯소리를 나눌 수 있는 상대에게는 신뢰가 더 쌓인다.

그러나 당신이 팀장이라면 재미가 우선인 분위기를 원하지 않을거다.

정말 그런가? 그렇다면 단단히 오해하고 있다. 모두가 함께 어울리는 회사 분위기는 인재를 구할 때 아주 유리한 조건이다. 「리더십과 조직 연구 저널」이 발표한 한 연구에서는 "재미있는 직장은 보상이나 승진 기회보다 응시자를 더 많이 끌어모으는 강력한 지표다"라는 결과가 나왔다. 그렇다. 지금까지의 생각이 틀렸다. 돈과 승진도 중요하지만 직장에서의 재미가 훨씬 더 중요하다.

그래도 남들보다 더 열심히 노력해야 한다는 사실은 그대로 아닌가? 더 열심히 더 오래 일하면 더 좋은 결과가 나오지 않을까?

경영 컨설팅 분야는 야근과 과도한 업무량으로 악명 높은 분야다. 주당 80시간 근무는 예사고, 툭하면 출장에, 수시로 이메일을 확인해야 하고, 파워포인트 지옥에도 시달린다. 레슬리 펄로Leslie Perlow와 제시카 포터 Jessica Porter는 궁금했다. 업계 최고로 인정받는 컨설팅 회사가 '정신 나간 짓'을 하면 어떤 일이 생길까? 컨설턴트를 하루 24시간 꼬박 업무에서 벗어나게 한다면 어떤 일이 생길까? 미친 생각이었다. 쉴 새 없이 돌아가는 보스턴 컨설팅 그룹(이하 BCG)의 업무 속도에서는 상상할 수도 없는 일이었다. 컨설턴트가 하루의 자유 시간을 얻는다고 해도, 긴급 상황이 발생하면 언제 불려 올지 모른다. 그리고 긴급 상황이 없는 날은 하루도 없다. 당연히 펄로가 생각한 '미리 계획한 하루 연차'는 현실성 제로의 아이디어였다. 그리고 처음 이 아이디어를 들은 BCG의 파트너는 단호하게 안 된다고 대답했다. 이 미친 아이디어를 긍정적으로 고려하는 파트너를 찾는 데만도 무려 6개월이 걸렸다.

직원들은 물론 두 팔 벌려 환영했다. 하루 연차를 낸 이들 중에 업무에 만족한다고 대답한 사람이 휴식도 없이 업무에 시달리는 이들에 비해, 23

퍼센트가 더 많았으며 아침 출근길이 즐겁다고 대답한 사람도 24퍼센트나 많았다. 일에서도 개인 생활에서도 그들의 행복감이 늘어났으며 이직 가능성도 낮아졌다. 휴식으로 재충전을 했으니 당연한 결과라고 생각할 수 있다. 그러나 휴식의 효과는 그것만이 아니다. 하루를 푹 쉰 컨설턴트들이 고객에게 제공하는 자문 서비스의 질은 11퍼센트나 올라갔다. 고객들도 그 사실을 확인해주었다. 미리 정한 하루 연차를 낸 팀은 나빠봤자 휴식 없는 팀과 같은 수준의 성과를 냈고 좋을 때는 훨씬 높은 성과를 냈다.

BCG는 이런 결과를 무시하지 않았다. 4년 뒤에 북동부 사업부에 속한 팀의 86퍼센트가 이 연차 제도를 활용했다. 직원들의 업무량은 줄었는데 회사의 실적은 올라갔다. 사람이 일하는 데는 한계가 있다. 업무량이 지나치게 올라가면 업무의 질은 떨어진다. 회사의 실적만 낮아지는 게 아니라 직원들의 삶의 질도 낮아진다.

2014년 갤럽 조사에 따르면 미국인의 39퍼센트는 주당 50시간 이상을 일하며, 18퍼센트는 주당 60시간 이상을 일한다. 늘어난 근무 시간에 따른 긍정적 결과는 무엇인가? 스탠퍼드 대학 연구진은 '거의 없다'고 말한다. 주당 근무가 55시간을 넘어가면 생산성이 급격히 하락하고, 70시간 일하는 사람은 그 15시간 만큼의 추가 근무에 해당하는 추가 생산성이 하나도 없었다. 그들이 추가로 더 생산하는 것은 오직 스트레스다.

「소시오-이코노믹스 저널」에 실린 논문은 과로와 스트레스로 줄어드는 행복이 초과 근무 수당으로 늘어나는 행복보다 크다고 말한다. 복잡한 수식을 들이댈 필요도 없는 사실이다.

재미와 휴식은 성공과 또 어떤 관련이 있는가? 오늘날 모든 회사가 혁신을 목놓아 외친다. 창의성이 필요하다고 말하지만, 사무실에서 온종일 일만 하는 사람들이 과연 새 아이디어를 얼마나 생각해낼까? 전혀 못 한다. 창의성은 과도한 스트레스와 과로에서 벗어나 긴장을 풀고 쉴 때 생겨난다.

우리 머릿속에서 창의성이 가장 번뜩이는 순간은 출근하기 몇 시간 전이다. 많은 사람이 샤워를 하면서 최고의 아이디어를 떠올린다고 한다. 펜실베이니아 대학의 스콧 배리 카우프만Scott Barry Kaufman이 조사한 결과, 72퍼센트의 사람은 일할 때보다 샤워할 때 새 아이디어를 훨씬 자주 떠올렸다. 샤워가 그렇게나 강력한 이유는 무엇인가? 긴장을 풀어주기 때문이다. 아르키메데스도 사무실에서 일하다가 유레카를 외친 게 아니었다. 그 순간, 그는 목욕을 즐기고 있었다.

'파이팅!'을 외쳐대는 현대의 근무 환경은 창의적 사고를 완전히 가로막는다. 하버드 대학 테레사 에머빌의 연구에서도 시간 압박에 많이 시달리는 사람일수록 창의적 해결책을 찾아낼 가능성은 45퍼센트 줄어든다는 결과가 나왔다. 스트레스에 시달릴수록 만들어지는 것은 창의성이 아니라 '숙취와 같은 압박감'이다. 창의성 뮤즈가 가출해 며칠이고 돌아오지 않는 것이다.

창의성을 발휘하고 싶으면, 긴장으로 딱딱하게 경직된 상태를 벗어나 정신의 외유를 허락해야 한다. 일부 학자들은 공상이나 망상도 해결책이 될 수 있다고 말한다. 공상에 빠지는 뇌의 영역은 퍼즐 놀이를 할 때의 영역과 같다. 정신적 외유를 많이 하는 사람이 문제 해결 능력도 더 뛰어나다.

휴식에도 *80 : 20의 법칙은 적용된다*

우리 모두 매일 상당량의 '활동 정지' 시간을 가진다. 바로 수면이다. 수면의 중요성을 이러쿵저러쿵 장황하게 떠들어대는 것은, 물론 이 책이 처음은 아니다(하지만 가장 요란하게 떠드는 책일 수는 있다). 수면이 부족하면 사람은 정신까지 멍해진다. 워싱턴 의과대학의 존 메디나John Medina 교수는 한 학생의 사례를 설명한다.

> 모든 과목에서 거의 상위 10퍼센트 안에 드는 학생이 있었다. 이 학생이 평일에 7시간 이하로 자고 주말에만 40분 더 잘 경우, 잠을 충분히 자는 학생들의 하위 9퍼센트에 해당하는 성적으로까지 떨어지기 시작한다는 연구 결과가 나왔다.

지적 능력은 생각만큼 쉽게 회복되지 않는다. 2008년 스톡홀름에서 진행한 연구에 따르면, 2~3일을 5시간 정도만 잔 사람은 그 후 일주일 동안 평균 수면시간을 자더라도 지적 능력이 100퍼센트 완전히 회복되지는 못했다.

'난 멀쩡해. 괜찮아'라고 생각할지 모른다. 하지만 절대로 멀쩡하지 않다. 그게 멀쩡하면 음주 운전자도 멀쩡한 것이다. 사람들은 자기가 수면 부족인지 아닌지도 알아차리지 못한다. 그게 수면 부족의 교활한 특징이다. 피곤을 느끼지 않는다고 해서 충분한 휴식을 취했다거나 최고의 성과를 낼 수 있는 상태인 것은 아니다. 잠이 고달픈 뇌는 정상적으로 작동하지 못한다.

「뉴욕 타임스」는 펜실베이니아 대학교 수면 전문가 데이비드 딘지스 David Dinges의 연구 결과를 보도했다. 2주 동안 하루 4시간 이하로 잔 피험자들은 피곤하지만 견딜 만하다고 말했다. 그러나 몇 가지 테스트 결과, 피험자들의 뇌는 그냥 젤리 덩어리와 다름없는 텅 빈 상태였다. 이것만이 아니었다. 2주 동안 하루 6시간을 잔 피험자들의 뇌도 술에 취한 사람의 뇌와 다르지 않았다. 미국인의 평균 수면 시간은 얼마나 될까? 갤럽 조사에 따르면 6.8시간이다. (당신 역시 어쩌면 이 책을 내려놓고 자러 가는 게 더 맞을 수 있다.)

하루 두세 시간만 자도 너끈한 사람도 있기는 하지만 웬만한 사람은 절대로 버티지 못한다. 체질적으로 잠이 적은 '쇼트 슬리퍼short sleeper'는 전체 인구의 1~3퍼센트에 불과하다. (게다가 이 드문 증상에 대해서는 연구도 힘들다. 잠이 적은 체질을 고치려고 병원에 오는 사람은 아무도 없기 때문이다.) 아침형 인간을 보면 병적일 정도로 활기차고 힘이 넘친다. 쇼트 슬리퍼는 그 정도를 넘어 '언제나' 힘이 넘치는 사람이라고 생각하면 된다. 다시 말하면, 볼륨을 최대한 낮춘 조증과 비슷하다. 쇼트 슬리퍼는 미친 사람들이 아니라, 낙관적이고 생기가 과하게 넘치고 감정적 회복력이 아주 높은 사람들일 뿐이다. 이 질환은 가계 유전이며 hDEC2 유전자 변이가 원인으로 보인다. 따라서 이 유전자 변이가 없는 사람은 쇼트 슬리퍼가 아니다. 그냥 너무 피곤해서 자기가 피곤한지 아닌지도 잘 모르는 상태에 불과하다.

수면 부족은 피로를 쌓이게 하고 생각을 흐리멍덩하게 만드는 데 그치지 않는다. 잠은 감정에도 영향을 끼친다. 사람마다 어떤 날은 유독 피곤하고 짜증이 나는데, 더 깊이 파고들면 이건 신경과학 수준의 문제다. 피곤하고 지친 뇌에는 부정적인 것이 더 크게 보인다. UC 버클리 대학교의 교수 매슈 워커Matthew Walker의 연구는 수면이 부족한 사람은 세상을 더 부정적으로 보게 된다는 사실을 보여준다. 실험에서 학생들은 35시간 동안 잠을 자지 않은 후에 fMRI 촬영을 했다. 그들의 편도체는 잠을 푹 잔 사람의 편도체보다 나쁜 일에 대해 60퍼센트나 더 예민하게 반응했다. 8시간 숙면을 취한 뇌는 한결 평온해진다. 수면이 부족한 뇌는 나쁜 일에 더 과민하게 반응한다. 명확한 결과가 나왔다. 피곤에 지치면 행복한 감정은 쉽게 사라진다.

아침에 느끼는 기분은 그날 하루 컨디션에도 영향을 준다. 만원버스와 지옥철에 시달리는 출근길도 그렇지만 전날 잠을 얼마나 잘 잤는지도 사무실에 도착한 순간부터 퇴근하는 순간까지의 생산성에 영향을 미친다. 그리고 와튼 대학 연구에 의하면, 아침의 기분은 사건에 대응하는 태도에도 영향을 미친다. 동료의 사소한 실수에 눈살을 찌푸리는 정도로 넘어가는가 아니면 짜증이 왈칵 솟는가?

아침 몇 시간이 중요한 이유는 또 있다. 대다수 사람은 그 시간에 생산성이 가장 좋다. 댄 애리얼리 듀크대 교수는 이렇게 말했다. "대다수 사람은 아침 두 시간 동안 생산성이 가장 좋다. 깬 직후가 아니다. 7시에 일어난다면 보통은 8시부터 10시 30분 정도까지가 생산성이 가장 좋다." 그 귀중한 시간을 피곤과 짜증으로 허비하지는 말아야 한다.

이렇게 생각해보자. 잠이 모자란 상태로 3시간 일하는 것과 기분 좋고 활력이 넘치며 집중이 잘 되는 상태로 1시간 일하는 것, 어느 쪽이 더 잘 되겠는가? 지치고 짜증 나고 집중도 안 될 때 10시간 일해봤자 '몰입 상태'에서 3시간 일할 때보다 성과가 훨씬 적다. 따라서 몇 시간 더 일하는 것보다 몸과 마음을 최고의 컨디션으로 만드는 것이 더 중요하다.

이제 잠의 무시무시한 위협을 드러낼 시간이다. 영국 연구진은 평균 6~8시간을 자다가 잠을 줄인 화이트칼라 노동자들에 대해 10년 넘게 추적 조사를 했다. 어떤 결과가 나왔을까? 사망률이 훨씬 높았다. 6~7시간 또는 8시간을 자다가 잠을 줄인 피험자들은 같은 10년 동안 수면 시간을 그대로 유지한 대조군에 비해서 심혈관 질환이나 그 밖의 온갖 질병으로 인한 사망률이 훨씬 높았다고 한다.

그런데도 우리가 잠을 충분히 자지 않는 이유는 무엇인가? 잠을 싫어하는 사람은 없다. 문제는 그놈의 일이다(이 말이 이해가 가지 않는다면 지금 당장 낮잠을 자러 가도 되는지 한번 시도해보기를). 펜실베이니아 의과대학의 매티어스 배스너Mathias Basner는 이렇게 설명했다. "일하는 시간이 잠 잘 시간을 가장 많이 훔친다는 증거는 셀 수 없을 정도로 많다. 사회인구학 계층 전체에 그리고 문제의 접근법에 상관없이 그 증거는 두루 존재한다." 비디오 게임 프로그래머 에번 로빈슨Evan Robinson이 오늘날 직장 문화의 현실을 날카롭게 꿰뚫으며 한 말에도 반박의 여지가 없다. "회사는 근무 중에 술을 마신 직원은 가차 없이 해고하면서, 취중 근무나 다름없는 업무 환경을 만드는 것에는 왜 아무 거리낌이 없는가?"

우리는 24시간 내내 가동해도 쌩쌩하게 버티는 컴퓨터가 아니다. 인간에게는 휴식이 필요하지만 직장에서 낮잠을 잤다가는 인사고과에 금이 간다. 하지만 근무 중 잠깐의 꿀잠은 '기막히게 좋은 아이디어'를 떠올리게 한다. 낮잠이 성과를 높인다는 증거는 굉장히 많다.

잠을 푹 자려면 환경이 중요하다. 사방이 환하면 뇌는 깨어 있어야 한다고 인지하고, 어두컴컴하면 잠자리에 들 시간이라고 인지한다. 우주 비행사에게는 아주 슬픈 현실이다. 그들이 있는 곳은 지구가 아니기 때문에 잠을 위한 신호도 뒤죽박죽이다. 지구에 있을 때 해는 하루에 한 번만 뜨지만, 우주 비행사들은 하루에 열두 번이나 일출을 봐야 한다. 그래서 나사는 방대한 수면 연구를 했다. 혹여 우주 비행사들이 피로에 지쳐 일을 제대로 못하면 비극적인 결과로 이어질 수 있어서다. 나사는 '피로 대책 프로그램'이라는 것을 개발했는데, 말이 어려울 뿐 사실상 낮잠 프로그램이다. 이 연구에 따르면 낮잠은 비행사들의 정신을 명료하게 가다듬는 데 크게 도움이 되었다. 장거리 운항에서는 40분 휴식 프로그램이 비행 실적을 현격히 높이는 것으로 판명되었다. 90분 정도 낮잠을 자고 일어난 뇌는 부정적 사건에 대한 과민 반응이 줄어들었고 긍정적 사건에 대한 반응도가 올라갔다.

낮잠과 재미 말고 또 우리의 성공에 도움을 주는것은 무엇인가? 낮잠이 잠깐의 효력이라면 휴가는 더 길게 효력을 발휘한다. 독일의 교사 연구에 따르면, 2주간 휴가를 갔다 온 교사들은 업무 몰입도가 늘어났고 번아웃은 최대 한 달 동안 줄어들었다. 휴가는 텅 빈 연료통을 다시 채우는 것과 같다. (지금 이 페이지를 뜯어 당장 상사 책상에 올려놓기 바란다.) 하지만 휴가를 갔다 오고 곧바로 과로와 수면 부족에 시달린다면 아무 소용이 없다. 과도한 스트레스는 휴가의 효력을 한 달 미만으로 줄여버린다. 연료통이 순식간에 바닥을 드러내는 것이다. 그러나 휴가에서 복귀하고 다시 재미있게 일한다면 휴가로 얻은 재충전의 효력이 배가된다.

일은 재미있어야 한다. 일하면서 짬짬이 쉬기도 해야 한다. 재미와 휴식은 성공 가능성을 높이며 직원 모두에게 좋은 영향을 미친다. 고된 업무가 꼭 좋은 실적으로 이어진다는 보장은 없다. 양이 곧 질은 아니기 때문이다. 더 잘 하는 것이 중요하지 더 많이 하는 것이 중요하지 않다. 피터 드러커가 말한 80/20의 관점을 명심해야 한다. 끝없는 이메일의 바다에서 헤매기보단 일하는 상황 자체를 개선해야 한다. 모든 시간이 평등하진 않다. 인간은 기계가 아니다. 기계가 최고 성능을 발휘하게 하는 것, 그것이 우리 인간이 할 일이다.

워라밸이 뜨거운 화두로 떠오른 이유

일과 삶의 조화, 즉 work and life balance(이하 '워라밸'로 칭한다 – 편집자 주) 문제는 최근 가장 뜨거운 주제로 떠올랐다. 이에 관해 뾰족한 결론을 내리기 어려운 이유는 무엇일까? 과거엔 별로 중요하게 생각하지 않았기 때문일까? 아니면 늘 중요하게 여겨졌지만 여전히 해결되지 못해서일까? 우리의 부모와 조부모도 우리처럼 언제 끊어질지 모르는 이런 팽팽한 압박감을 달고 살았는가? 1986년부터 10년간 언론이 워라밸을 언급한 횟수는 32회였다. 이후 2007년 한 해에만 1,674번 언급되었고, 그 횟수는 지금도 계속 늘고 있다.

대체 왜일까? 무엇보다도 일하는 시간이 늘었다. 「하버드 비즈니스 리뷰」가 미국 연봉 상위 6퍼센트에 속한 1,500여 명의 근로자들을 조사한 결과에 따르면, 일주일에 60시간을 넘게 일한 사람이 35퍼센트였고 10퍼센트는 일주일에 80시간을 사무실에서 살았다. 1980년 미국에서 대학을 졸업하고 정규직 직장을 가진 남자들 중 일주일에 50시간을 일하는 비율은 22.2퍼센트였지만, 2001년에 그 비율은 30.5퍼센트로 증가했다. '돈은 많은데 시간이 없다'라고 느끼는 사람이 많은 이유가 설명된다. 물론 '돈도 없고 시간도 없다'고 느끼는 사람이 더 많겠지만.

출세하고 성공하려면 당연히 오랜 시간 노력해야 한다. 「하버드 비즈니스 리뷰」는 매주 60시간 이상을 일하는 상위 6퍼센트 소득자들을 취재했다. 그들의 69퍼센트 이상은 일을 많이 줄이면 건강이 좋아질 것이라고 믿으며, 58퍼센트는 일이 아이들과 잘 지내는 데 방해가 된다고 생각한다. 그리고 46퍼센트는 일이 원만한 부부 사이에 방해가 된다고 생각하며, 50퍼센트는 일 때문에 만족스러운 성생활이 힘들다고 말한다.

짐작하겠지만 일에 미쳐 사는 것은 행복에도 크게 영향을 미친다. 과거의 연구에서는 중장년 세대가 청년 세대보다 행복하다는 결과가 대부분이었지만 지금은 아니다. 2010년 이후로 30대 이하의 청년 세대는 과거의 청년 세대보다 행복 지수가 늘어났다. 하지만 30대 이상의 중장년층이 느끼는 행복은 과거의 중장년층보다 줄었다. 왜 그런가? 진 트웬지Jean Twenge 심리학 교수는 이렇게 설명한다.

미국의 문화는 기대를 높게 세우고 꿈을 좇아야 한다고 계속 강조했다. 젊은 세대에게는 나무랄 데 없는 충고일 수 있다. 그러나 평균 중장년 세대는 꿈이 너무 높아 이룰 수 없으니 행복이 줄어드는 것도 당연한 결과라는 사실을 깨달았다. 과거의 중장년층은 기대치를 별로 높게 세우지 않았지만 오늘날 그들의 기대치는 달성하기도 불가능할 정도로 높다.

1976~2000년에도 고등학교 졸업반의 야망과 기대치는 터무니없을 정도로 높았고 그 수치는 시간이 지날수록 점점 높아졌다. 복잡한 셈도 필요없다. 당연히, 그들은 지금 좌절과 실망으로 가득 찬 어른이 되었다. 위대한 철학자 타일러 더든(영화 「파이트 클럽」의 주인공 - 옮긴이)은 말한다. "우리모두 텔레비전을 보면서 언젠가는 백만장자가, 위대한 영화배우가, 록스타가 될 거라고 믿었지. 하지만 될 리가 있나. 우리는 서서히 현실을 깨달

고 있어. 그리고 현실에 화가 나서 미칠 지경이지."

세상은 어떻게 변했는가? 현대인들에게 성공의 기준은 하늘 끝만큼 높다. 이루기 어려운 정도가 아니라 아예 불가능하다. TV에선 실리콘밸리 억만장자들 스무 명을 보여준다. 내가 잘하는 건 뭘까? 인터넷을 보니 나보다 일은 적게 하면서 더 행복하고 더 잘 사는 사람 천지다. 심지어 그 사람들은 치아마저도 하얗고 반짝거린다. 주위 사람을 다 세어봐야 100~200명이 고작인 부족 사회에서는 각자 무언가 특기가 있었다. 조금만 노력해도 돋보일 수 있었고 특별할 수 있었고 가치 있는 존재가 될 수 있었다. 하지만 지금 우리의 글로벌 사회는 구성원이 자그마치 70억 명이 넘는다. 무언가를 나보다 더 잘하는 사람은 항상 있고, 언론은 그 사람들을 연일 보도한다. 그리고 내가 그들을 턱밑까지 따라잡았다고 생각하는 순간 언론은 다시 기준을 높여버린다.

정신적 기대치만 높아진 것이 아니다. 모든 것에서 경쟁이 더 심해졌다. 인재 시장도 이제는 글로벌 단위로 움직인다. 다시 말해, 내가 잘해내지 못하면 회사는 나를 인정사정없이 내칠 것이다. 사람이야 지구 반대편에 서라도 구해 오면 그만이기 때문이다. 컴퓨터 성능이 좋아지고 고급 인력 수요가 줄어들었기 때문에, 하나의 구인 광고에 전보다 10배나 많은 이력서가 순식간에 접수된다.

세상은 '더, 더, 더'를 외친다. 그리고 우리도 앵무새처럼 그것을 따라 외친다. 리서치 기관인 얀켈로비치 파트너스의 J. 워커 스미스J. Walker Smith는 「월스트리트 저널」과의 인터뷰에서 "오늘날 중산층을 꿈꾸는 사람은 아무도 없다. 모두가 최고에 오르기를 원한다"고 말한다. "과거보다 지금 가진 것이 훨씬 많겠지만 그만큼 더 행복해진 것은 아닐 수 있다. 그리고 우리는 더 가지면 해결할 수 있다고 본능적으로 생각한다. 더 많은 돈, 더 많은 음식, 더 많은 물건. 무조건 더 가져야 한다. 심지어 뭐가 더 필요한지도 모르고 지금도 어마어마하게 가지고 있으면서, 이걸로는 충분치 않다고 생각한다. 그러고는 이미 최대치를 넘어섰는데도 그걸 넘어 불가능을 바란다." 그의 말은 반자본주의자의 성토도 아니고 '요새 애들은 고마운 줄을 몰라'와 같은 꼰대의 잔소리도 아니다. 우리의 본능이 한참 엇나갔음을 보여주는 또 다른 예에 불과하다. 문제는 '우리를 행복하게 하는 것'을 찾는 모험에는 결승선이 없다는 점이다.

성공에 대해 '나만의' 정의를 내려라

성공이란 무엇인가? 주변을 둘러보면서 '나도 이만하면 성공했지'라고 말하는 건 소용없다. 남들과 비교해 '나의 성공'을 판단하는 태도는 위험하다. 남들 수준에서 내 노력과 투자가 맞는지를 판단하려면 뒤처지지 않기 위해 언제나 전속력으로 달려야 하기 때문이다. 모두가 몸이 부서져라 일할 각오가 돼 있는 글로벌 경쟁 사회에서 '1등이 될 거야'와 같은 막연한 말은 아무 도움도 되지 못한다. 모두가 넓은 선택의 폭과 유연성을 원했고, 그것들을 얻었다. 경계선이 없어졌다. 주위를 둘러봐도 지금 멈추는 게 맞는지 아닌지 알 수 없다. 세상은 계속 전속력 전진만을 외치고 있으니까.

각오를 다져야 한다. 남이 아니라 내가 선택해야 한다. 세상은 이것도 맞고 저것도 맞다고 말한다. 결정은 내가 해야 한다. 내가 원하는 게 무엇인지 스스로에게 질문해야 한다. 내가 원하는 게 뭔지 모르면 '내가' 원하는 게 아니라 '그들이' 원하는 것을 갖게 된다. 남들이 정한 경계선만 따라 움직인다면 '다 가졌다'는 외침은 영원히 남들의 외침이 된다. 예전에는 세상만 봐도 자신이 다 이뤘는지 아닌지를 알 수 있었지만, 지금은 내가 알아서 균형점을 마련해야 한다. 그러지 못하면 원하는 대로 용기 있게 인생을 살지 못했다는 후회, 남이 원하는 인생을 살았다는 후회를 하면서 죽음을 맞이해야 할 것이다.

기업가 하쿠다 겐이 이런 말을 했다. "성공은 우리가 일을 하면서 수시로 직시해야 하는 무언가다. 우리는 성공을 해석할 때 언제나 무언가에 비교하는데, 그 무언가는 자신의 목표와 목적이어야 한다."

배리 슈워츠Barry Schwartz의 말을 빌리면, "우리는 '수동적 선택자'가 아니라 '능동적 결정자'가 되어야 한다. 수동적 선택자는 눈앞에 놓인 여러 선택지 중 하나를 선택하기 때문에 잘못된 이분법에 빠지기 쉽다. 반대로 능동적 결정자는 충분히 신중하게 생각을 한 다음 지금의 선택지들이 하나도 만족스럽지 않다는 결론을 내린다. 그리고 자신에게 맞는 대안을 직접 만들어야겠다고 결정한다."

이만하면 충분하다는 느낌이 드는 선택지는 무엇인가? 무언가 더 필요한 것 같다는 생각이 들지 않는 선택지는? 숨 쉬는 모든 순간마다 선택을 강요하는 오늘날의 세상에서 '이제 그만 할래요'라고 차분하게 말하며 게임 테이블을 벗어나려면 어떻게 해야 하는가? 『저스트 이너프』의 두 저자 로라 내쉬Laura Nash와 하워드 스티븐슨Howard Stevenson은 최고 전문가 60여 명을 인터뷰하고 고위 경영자 90명에게 설문조사를 돌렸다. 그들 대부분도 답을 알지 못했다. 흥미로운 사실은, 그들의 실수에 공통점이 있었다는 것이다. 이 실수를 관찰하면서 연구진은 우리 삶에 무엇이 필요한지, 그리고 그것을 얻기 위한 최고의 자세는 무엇인지를 이해할 수 있었다.

돈만 많다고 잘 사는 것은 아니다. 이 사실을 모르는 사람은 없다. 그러나 돈 말고 또 무엇이 중요한지, 그것을 얻으려면 어떻게 해야 하는지 정답을 아는 사람은 아무도 없다. 인정할 건 인정하자. 돈이라는 것은 많고 적음이 한눈에 드러나고 적어도 잠깐은 우리를 행복하게 해준다. 사랑, 친구, 이런 것들도 중요하다는 사실을 누가 모르는가. 그렇지만 이런 가치들은 너무나도 복잡하고 까다롭다. 아마존 쇼핑처럼 클릭 한 번에 우리 집 문 앞으로 배달되지도 않는다.

그러나 한 가지 척도만으로 삶을 평가하는 태도는 위험하다. 한 가지 기준으로 성공한 삶인지 아닌지를 평가한다는 자체가 말도 안 되는 짓이다.

『저스트 이너프』의 두 저자는 이런 태도를 '욱여넣기 전략(collapsing strategy)'이라고 말한다. 다시 말해 내 삶이 성공 궤도를 달리고 있는지 아닌지를 평가하기 위해 내 모든 인생사를 하나의 척도에만 억지로 욱여넣는다는 뜻이다. 대부분의 사람들이 흔히 이용하는 그 한 가지 척도는 바로 돈이다. 돈을 불리는 게 최고라고 말한다. 얼마나 편리하고 간단한가? 그리고 얼마나 어리석은가? 두 저자가 인터뷰했던 최고의 성공을 거둔 전문가와 경영자들은 자신들이 인생에서 인간관계를 비롯해 다른 중요한 무언가를 놓치고 있다고 말했다. 모든 것을 하나의 척도에만 끼워 맞춘다면 결국 맛보게 되는 것은 좌절감이다.

인생은 여러 잣대로 평가해야 한다. 예를 들어 원만한 가족관계를 원한다면 가족과 시간을 보내야 한다. 따라서 가족에게 쏟는 시간도 삶을 평가하는 하나의 잣대가 될 수 있다. 그러나 얼굴을 붉히고 고함을 지르기 일쑤인 가족이라면 시간의 양은 중요하지 않다. 양과 질, 둘 다 중요하다.

위의 연구에서 가려낸, 인생의 성공을 논할 때 가장 중요한 4가지 척도를 살펴보자.

1 **행복** : 내 삶에 대해 기쁨이나 만족감을 느끼는가. (즐거움)
2 **성취** : 비슷한 목표를 추구하는 다른 사람들과 비교했을 때 더 많이 달성했는가.
   (승리했다는 느낌)

3　**의미** : 소중한 사람들에게 긍정적 영향을 주는가. (인정)

4　**영향력** : 성공을 추구하는 다른 사람들에게 내가 남긴 가치나 성취가 도움을

주는가. (확장)

각 영역이 어느 정도 충족되어야 '이만하면 성공했다'는 느낌이 들까? 어느 정도 균형을 이뤄야 한평생 잘 살았다고 자부할 수 있을까? 당장 결정을 내리기는 힘든 문제다. 그러나 멀고 먼 앞날까지 생각할 필요는 없다. 열 살에 충족감을 느끼게 해준 것이 스무 살에도 또 여든 살에도 똑같은 충족감을 느끼게 해주지는 못한다. 세상은 변한다. 그게 맞다. 주변 것들은 다 변한다. 그러나 개인의 가치와 신조는 그렇게 많이 바뀌지는 않는다.

이 4가지 욕구를 충족하기 위해서는 꾸준히 노력해야 한다. 한 가지 척도로만 인생을 재단하는 것은 옳지 않다. '나중에, 나중에' 하면서 뒤로 미루는 것은 늙었을 때 하겠다며 섹스를 아끼는 것과 똑같다. 별로 좋은 생각은 아니다.

워라밸을 원한다면 한계를 설정하라

워라밸에 있어 가장 어렵고 중요한 문제가 남아 있다. 어느 정도 선이 적당한가? 즐거움과 승리감은 이만하면 충분하니까 이제는 '인정'과 '확장'에 더 노력을 기울여야 한다고 판단하는 순간은 언제인가? '충분하다'는건 어느 정도인가? 우리는 이 질문을 출발점으로 삼아야 한다.

　대다수 사람들은 그런 물음을 반추한다는 것 자체를 잘 받아들이지 못한다. 워라밸이 첫발부터 삐걱대는 이유도 여기에 있다. '최고만 인정할거야'라는 말은 무한 선택과 무한 경쟁의 세상에는 도움이 되지 않는다. 예전에는 슈퍼마켓에만 가도 두피 샴푸가 26가지나 있었다. P&G는 '이만하면 충분하다'고 생각해 상품 종류를 15종으로 확 줄였고 그 결과 이익은 10퍼센트나 올랐다.

　대부분의 사람들은, 이렇게 선택을 제약하는 것이 오히려 더 좋을 수 있다는 사실을 깨닫지 못한다. 선택의 제약은 결정을 쉽게 해주며 삶을 더 단순하게 만들어준다. '내 탓이 아니게' 해준다. 그리고 우리를 더 행복하게 해준다. 우리는 선택의 제약에서 결국 하나를 얻으면 하나를 포기하는게 당연하다고 믿는다. 무한한 선택의 자유를 만나면 그 방대함에 마비되거나 압도되거나 둘 중 하나다. 선택의 제약이라는 사치를 누릴 수 있는 경우는 딱 한 가지밖에 없다. 바로 자신의 가치관에 따라 직접 결정을 내릴 때다.

선택의 폭이 넓을 때 인간은 '극대화(maximizing)'를 추구하거나 '만족화 (satisficing)'를 추구한다. 극대화란 모든 선택지를 다 알아보고 장단점을 따져서 최고를 고르는 것이다. 만족화는 '이만하면 충분해'라는 생각으로 당장의 욕구에 가장 부합하는 방법을 고르는 것이다.

현대 사회에서 극대화는 실현 자체가 불가능하다. 아마존닷컴의 '○○○ 님을 위한 추천 도서' 목록을 빼놓지 않고 다 본다고 상상해보자. 한두 해로는 어림도 없다. 게다가 겉으로 드러나지 않지만 더 심각한 문제도 있다. 모든 가능성을 다 따지면 객관적 결과가 더 좋아질까? 틀린 생각은 아니다. 하지만 주관적 행복은 어떠할까? 단언컨대 주관적 행복은 줄어든다.

배리 슈워츠와 쉬나 아이엔거Sheena Iyengar의 연구에서도 똑같은 결과가 나왔다. 졸업 후 취직할 때 극대화를 추구한 학생은 더 좋은 일자리를 얻었으며 연봉도 20퍼센트가 더 높았다. 그러나 그들이 만족화를 추구한 학생들보다 더 행복해진 것은 아니었다. 극대화를 추구하는 사람은 높은 기대치의 쳇바퀴에서 벗어나지 못하며, 더 잘하지 못한 아쉬움에 후회를 달고 산다. 신경외과 전문의를 고를 때는 극대화가 답이지만, 다른 문제 대부분에서 그런 태도는 행복감에 방해가 될 뿐이다. 노벨상 수상자이며 극대화와 만족화의 개념을 처음 만든 허버트 사이먼Herbert Simon은 스트레스와 결과와 노력의 모든 요소를 다 더하고 빼면, 실제로는 최대의 결과를 만드는 방법은 만족화라고 말한다.

내쉬와 스티븐슨의 말마따나 "두 가지가 서로 상쇄 관계에 있다면 둘 다를 극대화할 수는 없다." 여기서 스펜서 글랜던의 규칙이 다시 등장한다. 우리의 하루는 24시간에 불과하고 에너지의 총량도 정해져 있다. 해야 할 일이 많고 원하는 것도 많다면 선을 그어야 한다. 모든 것에 욕심을 내면서 성공하기는 불가능하다.

결국 중요한 질문은 하나다. '내가 원하는 것은 무엇인가?' 내가 결정하지 못하면 세상이 결정권을 가져간다. 그다음부터는 언제나 뒤를 쫓기만 하고 결승선에는 절대 도착하지 못하는 쳇바퀴 인생이 펼쳐진다.

엘렌 갤린스키Ellen Galinsky는 연구를 하며 아이들에게 물었다. "너희들이 소원을 빌면 너희의 엄마 아빠가 직장에서 보내는 시간이 달라질 수 있어. 어떤 소원을 빌고 싶니?" 가장 많이 나온 대답은? 아이들은 '부모님이 스트레스가 줄고 피곤해하지 않으면 좋겠다'고 대답했다.

워라밸을 원하는가? 배리 슈워츠가 한 말을 기억해야 한다. "이만하면 충분하다는 것은 거의 언제나 충분히 좋은 태도다."

로마인보다 더 넓은 영토를 정복한 칭기즈칸의 비밀

우리는 성공의 4가지 척도도 생각해야 하고 각각의 척도에서 충분한 수준에 도달하기도 해야 한다. 또한 수동적 선택자가 아니라 능동적 결정자가되어야 한다. 그러면서 6시에는 칼퇴근을 해야 하고 주말에는 쉬어야 한다. 아무리 봐도 불가능한 조합이다. 이것들을 전부 해낸 사람이 있기는한가? 다 하면서 세계 정복도 이뤄낸 사람이 있기는 한가?

있다. 칭기즈칸이다. 척박한 시대에 척박한 장소에서 태어난 문맹의 젊은이는 단 25년 만에 로마인들이 400년간 정복한 것보다도 더 넓은 영토를 정복했고, 동서로 2,000만 킬로미터에 달하는 대제국을 세웠다. 그의성공 비결은 무엇이었을까?

비참한 환경에서 태어난 그의 이름은 테무진이었다. 12세기 아시아 초원지대는 서부의 무법지대와 비슷했다. 아니, 더 심각했다. 혼자 생존한다는 것은 거의 불가능이었고, 자원 쟁탈전이 심했기 때문에 유목 부족들의화합은 꿈도 꾸지 못할 일이었다.

지참금을 마련하지 못한 가난한 남자가 대다수였기 때문에 신부를 얻기도 힘들었다. 그들은 여자를 납치했다. 미래의 신부를 납치하는 것은 하나의 관행이었지만 딸을 납치당하고 어깨춤을 추는 남자는 아무도 없었다. 그러다 보니 부족 간 싸움도 계속될 수밖에 없었다.

힘든 시기였기 때문에 강경책이 우세했고, 모든 부족들은 당한 일에 대해서 언제나 앙갚음을 했다. 그들은 전투에서 이기고 만세를 불렀다. 그러나 며칠 후에는 상대 부족이 복수하러 올 것이 분명했다. 그러면 우리 부족도 보복에 나선다. 보복전은 영원히 이어졌고 아무도 원하는 것을 얻지 못했다. 역사는 몽골인들을 야만인으로 기록하고 있다. 그건 맞는 말이었다.

테무진이 등장하기 전까지는 말이다. 테무진이 언제 태어났는지(1162년이라는 것이 가장 신빙성 있는 추측이다) 그리고 어디에서 태어났는지 정확하게 밝혀지지 않았다. 그의 어린 시절은 고난과 불행의 연속이었다. 아버지는 원수 부족에게 독살당했고, 어린 테무진은 노예로 붙잡혔다. 그는 글을 읽거나 쓸 줄 몰랐다. 제대로 된 교육을 받지도 못했고, 알렉산더 대왕처럼 물려받은 재산이 많지도 않았다. 그러나 그는 군사 전략의 귀재였다. 그의 뛰어난 전략에 적들은 혀를 내두르며 그가 요술을 부리고 있고 승리를 거머쥐기 위해 악마와 손잡았다고 비난했다. 작가 잭 웨더퍼드Jack Weatherford의 설명을 빌리면 '현대의 대형 경기장 하나면 넉넉히 들어가는' 10만의 군대를 가지고 그런 대업을 달성한 비결은 무엇인가?

초원 부족의 싸움은 언제나 보복전이었다. 상대 부족이 먼저 약탈과 살인을 자행하면 거기에 대응해 앙갚음하는 식이었다. 테무진은 이렇게 물고 물리는 보복전에서 벗어나 생각했다. 보복을 하지 않는다는 건 아니지만, 그전에 자신이 원하는 것이 무엇인지부터 생각했다. 그리고 그것을 얻기 위해 사전 '계획'을 짰다.

그는 초원 부족들의 통합에 나섰다. 유목 부족들을 계속 불화로 몰아넣는 친족 체제에 철퇴를 내렸다. 그리고 능력과 충성에 보상을 내리는 능력 제일주의 체제를 세웠고, 혈연과 계파는 무시했다. 신부 납치 관행을 없앴으며, 보복의 악순환이 초원 지역 전체를 병들게 하는 것을 막기 위해 범법자에게는 엄벌을 내렸다. 부족의 이름도 버리게 했다. 이제 몽골 초원의 모든 부족은 몽골제국이라는 이름하에 하나로 묶였고, 테무진은 제국의 황제인 칭기즈칸에 올랐다.

이것만도 대단한 업적이지만 칭기즈칸은 정벌 전쟁을 계속해 중국과 유럽처럼 문명이 더 발달한 나라들도 복속시켰다. 더 좋은 무기와 뛰어난 훈련 체계를 갖춘 중국과 유럽의 대군을 그는 어떻게 10만 남짓한 기마병만 가지고 격파할 수 있었는가? 간단하다. 알맞은 계획을 세웠기 때문이다.

칭기즈칸의 전략은, 상대의 장점에 휘둘리지 않고 몽골군만이 가진 장점을 십분 활용한다는 것이었다. 몽골인들은 세 살 때부터 말을 타고 달리는 사람들이었다. 좋은 무기 하나 없이 최소한으로 무장한 몽골군은, 체구도 훨씬 크고 무기도 더 좋은 적군을 속도와 기동성으로 압도했다. 웨더퍼드는 이렇게 설명한다. "칭기즈칸의 혁신적인 전투법에 중무장한 중세 유럽 기사들은 속수무책이 되었고, 그의 전략을 성공으로 이끈 것 중에 하나는 일사불란하게 움직이는 기병대였다." 자급자족 생활이 몸에 밴 몽골군은 뒤따라오는 보급대를 기다릴 필요가 없었다. 기마병 하나가 3~5마리의 말을 추가로 데리고 다녔기 때문에 말이 지치면 언제든 다른 말로 갈아탈 수 있었다. 몽골 기마병은 그렇게 해서 9일 만에 거의 1,000킬로미터를 주파했다. 강력한 연소엔진이 발명되기 몇백 년이나 전의 일이었다.

몽골군의 싸움 방식은 현대군과 비슷했다. 그들이 적을 덮치는 모습은 벌떼와도 같았다. 부대별로 따로 움직이며 다양한 각도에서 적을 공격했다. 몽골군의 전쟁 방식을 보면 칭기즈칸이 미래에서 온 인물인가 하는 생각이 들 수 있지만, 실제로는 현대의 군대가 그의 방식을 차용했다고 말하는 것이 맞다. 말과 창이 탱크와 비행기로 바뀌었을 뿐, 현대전의 군대가 칭기즈칸의 전투법을 분석하고 따라 한 것이다. 그는 독일군보다도 몇백 년은 앞서서 기습 공격의 묘미를 파악하고 실행했다.

적은 농부의 행색과 다르지 않은 칭기즈칸의 군대를 얕잡아 봤고 그는 그 점을 역이용했다. 그는 만용을 부리지 않았다. 적이 몽골군을 약하게 볼수록 더 좋았다. 칭기즈칸이 자주 써먹는 전투 계획은 가짜 퇴각이었다. 승리를 확신한 적은 대열을 흐트러뜨리며 퇴각하는 몽골군의 뒤를 쫓는다. 그러다 몽골군의 궁수들이 매복해 있는 곳까지 들어오고, 궁지에 몰린 적군의 머리 위로 궁수들의 화살비가 쏟아진다.

칭기스칸은 언제나 새로운 도전을 했다. 그의 기본 계획은 언제나 하나였지만 상황에 맞게 바꾸기도 했다. 전투 하나하나가 그에게는 가르침을 주는 스승이었다. 대다수는 칭기즈칸의 군대가 높은 성벽에 둘러싸인 중국의 성곽 도시들을 마주하고 좌절에 빠질 것이라고 생각했다. 몽골의 초원에는 2층 건물조차도 없었기 때문이다. 하물며 최신 공격에 대한 전술조차 있을 리가 없었다. 몽골군은 공성전을 치른 적도 없었고 대형 투석기나 소형 투석기를 다뤄본 적도 없었다. 하지만 그들은 그럴 필요가 없었다.

칭기즈칸은 자신이 모르는 것투성이라는 사실을 잘 알았다. 그리고 그런 것들을 배울 시간도 없었다. 그가 찾은 해결책은 무수한 인재 영입이었다. 피정복민들 중 유능한 사람은 누구라도 그의 밑에서 일할 수 있었다. 한번은 적군의 궁수 하나가 바로 밑에서 칭기즈칸이 탄 말에 화살을 날리는 데 성공했다. 궁수는 붙잡혔지만 칭기즈칸은 그를 처형하지 않고 오히려 장수의 지위를 내렸다. 또한 몽골군은 공성전 지식이 풍부한 중국 기술자들도 대거 고용했다. 칭기스칸의 군대가 마침내 포위 공격에서 승리를 거두면서 성곽 도시의 시대는 종언을 고했다.

　칭기즈칸의 치밀한 계획 덕분에 그가 죽은 뒤에도 몽골제국은 무너지지 않았고 150년 동안 계속 영토를 확장했다. 그는 척박한 시대에 변방에서 태어나 아버지 없이 자란 무지렁이였지만 역사상 가장 강한 사람의 대열에 이름을 올렸다. 칭기즈칸은 덮어놓고 보복부터 하는 사람이 아니었다. 그는 자신이 원하는 것이 무엇인지 숙고했고, 계획을 세웠다. 그리고 세상에 자신의 의지를 강하게 피력했다.

스트레스를 줄이는 가장 효과적인 방법

이제 우리한테 무엇이 필요한지 밝혀졌다. 계획이다. 우리는 계획을 세울 시간조차도 내지 않는다. 초원의 부족들처럼 문제가 생기고서야 뒤늦게 움직인다. 오늘날 워라밸의 가장 큰 숙제는 우리가 알아서 결정해야 한다는 점이다. 다시 말해 계획을 세워야 한다. 그렇지 않으면 언제나 뭔가 부족하다는 느낌에서 벗어나지 못한다. 우리가 중국의 대군이나 동유럽의 군대와 맞서 싸울 일은 없다. 우리가 치르는 전쟁은 처음부터 끝까지 자기 자신과 벌이는 것이다. 하지만 계획만 맞게 세우면 두려워할 필요가 하나도 없는 전쟁이다. 사람마다 맞는 계획은 조금씩 다를지 몰라도 몇 가지 전술은 모든 계획에 도움을 줄 수 있다.

배리 슈워츠가 말한 것처럼 선택지가 무한대인 오늘날 우리의 가장 큰 문제는 능동적 결정자가 아니라 수동적 선택자가 되고 만다는 것이다. 자신이 원해서 내린 결정도 아니면서 그것을 얻으려 움직인다. 상황이 불리해지면 잠깐 움찔하다가 "그럴 줄 알았어"라고 말한다. 무엇을 할지 타인의 지시에 따르는 것이다. 아리스토텔레스는 "신은 부동의 동자(unmoved mover)다"라고 말했다. 신은 다른 것들을 움직이는 존재이지만 신에게 어떻게 하라고 지시한 사람은 아무도 없다. 우리에게 크게 유용한 것도 바로 이 전략이다. 문제가 생기고서야 반응한다면, 내가 진정 원하는 것을 얻기 어려우며 진짜 행복을 느끼기도 힘들다.

우리는 행복해질 수 있는 행동이 아니라 편한 행동을 선택한다. 미하이 칙센트미하이는 TV 시청이 10대의 청소년을 행복하게 만들 가능성은 13퍼센트라고 말한다. 취미는 34퍼센트고 스포츠나 게임은 44퍼센트다. 하지만 10대들이 가장 속 편하게 선택하는 행동은 무엇인가? 그들은 TV 시청에 가장 많은 시간을 보낸다. 계획이 없으면 우리는 진정한 충족감과 행복을 주는 행동이 아니라 편하고 소극적인 행동을 선택한다.

심리학자 로버트 엡스타인Robert Epstein이 30개 나라의 3만 명을 조사한 결과, 스트레스를 줄이는 가장 효과적인 방법은 계획을 세우는 것이었다. 미리 장애를 예상하고 극복 방법을 고민하면 통제감이 생긴다. 그게 해야 할 일을 완수하는 진짜 비결이다. fMRI 연구에서도 드러난 결과다. 통제감은 우리에게 의욕을 불러일으킨다. 차이를 만들 수 있다는 생각이 몰입감을 높인다. 운전대가 내 손에 쥐어져 있으니 무섭다는 느낌도 별로 안 든다. 무엇보다도 아주 재미있으면서도 굉장히 도움이 되는 사실이 있다. 변화를 불러일으키는 것은 진짜 통제가 아니라 '통제감'이다. 산에서 조난당하고 다리까지 부러진 조 심슨이 상황을 통제할 수 있었을 리 없다. 그러나 조난을 게임으로 생각하면서 그에게는 없던 통제감이 생겨났다.

통제의 중요성은 신경과학 차원에서 설명이 가능하다. 결론부터 설명하면 극도의 스트레스를 받으면 우리는 논리적 사고 자체가 불가능해진다. 이성적 사고의 중추인 전전두엽 피질이 백기를 내던지며 포기를 선언하고 감정을 담당하는 변연계(포유류의 뇌라고도 한다)가 주도권을 가져간다. 예일대 의대 에이미 안스턴Amy Artensen은 "경미할지라도 갑작스럽고 통제할 수 없는 스트레스는 전전두엽의 인지 능력을 급격하게 떨어뜨릴 수 있다"고 말한다. 한 인터뷰에서 안스턴은 이렇게도 말한다. "전전두엽의 기능

상실은 통제감을 잃을 때에만 발생한다. 상황을 통제하고 있는지 아닌지를 판단하는 것은 전전두엽 피질이다. 착각에 불과할지라도 통제감이 있으면 전전두엽의 인지 기능은 줄어들지 않는다." 심장도 통제감이 사라지는 것을 원하지 않는다. 「건강심리학회」에 실린 연구에 따르면, 통제가 불가능하다는 느낌은 심근경색 가능성을 크게 높였다. 위험도가 가장 올라간 사람은 평소에 심근경색 위험도가 낮은 사람들이었다.

기업가들은 일상생활에서 통제가 얼마나 중요한지를 잘 보여준다. 소기업 운영자 2,000명을 설문조사했더니, 그들 중 50퍼센트가 주당 근무 시간이 40시간을 넘었다. 업무 스트레스가 적은 것도 아니었다. 응답자 중 41퍼센트는 자기 사업을 하면서 스트레스가 줄었다고 말했지만 32퍼센트는 늘었다고 대답했다. 그런데 뜻밖의 결과가 있었다. 소기업 운영에서 만족감을 느낀다고 대답한 사람은 79퍼센트나 되었고, 현재의 생활방식이 좋다고 대답한 응답자도 70퍼센트나 되었다. 앞에서 언급한, 비자영업자들의 업무 만족도를 가뿐히 앞선다. 근무 시간도 비슷하고, 스트레스도 비슷한데 행복감은 훨씬 높다. 왜인가? 그들에게 자기 사업을 한 이유를 물었을 때 가장 많이 나온 대답은 "남 밑에서 일하기 싫어서", "내가 직접 결정을 내리고 싶어서", "내 방식대로 일하고 싶어서"였다. 그들은 통제를 원했다. 근무 시간이나 스트레스 수준은 거의 변하지 않았는데도 그들은 과거보다 행복했다.

생산성과 성공은 어떠한가? 런던정경대학은 인도의 CEO 375명의 시간 활용 방법과 그것이 순이익에 미치는 영향을 관찰했다. 최고경영자가 오래 일하는 회사가 돈을 더 많이 번 것은 사실이었다. 그러나 이런 차이를 만든 것은 그들의 시간 사용 '방법'이었다. 추가 순이익이 난 이유는 직원들과 미리 계획을 세우고 실천에 옮겼기 때문이었다. CEO가 계획에 없이 일한 시간은 회사의 추가 순이익 창출에 아무 기여도 하지 못했다.

성공과 행복이라는 두 마리 토끼를 다 잡으려면 계획이 중요하다. 그다음으로 중요한 것은 계획을 실천하기 위한 기본 단계를 세우고, '지금' 당장 시작하는 것이다. 하지만 세부 내용에 들어가기 전에 한 가지를 분명하게 명심해야 한다. 이 계획은 다른 누구도 아닌 '나'의 계획이다. 따라서 계획을 실천하는 데 가장 방해가 되는 사람도 '나'다. 제일 먼저 드는 생각은 '못 할 것 같아'나 '상사가 가만두지 않을 거야'처럼 조건반사적인 거부감이다. 계획한 대로 정확하게 실천할 수 있다고 자신하지는 못할지라도, 어려워 보인다고 고개를 돌리고 외면해서도 안 된다. 법문을 토씨 하나 틀리지 않고 따르지는 못해도 법의 정신은 준수해야 한다고 하지 않는가. 그러니, 까짓것! 하면서 실행에 옮겨보자.

또 하나, 계획 목록을 볼 때 이미 다 하고 있는 일들만 보면서 '다 하는 것들이야! 이야, 난 대단해! 이 책은 여기서 끝내야지!' 하는 것도 큰 실수다. 자화자찬은 나쁘지 않다. 그러나 우리의 목적은 삶을 개선하는 것이다. 그러니 계획 목록에서 '지금 하지 않는 일'에 초점을 맞춰야 한다. 다시 말하지만, 내가 못 하고 있고 안 하고 있는 것을 강조한다면, 기분은 나쁠 수 있지만 더욱 발전할 수 있다. 그렇게 전문가로 성장하는 것이다.

인텔의 CEO는 왜 시간관리를 강조했을까

내 시간이 어떻게 흘러가는지도 모른다면 균형 잡힌 시간관리는 불가능하다. 인텔의 CEO였던 앤디 그로브Andy Grove가 한 말이 있다. "회사의 전략을 이해하려면 '앞으로 어떻게 하겠다'는 말이 아닌 현재 그 회사의 행보를 지켜봐야 한다." 자신의 행동을 1시간 단위로 1주일을 기록하고, 그간의 행동을 살펴라. 나는 지금 어디에 와 있는가? 내가 원했던 곳까지 도달했는가? 보기에도 참담한 결과가 나올 수 있다. 아마 처음 예상보다도 낭비하는 시간이 훨씬 많을 것이다. 여기에 앞서 설명한 성공의 4가지 척도라는 기준이 도움이 될 수 있다.

범죄학은 시간을 현명하게 쓰는 방법에 대해 귀중한 교훈을 준다. 시민들을 일일이 추적하거나 도시 전체를 순찰하는 방법은 범죄율 감소에 별로 도움이 되지 않는다. 학자들의 연구 결과에 따르면 도시 범죄의 절반가량이 도시의 5퍼센트에 해당하는 특정 지역에서 발생한다. 그러자 경찰은 우범지대 치안 강화에 들어갔다. 우범지대 몇 군데에 순찰차 수를 두 배로 늘렸더니 범죄율이 절반으로 줄어들었고 도시 전체의 긴급 신고 전화도 6~13퍼센트 감소했다.

그럼 이번엔 '계획의 우범지대'가 어디인지 찾아보자. 언제 시간을 가장 많이 낭비하고 있는가? 4가지 척도 중 하나에만 치중하고 나머지는 소홀히 하는 때는 언제인가? "일을 줄여야지"나 "앞으로는 가족과 시간을 많이 보낼 거야"라는 모호한 결심보다는 우범지대 단속을 강화하는 것이 적은 노력으로 좋은 결과를 얻을 수 있는 지름길이다. 또한 내 생활의 전체적인 추이도 알아내야 한다. 시쳇말로 가성비가 뛰어난 시간은 언제인가? 이른 아침인가, 늦은 밤인가? 집에 있을 때인가, 사무실에 있을 때인가? 이 가성비 높은 순간을 순간이 아니라 일상으로 바꾸기 위해 노력하자.

두 개의 활동 모두 시간이라는 자원을 소모해야 한다면, 둘 다에서 최대의 만족을 얻을 수는 없다. 그렇다고 두 활동에 순위를 매긴다거나 욱여넣기 전략으로 어느 한쪽을 무시하거나 제외해서도 안 된다. 삶의 성공에는 4가지 척도가 골고루 균형을 이뤄야 한다. 4가지 척도에 어떻게 시간을 할당하고 싶은지 지금 결정해야 한다. 나중에 고치는 건 상관없지만 결정은 지금 내려야 한다. 진지한 마음으로 적어라. 느긋하게 적어도 된다. 한 가지 척도에 시간을 할당한 다음 다른 척도에서 우범지대가 발견되는지 확인하라.

그릿을 설명할 때도 말했지만 힘든 일도 게임이라고 생각한 순간 재미가 늘고 몰입도가 올라간다. 저명한 벤처투자자 비노드 코슬라Vinod Khosla은 투자 발굴에 있어서 최고 실력을 뽐내지만 가족에게도 소홀히 하지 않는다. 그는 비서에게 자신이 한 달에 가족과 저녁 식사를 몇 번이나 같이 했는지 기록하게 한다. 나한테 잘 맞는 현명한 방법을 사용하면 커다란 차이를 만들 수 있다. KPMG의 전략투자 디렉터인 케빈 볼렌Kevin Bolen은 아내와 두 아들과 함께 보내는 시간을 늘리고 싶었다. 그의 우범지대는 잦은 출장이었고, 이 문제를 해결하기 위해 그는 플래티넘 등급까지 오른 항공사 고객 등급을 없애는 것을 목표로 삼았다. 공짜 비행과 항공사 특전이 줄었다. 하지만 이것은 워라밸을 위한 그의 노력이 성공했음을 보여주는 좋은 반증이기도 했다.

생활패턴을 싹 바꾸고 싶어도 '나한테 그런 자유가 어디 있어? 상사가 막을 게 뻔해' 따위의 생각이 들 수 있다. 진심으로 워라밸을 원한다면 섣부른 가정은 금물이다. 상사와 의논한다고 해가 되지는 않는다. 물론 "사장님, 저 일을 줄이고 싶습니다"라고 말해서는 안 된다. 내가 맡은 역할이 정확하게 무엇이고 상사의 기대치는 어느 정도인지 상사에게 물어보자. 그리고 내 계획이 일에 지장이 있을 것 같은지도 물어보자. 상사에게서 뜻밖의 대답이 나올지도 모른다. 특히 그들이 원하는 것을 고민해보고, 서로 좋은 결과를 내기 위한 방도를 생각한다면 반가운 답이 나올 수 있다. 이메일이나 사소한 회의 참석 등 '피상적 업무'에는 내가 대략 몇 시간을 쓰면 좋겠는지, 그리고 진짜 결과로 이어지는 '딥 워크(deep work)'에는 몇 시간을 쓰면 좋겠는지 물어봐라. 이런 대화를 나누기만 해도 스트레스 수치가 크게 줄어들 수 있다. 「직업건강심리학 저널」에 발표된 연구는 업무 부담이 높을수록 주위의 기대를 확실하게 파악하는 것이 스트레스를 줄인다는 사실을 입증했다.

이런 대화는 상사가 인지를 하건 못 하건 상사에게도 나쁘지 않다. 「하버드 비즈니스 리뷰」는 직원과 경영자가 일에서나 사적으로나 무엇을 이루고 싶은지를 솔직히 밝히는 '액티브 파트너링' 전략을 자세히 소개했다. 경영자 473명을 대상으로 한 조사에서, 이직을 원했던 경영자 62명은 1년 동안 액티브 파트너링을 한 후 회사를 떠나지 않기로 결정했다. 그중 상당수는 승진도 했다.

계획에 수정이 생겼을 때에도 이런 대화의 시간을 많이 가져야 하지만 웬만한 상사라면 그렇게 의논해오는 직원을 이해해줄 것이다. 계획을 세우고 우선순위를 물어보고 문젯거리를 사전에 방지하는 직원은 귀중한 인재다. 회사로서는 상사가 나서서 매번 뒷수습을 해줘야 하는 직원이 더 골칫거리다. 그리고 좋은 결과를 만드는 직원은 권한이 늘어난다. 권한이 늘어난 직원은 뜻한 계획을 실천할 자유와 통제권도 늘어난다. 지금 당장 대화를 시작하자. 모두가 선순환의 고리에 오를 것이다.

문제가 되는 우범지대도 알았고 두드러지게 높은 결과를 보이는 활동이 무엇인지도 알았다. 4가지 성공 척도에 알맞게 시간을 배분했고, 올바른 방향을 잡았고, 상사의 허락도 받았다. 이제 진짜 변화에 나서보자.

'진짜 일'에 몰입할 수 있는 1시간을 확보하라

조지타운 대학교의 칼 뉴포트Cal Newport 교수는 생산성 연구의 칭기즈칸이다. 그리고 그는 '할 일 목록'이란 시간을 전혀 고려하지 않는 악마의 장난질이라고 말한다. 우리는 왜 목록의 제일 아래에 적은 항목마저도 달성하지 못하는가? 28시간 동안 해도 모자랄 일을 24시간 안에 다 하려고 하기 때문이다. 주어진 시간 동안 내가 할 수 있는 일이 얼마만큼인지 현실적으로 직시해야 한다. 끝도 없이 목록만 나열하는 것이 아니라 일과를 정해 달력에 표시해야 한다. 그 방법밖에 없다.

퇴근하고 싶은 시간을 정하면 몇 시간을 일할 수 있는지가 나온다. 그 시간 안에 해야 할 일을 우선순위에 따라 집어넣어라. 칼은 이 방법을 '고정된 스케줄의 생산성(fixed schedule productivity)'이라고 부른다. 워라밸을 원한다면 경계선을 그어야 한다. 그러면 어쩔 수 없이 효율적으로 움직이게 된다. 오후 6시를 퇴근 시간으로 정하고 일과를 정하면 산더미처럼 쌓인 업무도 통제할 수 있게 된다. 그리고 일어나지도 않은 일에 겁을 먹지 않고 차분하고 현실적으로 상황을 직시하게 된다.

우리 대부분은 달력을 완전히 잘못 사용하고 있다. 달력에 적힌 것은 업무 일정이 아니라 방해 일정이다. 회의 일정을 적는다. 전화 약속 시간을 적는다. 병원 예약 시간을 적는다. 적히지 않은 일정은 무엇인가? '진짜 일'이다. 그것 말고는 전부 진짜 일에 방해가 되는 일정이다. 남들의 일이다. 그러나 이 방해물들이 당당히 일정에 적혀 있고 진짜 일은 눈칫밥 신세로 전락해 있다. 진짜 일이란 결과에 영향을 주는 일이고, 주의 깊게 살펴야 할 일이고, 소득을 높여주는 일이고, 승진 1순위에 올려주는 일을 말한다. 주제넘게 한마디 하겠다. 이런 일에도 좀 시간을 할당하라.

또한 하루에 적어도 1시간은, 될 수 있으면 아침 시간에 '불가침 시간(protected time)'을 가져야 한다. 다시 말해 방해 요소를 차단하고 진짜 일에 몰입할 수 있는 1시간을 의미한다. 종교의식과 비슷하다고 생각하면 된다. 이 시간은 신성불가침이다. 이메일도 회의도 전화 통화도 대부분은 '피상적 업무'에 불과하다. 이 1시간은 '딥 워크'를 위한 시간이다. 제자리 걸음이 아니라 전진하기 위한 시간이다. 피상적 업무는 해고를 막아주지 못하지만, 딥 워크는 승진길을 열어준다. 하루 업무가 끝날 때쯤에 맞춰 불가침 시간을 정해서는 안 된다. 오후에는 온갖 사건 사고가 터질 수 있기 때문이다. 뇌가 가장 활발하고 명민하게 돌아가는 시간은 잠에서 깬 후 2.5~4시간 사이이다. 이 귀중한 시간을 전화 통화나 잡다한 회의로 낭비해서야 되겠는가?

사무실에서는 숨 돌릴 틈도 없다면? 아무리 머리를 굴려도 이런저런 잡무에서 벗어날 수 없다면? 그렇다면 불가침 시간을 출근 1시간 전으로 정하라. 피터 드러커는 경영자 12명의 업무를 분석한 스웨덴 연구를 언급했는데, 이들이 아무런 방해도 받지 않고 집중해서 일할 수 있는 시간은 20분이 고작이었다. 숙고해서 결정을 내린 경영자가 1명 있었는데, 사무실의 소용돌이로 진입하기 전에 집에서 90분을 일하다 온 경영자였다.

처음에는 매일 철저하게 계획을 실천하기는 힘들지만 보람은 크다. 어쩌면 자유 시간까지도 계획을 짜야겠다는 생각이 들지도 모른다. 무슨 끔찍한 말이냐며 고함을 지르기 전에 일단 자료부터 보자. 「저널 오브 해피니스 스터디즈」에 소개된 한 연구가 있다. 이 연구가 403명을 조사한 결과에 따르면 자유 시간관리는 삶의 질 상승과 관련이 있었다. 그런데 재미있게도, 자유 시간이 늘어나는 것만으로는 행복에 별로 영향을 미치지 못했다. 그러나 미리 계획을 짜고 자유 시간을 활용했을 때에는 큰 변화가 나타났다. 앞에서도 말했듯이 여가 시간을 현명하게 사용하는 사람은 많지 않다. 인간은 행복한 일이 아니라 쉬운 일을 선택하는 경향이 있기 때문이다. 그러나 미리 계획을 짜서 움직이면 소파에 늘어져 온종일 TV만 보는 대신에 훨씬 재미있게 자유 시간을 즐길 수 있다.

이렇듯 모든 것에 일정을 정하고 불가침 시간을 마련하면 해야 할 일을 제대로 끝마칠 수 있다. 아마 이런 생각도 들 것이다. '피상적 업무는 절대로 사라지지 않는데 어쩌라는 거야?' 번잡한 일들은 '일괄 처리'하면 좋다. 메일이 올 때마다 수신함에 들어가는 대신에, 이메일을 처리하고 응답 전화를 걸고 잡다한 서류 작업을 하는 일과 시간을 몇 시간 간격으로 따로 마련해두는 것이다. 정해놓은 시간이 지나면 메일 알림을 끄고 전화벨도 무시하고 다시 중요한 일에 매진하자. 누구에게는 3시간이 알맞을 수 있고, 의견 교환을 자주 해야 하는 사람에게는 시간 간격을 더 좁히는 게 좋을 수도 있다. 중요한 것은 시간 간격이 아니다. 딥 워크를 하는 데 방해가 되지 않도록 이 시간을 최대한 정해진 대로 따르고 통제해야 한다는 것이 중요하다. 인류는 이메일과 페이스북이 없던 시절에도 달에 착륙했고 피라미드를 세웠다. 몇 시간쯤 이메일과 페이스북을 들여다보지 않는다고 큰일이 나지는 않는다. 상사가 즉답을 요구할 수도 있다고? 상사나 중요한 거래처에서 온 메일은 알림음이 뜨도록 설정하면 된다. 나머지는 조금 기다리게 해도 된다.

아무리 계획을 세우고 철저히 실천해도 일과를 정할 때 한 가지를 명심하지 않으면 공든 탑이 다 무너질 수 있다. 우리는 "아니오"라고 말하는 방법을 배워야 한다. 불필요한 활동을 없애고 모든 업무마다 일정표에 표시를 하고 불가침 시간을 마련하고 번잡한 업무를 일괄 처리한들 무엇하는가? 내 책상에 중요하지 않은 잡다한 업무가 수북이 쌓이는 것을 막지 못한다면 영원히 피상적 업무의 늪에 빠져 지내야 한다. 지금의 우선순위는 상사와 의논해서 세운 순위이고, 지금의 일과는 하루 근무 시간에 맞게 정한 일과이다. 우선순위에 없는 일이 끼어들었고 그 일에는 도저히 따로 시간을 낼 수 없다면, 못 한다고 말해야 한다. 워런 버핏은 이렇게 말했다. "성공한 사람과 크게 성공한 사람은 중요한 차이가 있다. 크게 성공한 사람은 거의 모든 일에 안 된다고 말한다."

사소하지만 위대한 환경의 차이

환경을 통제하는 일은 중요하다. 생각보다 훨씬 중요하다. 환경은 알지도 못하는 사이에 우리의 결정에 크게 영향을 미친다. 나와의 인터뷰에서 듀크대 교수 댄 애리얼리는 이렇게 말했다.

지난 40년 동안 사회과학이 가르친 중요한 교훈 중 하나는 환경이 중요하다는 것이다. 뷔페 음식이 한 가지 방식으로만 차려져 있다면 한 가지 음식만 먹게 된다. 뷔페 음식이 다양한 방식으로 차려져 있다면 다양한 음식을 먹게 된다. 우리는 결정을 내리는 주체가 우리라고 생각하지만 환경이 미치는 영향은 매우 크다. 그렇기 때문에 우리는 환경을 바꾸는 방법에 대해서도 고민해야 한다.

물론 모든 환경을 다 통제할 수는 없지만, 일반적으로 선택한 수준보다는 더 넓게 환경을 통제할 수 있다. 집중을 방해하는 요소들이 쌓이면 진짜로 바보가 된다. 가까이에 시끄러운 철로가 있는 교실에서 공부하는 학생들은 조용한 교실에서 수업을 받는 학생들보다 성적이 낮게 나왔다. 소음 공해가 줄어들자 성적 차이가 사라졌다. 사무 환경도 다르지 않다. 생산성이 가장 높은 프로그래머들에게는 한 가지 공통점이 있다. 그것은 경험도, 연봉도, 프로젝트 투입 시간도 아니었다. 그들이 속한 회사는 업무에 방해되는 요소를 차단한 환경을 제공해주고 있었다.

환경을 뜻대로 만들 수는 없지만 환경을 도움이 되는 쪽으로 바꿀 수는 있다. 숀 아처 교수는 '20초 규칙'을 적용하라고 권한다. 해야 할 일은 20초 안에 쉽게 시작할 수 있는 환경을 만들고, 하지 말아야 할 일은 20초 안에 하기가 힘든 환경을 만드는 것이다. 정말로 사소하지만 큰 차이가 만들어진다. 온갖 유혹이 눈에서 보이지 않도록 작업 공간을 재배치하기만 해도 현명한 선택이라고 자찬하며 스스로를 속일 수 있다. 애리얼리는 구글 뉴욕지사의 간단한 실험을 설명해주었다. 회사는 M&M 초콜릿을 접시에 놓아두는 대신에 뚜껑 달린 그릇에 넣어두었다. 아주 사소한 변화였다. 결과는 어땠을까? 단 한 달 만에 M&M 섭취가 몇백만 개나 줄었다. 그러니 웹브라우저를 닫아두어라. 전화기를 방 건너편으로 옮겨라.

환경을 통제하기는 물론 어렵다. 사람들과 같은 사무실을 써야 하고, 간이 칸막이가 책상과 책상을 나누는 전부이고, 잡담을 나누는 동료들이 있고, 어깨너머로 나를 감시하는 상사가 있다. 여기에 대해서도 간단한 해결책이 있다. 하루 중 잠시만이라도 '숨는' 것이다. 회의실을 예약해 거기서 일하라. 방해 요소에서 해방된 순간 창의성이 높아질 것이다. 스탠퍼드 대학의 제프리 페퍼 교수와 밥 서튼 교수는 이렇게 말했다. "상사가 주변을 많이 돌아다니고 질문을 많이 할수록 업무의 창의성은 떨어진다고 한다. 특히 직원들의 피드백을 많이 요구하는 회사일수록 더욱 그렇다. 왜인가? 창의적 업무는 원래 무수한 장애와 실패가 수반되기 마련인데, 직원들은 상사가 지켜보고 있으면 무조건 잘 하려고만 한다. 그래서 도전을 하기보다 안전하고 실패하지 않을 방법만 사용한다."

무슨 일이든 마지막이 제일 중요하다

앞서 말한 '고정된 스케줄의 생산성' 방법을 사용했고, 원하는 퇴근 시간을 정했으며, 근무 시간에 맞게 일정표도 짰다. 레슬리 펄로는 '엄격한 활동 중지 체계'를 갖추는 것이 워라밸에 있어 소기의 성과를 거두는 핵심 비결이라고 말한다. 퇴근 시간을 정해야 하는 이유는 첫째도 일, 둘째도 일이라며 일만 하는 것이 아니라 즐거움, 승리, 인정, 확장에 쏟을 에너지를 조금이라도 늘리기 위해서다.

죽기보다 하기 싫은 일이 아닌 한 하루를 어떻게 마감하는지는 대단히 중요하다. 이런 예는 조금 그렇지만, 대니얼 카너먼과 대니얼 레델마이어 Daniel Redelmeier 는 사람들이 대장내시경을 어느 정도나 아픈 검사로 기억하는지 조사했다. 검사에 걸린 시간과 일반적인 통증 강도는 피검사자들의 기억에 영향을 주지 못했다. 그것보다는 피검사자들이 느끼는 통증 최고치와 검사의 마지막이 중요한 영향을 미쳤다. 대장내시경 시간이 길고 평균 통증 강도가 높지만 통증 최고치가 낮고 마지막에 부드럽게 끝나면 피검사자들은 대장내시경 검사도 해볼 만하다고 기억했다. 반대로, 검사가 빨리 끝나고 평균 통증 수준은 낮지만 통증 최고치가 높고 마지막이 좋지 않은 피검사자들은 두 번 다시는 검사를 받고 싶지 않다고 말했다. 배우자와의 다툼도, 할리우드 영화도 마지막이 중요하다. 그러니 하루를 좋게 마감하려고 노력해야 한다. 그날 하루 사무실에서의 마지막 순간이 어뗐는지에 따라 보람찬 하루라고 느낄 수도 있고 최악의 하루라고 느낄 수도 있다.

칼 뉴포트는 하루 업무를 마감하고 내일을 준비하는 '셧다운' 시간을 가지라고 충고한다. 내일 해야 할 일을 종이에 적으면 뇌가 안정되기 때문에 하루 긴장을 푸는 데 도움이 된다. 신경과학자 대니얼 J. 레비틴Daniel J. Levitin의 설명에 따르면, 우리가 무언가를 고민하고 걱정하면 회색질의 뇌는 그것을 잊지 않게 하려고 노력한다. 그리고 뇌의 많은 영역이 이른바 무한 예행연습 체제에 들어선다. 걱정하고 또 걱정하는, 무한 걱정이 시작된다. 생각을 종이에 적고 내일의 계획을 세우면 상황이 돌변한다.

그러니 잠시는 몸과 정신을 쉬게 해줘야 한다. 스트레스를 털어내는 최고의 방법은 무엇인가? 취미 생활에 몰두하고 친구들과 시간을 보내는 것이다. 사람들이 주말을 좋아하는 이유는 사랑하는 사람들과 보내는 시간이 늘어나기 때문이라고 한다. 우리는 주말이면 친구들과 평균 1.7시간을 더 보내며, 이 시간은 행복감을 잔뜩 올려준다. 잠의 효과도 무시해서는 안 된다. 11일 동안 잠을 자지 않으며 기네스북 신기록을 세운 랜디 가드너가 자신이 풋볼 스타가 됐다는 환각을 봤던 것처럼, 우리도 그런 헛것을 보는 일은 없어야 하니까 말이다.

대략적인 계획을 세웠다면 종이에 적어보자(이건 칭기즈칸도 하지 못한 일이다. 그러나 우리는 할 수 있다). 로이 바우마이스터의 연구에 따르면 계획을 종이에 적는 것은 목표 달성에 도움을 주고, 쉬어야 할 시간까지도 뇌가 계속해서 일에 집착하지 못하게 막아주는 효과도 있었다.

처음부터 완벽한 계획이 나올 리 없다. 구멍투성이일 것이다. 그래도 좋다. 자기연민을 잊지 말자. 나를 용서하면 기분도 더 좋아지고 늑장 부리는 태도도 막을 수 있다. 119명의 학생들을 연구한 결과에 따르면 첫 과목 시험공부에서 게으름을 피웠던 자신을 용서한 학생들은 두 번째 과목에서는 시험공부를 덜 미룬 편이었다. 이 학생들은 자학하지 않고 자신을 용서했기 때문에 기분이 나아졌다. 그래서 앞을 향해 움직였고 성적이 올라갔다.

계획을 실천하면서 쓸 만한 방법과 쓸모없는 방법이 드러날 때마다 조금씩 수정하라. 4가지 척도 중 무엇에 시간을 충분히 쏟지 못하고 있는가? 원하는 수준의 워라밸에 조금이라도 더 가까워지도록 계획을 수정하자. 추적하고 점검하고 개선하라. 피터 드러커는 이 방법으로 원하는 목표 지점에 도달할 수 있다고 말했다. 계획을 세우고 실천할 때 우리는 일과 삶에서 성공을 향해 크게 전진할 것이다.

현재 인구의 0.5퍼센트에게는 칭기즈칸의 피가 흐르고 있다. 200명 중 1명이나 된다. 그리고 어느 잣대로 평가해도 그가 위대한 성공을 일궜다는 사실에는 변함이 없다. 다 계획을 세운 덕분이었다. 우리는 세계 정복에 나서지 않아도 된다. 우리에게 필요한 건 '이만하면 충분하다'는 자세다. 성공의 중요한 척도 4가지만 잊지 않으면 된다.

타임워너 기업의 기반을 일군 스티븐 제이 로스Steven Jay Ross는 충분하다는 것이 무엇인지를 설명한다.

인간은 세 범주로 나뉜다. 사무실에 출근해 책상에 발을 올려놓고 12시간 동안 꿈만 꾸다 가는 사람, 새벽 5시에 도착해 16시간을 일하면서 꿈 한 번 꾸지 않는 사람, 그리고 책상에 발을 올려놓고 1시간 동안 꿈을 꾼 다음 꿈을 실천하기 위해 무언가를 하는 사람이다.

지금까지 수많은 이야기를 했지만, 전체적인 시각에서 내용을 돌아보는 것이 좋다. 최악의 결과가 나온다면 얼마나 최악일 수 있는지, 그리고 까짓것 해보지 하는 태도로 덤빈다면 얼마나 좋은 결과가 나올 수 있는지 스스로 살펴보자.

성공의 길은 다양하다,
그리고 당신도 성공할 수 있다

"네가 죽었으면 좋겠어."

심지가 강한 사람도 듣기 힘든 말이다. 하물며 엄마가 아들한테 하는 말이라면 더 아프다. 그러나 엄마가 사랑하는 아들 마틴은 여기 없다. 그는 꼼짝도 못 하고 침대에 누워 있다. 뇌사였다. 엄마는 그런 아들을 차마 더는 볼 수가 없었다.

마틴의 부모는 아들을 매일 지극정성으로 돌봤다. 아빠는 한밤중에도 2시간에 한 번씩 일어나 아들이 누운 자세를 바꿨다. 욕창을 막기 위해서였다. 아이의 병 수발을 드는 것은 가족 모두에게 힘겨운 일이었다. 지금 부모가 돌보는 육체는 한때는 정말로 사랑했던 그들의 아들이었다. 그러나 의사들은 마틴이 회복할 가능성은 없다고 했다. 아들이 식물인간이 된 지 수 년이 지났다.

하지만 마틴은 뇌사가 아니었다. 그의 의식은 멀쩡했다. 그는 그야말로 "갇혀 있었다." 몸은 꼼짝도 못 하지만 주위의 움직임은 완전히 인지하고 있었다. 엄마가 하는 말도 들었다. 그런데 엄마에게 소리가 들린다는 신호를 보낼 수가 없었다.

아픈 말이었다. 그러나 못 견딜 정도로 심하게 아프지는 않았다. 마틴 역시도 자신이 죽었으면 좋겠다고 생각했다. 엄마는 아들을 미워하지 않았다. 활기 넘치던 아들이 살아 있는 시체가 되어 버린 모습에 아들이 이 끔찍한 상태에서 벗어나기만을 바랄 뿐이었다. 마틴은 엄마의 말에 화가 나지 않았다. 오히려 연민이 느껴졌다.

마틴이 열두 살 때 원인 모를 병이 그를 급습했다. 그 후 꼼짝없이 자리 보전하다가 뇌사 판정을 받았다. 하지만 2~3년 후, 신체 안에 갇힌 그의 의식이 깨어났다. 그리고 영원처럼 길게만 느껴지던 11년, 그는 계속 그 상태였다.

아들이 차라리 죽었으면 좋겠다는 엄마의 말은 가슴 저리게 아픈 말이다. 그런데 그 말에는 어폐가 있다. 이미 오래전부터 세상은 마틴을 영혼 없는 물건처럼 대했기 때문이다. 그는 보살펴줘야 하고, 움직여줘야 하고, 옮겨줘야 하고, 씻겨줘야 하지만 대화는 나눌 수 없는 존재였다. 그는 사람이 아니었다. 그냥 언제 덜어낼지 모르는 짐이었다.

더는 인간으로 생각하지 않는 순간 세상이 그를 대하는 태도가 달라졌다. 사람들은 마음대로 행동했다. '진짜' 사람들과 있을 때 참던 방귀를 그 앞에서는 방바닥이 꺼질세라 원 없이 뀌었다. 하루 종일 마틴의 마음과 정신을 거의 압도적으로 지배하고 있는 것은 무기력감이었다. 그가 결정할 수 있는 게 하나도 없었다. 심지어 밥을 먹을지, 왼쪽으로 누울지 오른쪽으로 누울지도 그는 선택할 수가 없었다. 병원 도우미들은 그에게 냉담하게 굴었다. 그를 학대하고 방치한 적도 많았다. 그러나 그는 거기에 대해 불만의 행동이나 말 한마디 할 수 없었다.

밤에 홀로 누워 무서운 생각에 벌벌 떤 적이 있는가? 마틴은 평생을 그랬다. 생각하는 것만이 그가 가진 전부였다. '너는 무기력해.' 노랫가락처럼 이 말이 그의 머릿속에서 떠나질 않았다. 희망이 없었다. 그가 침입을 허락한 생각은 딱 하나였다. '죽고 싶어.' 엄마의 말과 똑같았다.

세상에서 도망가지 못한다는 것을 깨달은 마틴은 다른 길을 선택했다. 그는 자신의 상상 속으로 달아났다. 그의 머릿속에서는 온갖 진기한 장면이 펼쳐졌다. 상상 속의 일들은 물리학 법칙도, 현실성도, 고집불통 몸에도 구애받지 않았다. 그는 모든 것을 꿈꾸었다. 그렇게 시간이 흘렀다.

두 가지 변화가 생겼다. 20대 중반쯤 됐을 때 마틴은 아주 느리지만 조금씩 자기 몸을 가눌 수 있게 되었다. 손으로 물건을 움켜잡을 수 있었다. 어느 날, 눈동자의 움직임을 관찰하던 간호사는 그에게 의식이 있을지 모른다고 생각했다. 그녀는 의사들에게 재검사를 해보자고 했다.

순식간에 모든 것이 변했다. 마틴은 조이스틱과 컴퓨터로 의사소통이 가능해졌다. 휠체어를 타고 움직일 수 있었다. 그는 이제는 살았다는 느낌이 들었다. 심리학 전문 팟캐스트 「인비저빌리아」에서도 말하듯 그는 안주하지 않았다. 아직도 좇고 싶은 꿈이 많았다. 그래서 그는 꿈을 좇기 시작했다.

2년 후에는 사무직 일자리를 얻었지만 그 정도로는 부족했다. 기계나 컴퓨터를 만지는 재주가 뛰어난 그는 프리랜서 웹디자이너가 되었고 나중에는 자기 사업도 차렸다. 대학에도 갔다. 또 자신의 경험을 생생히 회고한 책 『고스트 보이』를 출간했고 세간의 찬사를 받았다. 운전도 배웠다.

33세가 되던 2009년 그는 결혼을 했다. 더는 외톨이가 아니었다. 10년 동안 표정도 못 지은 채 살았지만 지금은 너무 웃어서 얼굴이 아플 정도였다. BBC와 인터뷰에서 마틴은 이렇게 말했다.

성공이란 요상하다. 더 많은 성공을 배양하기 때문이다. 하나에서 이룬 성공은 내게 다른 것도 열심히 해보라며 용기를 심어주었다. 성공은 가능한 것의 영역에 대한 내 시각을 넓혔다. '이것을 해냈다면 다른 것도 할 수 있지 않겠어?' 라며.

마틴은 여전히 휠체어를 타고 다니며 컴퓨터 보조장비가 있어야만 상대와 대화할 수 있다. 그러나 그는 대학에 갔고, 성공했으며, 행복한 결혼생활을 누리고 있다. 잘 살고 있다. 여기에 도달하기까지 얼마나 피 흘리는 노력을 했을까? 상상만으로도 힘든 역경이다.

마틴과 같은 역경에 빠지는 사람은 아주 드물다. 그러나 힘든 문제를 만났을 때 사면초가에 빠졌다는 느낌은 누구나 경험한다. '갇혀 있다'고 느낀다. 우리는 정신적 탈주를 시도하거나 시간만 흐르기를 바란다. 그러나 스티븐 제이 로스의 말처럼 꿈을 꿀 때만이, 그리고 그 꿈을 이루기 위해 무언가 노력을 할 때만이 우리는 꿈을 성취할 수 있다. 그리고 그것이 우리가 할 수 있는 유일한 방법이다.

성공의 겉모습은 다양하다. 세상을 깜짝 놀라게 하는 성공도 있고, 단순하면서도 기묘한 성공도 있고, 그게 성공인가 싶은 성공도 있다. 언론에서는 최고 정점에 오른 성공만을 연일 보도하고, 우리는 자기 자신이 정의한 성공이 중요하다는 사실을 망각한다. 그러고는 나도 성공할 수 있다는 사실도 잊는다.

타고난 재능을 걱정하지 말라. 벤저민 블룸은 조각가, 올림픽 참가 선수, 수학자에 이르기까지 성공한 사람들을 연구했다. 재능은 인생의 성취 대부분을 좌우하지 못한다는 결과가 나왔다.

우리는 이 책에서 성공에 대한 많은 이야기를 다루었다. 이제는 결론을 내려야 할 순간이다. 성공이라는 주제에 있어서 가장 중요하게 기억해야 할 것은 무엇인가?

합(合, alignment)이다.

성공은 한 가지 요소만이 유독 좋다고 생기는 결과가 아니다. 성공에서 중요한 것은 나라는 사람과 내가 선택한 위치의 합이다. 맞는 기술과 맞는 역할의 합이다. 좋은 사람 주위에는 좋은 사람들이 있다. 나와 세상을 연결해주고 계속 힘을 주는 스토리가 중요하다. 나를 도와주는 인맥과, 타고난 내향성이나 외향성과 잘 어울리는 직업이 중요하다. 자신감을 잃지 않고 전진하는 것도 중요하지만, 불가피하게 실패했을 때에는 교훈을 얻고 나를 용서하는 것도 중요하다. 죽는 순간 이만하면 잘 살았으니 후회 없다고 말하게 해주는 척도의 균형이 중요하다.

하워드 스티븐슨과 로라 내쉬는 세상이 말하는 성공을 이뤘으면서 워라밸을 위한 노력도 게을리하지 않은 사람들을 연구한 결과를 발표했다.

> 자신이 사용하는 대표 강점과 가치가 합을 이루고 있고 그런 강점을 크게 살려주는 환경에서 일할 때, 우리는 성취와 의미, 행복, 유산을 위해 강력하게 그리고 감정적으로 몰입할 수 있다. 우리가 마음속으로 선택한 성공의 목표가 지금 일하는 조직과 합이 맞는 순간 보상은 훨씬 커진다.

나에게 맞는 합을 찾았는가? 먼 옛날 델포이의 신탁은 "너 자신을 알라"고 말했다. 나의 증폭제는 무엇인가? 나는 기버인가, 테이커인가? 외향적인 성격인가, 내향적인 성격인가? 자신감이 하늘을 뚫는가 아니면 언제나 기죽어 지내는가? 4가지 성공 척도 중 나도 모르게 중시한 것은 무엇이고 방치한 것은 무엇인가?

위의 질문에 답을 찾은 다음 주위 세상과 합을 찾아내야 한다. 맞는 환경을 찾아야 한다. 내가 증폭제를 휘두를 수 있는 직업을 찾아야 한다. 나를 전진하게 해줄 스토리를 만들어야 한다. 내 지평을 넓혀줄 작은 도박을 겁내지 말아야 한다. 꿈을 현실로 만들어주는 WOOP 시스템을 활용해야 한다.

가장 중요한 합은 무엇인가? 사랑하는 사람과 친구와의 관계이다. 그들의 도움으로 나는 내가 원하는 사람이 될 수 있다. 금전적 성공도 중요하지만 진짜 성공한 인생의 필수 요소는 행복이다. 일에서 성공한다고 다 행복해지지는 않지만 행복은 언제나 성공을 가져다준다.

이 책의 목표는 여러 연구와 위대한 스토리들이 보여준 진짜 성공의 요소가 무엇인지에 대해 진실을 파헤치는 것이었다. 목표한 대로 성공했는가? 판단은 독자 여러분의 몫이다. 작가인 나는 답을 알 수 없다. 그러나 나는 내게 맞는 물을 찾았다고, 그리고 몇몇의 멋진 친구들과 훌륭한 합을 이루고 있다고 생각한다. 나는 이만하면 충분하다. 이제는 여러분의 차례다. 여러분 자신을 알고, 자신에게 맞는 물을 찾아내기 바란다.

더 많은 내용을 원하는 독자는 내 웹사이트 Bakadesuyo.com을 방문하기 바란다. 여기에 적지 않은 다른 내용을 올려두었다. 어렵게 생각하지 말고 지금 여러분이 알게 된 것만 생각하자. 나는 여러분의 친구이다. 마음 내킬 때 언제라도 내게 이메일을 보내기를 바란다. ebarker@ucla.edu에서 언제라도 여러분을 기다리고 있을 것이다. 여러분 모두가 일과 삶에서 큰 성공을 거두기를 바란다.

로버트 드니로는 내게 누구를 안다고 떠벌리는 짓은
절대 하지 말라고 했다.
- 밥 와그너

월터 그린이라는 사람은 감사 인사를 하려고 세계를 날아다녔다. 이 책이
여러분에게 전해지기까지 도움을 준 사람들을 몇 명만 골라 감사 인사를
하는 것은 정말로 못할 짓이다. 글을 쓰는 동안 작가가 제정신을 유지하게
해준 것만으로도 많은 사람이 감사를 받아야 한다.

책을 쓰는 것이 힘든 작업이라고 말하는 사람은 많아도 무지막지하게
어려운 일이라고 말하는 사람은 별로 없다. 주위에 멋진 사람들이 없었다
면 나는 이 외로운 작업을 완주하지 못했을 것이다. 최고의 대리인 짐 레
빈과 내 담당 편집자 힐러리 로슨, 제너베바 로사에게 감사한다. 이 책을
위해 자신들의 이야기와 연구 결과와 아이디어를 보태준 모든 사람에게
감사한다. 다시 한 번 부모님에게 감사한다. 두 분이 없었으면 이 책은 불
가능했을 것이다. 내 블로그를 읽어주는 멋진 분들에게 감사한다. (이메일
은 일요일에도 된다.)

드라마 「하우스」에서 하우스의 가장 멋진 친구인 윌슨처럼 최고의 도움
을 준 제이슨 핼릭에게 감사한다. 돈 엘모어에게 감사한다. 루시우스 폭스
가 없었으면 과연 배트맨이 탄생할 수 있었을까? 인터넷 웹진에 이 무명
의 블로그를 한번 알아보라고 운을 떼어준 타일러 코웬에게 감사한다. 집

돌이를 집에서 끌어내 '랠리 팔'의 세계를 만나게 해준 앤드류 케빈 워커, 줄리 더크, 드루 홈즈에게 감사한다.

친구이자 나의 공모자들인(기소는 안 당하겠지만) 데비 '코치파이어' 로사, 닉 크래스니, 마이크 구드, 라구 마나발란, 크리스 보스에게 감사한다.

그 누구보다도 가장 가까운 친구이며 사촌 형제인 라이언에게 감사한다. 클레어 아주머니가 아사 직전의 작가에게 보내주신 생일카드에는 언제나 수표가 들어 있었다. 대학시절의 내게 생필품 꾸러미를 보내주신 바버라 아주머니에게도 감사를 드린다.

책을 쓰는 동안 조언과 충고를 아끼지 않아준 대니얼 핑크, 애덤 그랜드, 데이비드 엡스타인, 셰인 스노, 존 리처드슨, 쉴라 힌에게 감사한다.

세도나 일루미나티의 제임스 클리어, 라이언 홀리데이, 조시 카우프만, 스티브 캄, 셰인 패리시, 니르 에얄, 팀 어반에게 감사한다.

내 반미치광이 짓을 따뜻하게 지원해준 밥 라딘, 파울로 코엘료, 크리스 예, 제니퍼 아커, 제프 톰슨 형사에게 감사한다(제프는 뉴욕시경 인질 협상팀 훈련에 참여하지 않겠냐는 제의도 해주었다. 물론 내심 내가 거절하기를 바랐을 것이다).

그리고 대학교 3학년 시절, 작가가 되고 싶다는 내 말에 대놓고 크게 웃은 여자친구에게도 감사한다. 고마워. 덕분에 마음이 더 굳었어.

책 한 권을 쓰려면 서재의 반은 뒤집어야 한다.

– 새뮤얼 존슨

Prologue : 무엇이 진짜 성공을 가져다주는가

Auerbach, Stephen. Bicycle Dreams. Auerfilms, 2009. 국내 상영 제목 「자전거 드림」
Coyle, Daniel. "That Which Does Not Kill Me Makes Me Stranger." New York Times,
    February 5, 2006. www.nytimes.com/2006/02/05/sports/playmagazine/05robicpm.
    html?pagewanted=all&_r=0.
"Limits of the Body." Radiolab. Season 7, episode 3. 2010년 4월 16일 방송. www.radiolab.
    org/story/91710-limits-of-the-body/.
Snyder, Amy. Hell on Two Wheels. Chicago : Triumph Books, 2011.

Chapter 1 : 모범생과 반항아 중 더 성공하는 건 누구일까

Alexander, Susan. "How Neil Young Became the First Artist to Get Sued for Not Being
    Himself." Lateral Action. http://lateralaction.com/articles/neil-young/.
Altman, Sam. "Lecture 9 : How to Raise Money (Marc Andreessen, Ron Conway, and Parker
    Conrad)." How to Start a Startup. 스탠퍼드대 수업 강의. http://startupclass.samaltman.
    com/courses/lec09/.
Arnold, Karen D. Lives of Promise. San Francisco : Jossey-Bass, 1995.
Barnett, J. H., C. H. Salmond, P. B. Jones, and B. J. Sahakian. "Cognitive Reserve in
    Neuropsychiatry." Psychological Medicine 36, no. 08 (2006) : 1053 - 64. http://dx.doi.
    org/10.1017/S0033291706007501.
Bazzana, Kevin. Wondrous Strange. Toronto : McClelland and Stewart, 2010.
Belsky, Jay, Charles R. Jonassaint, Michael Pluess, Michael Vicente Stanton, B. H. Brummett,
    and R. B. Williams. "Vulnerability Genes or Plasticity Genes?" Molecular Psychiatry
    14, no. 8 (2009) : 746 - 54. doi:10.1038/mp.2009.44.

Chambliss, Daniel F. "The Mundanity of Excellence: An Ethnographic Report on Stratification and Olympic Swimmers." Sociological Theory 7, no. 1 (Spring 1989): 70 –86. doi:10.2307/202063.

Christian, Brian. The Most Human Human. New York: Anchor, 2011. 국내 출간, 『가장 인간적인 인간』

"Congenital Insensitivity to Pain." NIH, U.S. National Library of Medicine. Last modified November 2012. https://ghr.nlm.nih.gov/condition/congenital-insensitivity-to-pain.

Coryell, W., J. Endicott, Monika Keller, N. Andreasen, W. Grove, R. M. A. Hirschfeld, and W. Scheftner. "Bipolar Affective Disorder and High Achievement: A Familial Association." American Journal of Psychiatry 146, no. 8 (1989): 983 –88. doi:10.1176/ ajp.146.8.983.

Dobbs, David. "Can Genes Send You High or Low? The Orchid Hypothesis A-bloom." DavidDobbs.net. June 8, 2013. http://daviddobbs.net/smoothpebbles/orchids-dandelions-abloom-best-of-wired-nc-10/.

Dobbs, David. "The Science of Success." The Atlantic, December 2009. www.theatlantic. com/magazine/archive/2009/12/the-science-of-success/307761/.

Ellis, Bruce J., and W. Thomas Boyce. "Biological Sensitivity to Context." Current Directions in Psychological Science 17, no. 3 (2008): 183 –87. doi:10.1111/j.1467-8721.2008.00571.x.

El-Naggar, Mona. "In Lieu of Money, Toyota Donates Efficiency to New York Charity." New York Times, July 26, 2013. www.nytimes.com/2013/07/27/nyregion/in-lieu-of-money-toyota-donates-efficiency-to-new-york-charity.html.

Gaskin, Darrell J., and Patrick Richard. "Appendix C: The Economic Costs of Pain inthe United States," from Relieving Pain in America. Institute of Medicine (U.S.) Committee on Advancing Pain Research, Care, and Education. Washington, DC: National Academies Press, 2011. www.ncbi.nlm.nih.gov/books/NBK92521/.

Gino, Francesca, and Dan Ariely. "The Dark Side of Creativity: Original Thinkers Can Be More Dishonest." Journal of Personality and Social Psychology 102, no. 3 (2012): 445 –59. doi:10.1037/a0026406.

Gotz, Karl Otto, and Karin Gotz. "Personality Characteristics of Successful Artists." Perceptual and Motor Skills 49, no. 3 (December 1979): 919 –24. doi:10.2466/ pms.1979.49.3.919.

Gould, Stephen Jay. "Return of the Hopeful Monster." The Unofficial Stephen Jay Gould Archive. www.stephenjaygould.org/library/gould_hopeful-monsters.html.

Haynes, V. Dion. "Being at Head of Class Isn't Same as Having Inside Track on Life." Chicago Tribune, June 11, 1995. http://articles.chicagotribune.com/1995-06-11/

news/9506110252_1_valedictorians-boston-college-achievers.

Heckert, Justin. "The Hazards of Growing Up Painlessly." New York Times Magazine, November 15, 2012. www.nytimes.com/2012/11/18/magazine/ashlyn-blocker-feels-no-pain.html?pagewanted=all.

Herbert, Wray. "On the Trail of the Orchid Child." Scientific American, November 1, 2011. www.scientificamerican.com/article/on-the-trail-of-the-orchid-child/.

Howe, Sandra. "Valedictorians Don't Stay at the Head of the Class, Says Education Researcher." Boston College Chronicle 4, no. 5 (1995). www.bc.edu/bc_org/rvp/pubaf/chronicle/v4/N2/ARNOLD.html.

Inouye, Dane. "Congenital Insensitivity to Pain with Anhidrosis." Hohonu 6 (2008). http://hilo.hawaii.edu/academics/hohonu/documents/Vol06x04CongenitalInsensitivitytoPain withAnhidrosis.pdf.

Mukunda, Gautam와 저자 직접 인터뷰 "Gautam Mukunda of Harvard Explains Secret to Being a Better Leader." Barking Up the Wrong Tree (blog). March 18, 2013. www.bakadesuyo.com/2013/03/interview-harvard-business-school-professor-gautam-mukunda-teaches-secrets-leader/.

Achor, Shawn과 저자 직접 인터뷰. "Be More Successful: New Harvard Research Reveals a Fun Way to Do It." Barking Up the Wrong Tree (blog). September 28, 2014. www.bakadesuyo.com/2014/09/be-more-successful/.

Johnson, Steven. Where Good Ideas Come From. New York: Riverhead Books, 2011. 국내 출간 『탁월한 아이디어는 어디서 오는가』

Judson, Olivia. "The Monster Is Back, and It's Hopeful." Opinionator. New York Times, January 22, 2008. http://opinionator.blogs.nytimes.com/2008/01/22/the-monster-is-back-and-its-hopeful/.

Lacy, Susan. "Inventing David Geffen." American Masters. TV documentary, 1:55:00. Aired November 20, 2012.

Levine, Mark. "The Age of Michael Phelps." New York Times, August 5, 2008. www.nytimes.com/2008/08/05/sports/05iht-05phelps.15022548.html?_r=0.

Lewis, Randy. "Listen to What Got Him Sued." Los Angeles Times, June 15, 2011. http://articles.latimes.com/2011/jun/15/entertainment/la-et-neil-young-treasure-20110615.

McMenamin, Brigid. "Tyranny of the Diploma." Forbes, December 28, 1998. www.forbes.com/free_forbes/1998/1228/6214104a.html.

Mueller, Jennifer S., Jack Goncalo, and Dishan Kamdar. "Recognizing Creative Leadership: Can Creative Idea Expression Negatively Relate to Perceptions of Leadership Potential?" Cornell University, School of Industrial and Labor Relations. 2010. http://digitalcommons.ilr.cornell.edu/articles/340/.

Mukunda, Gautam. Indispensable. Boston: Harvard Business Review Press, 2012. Kindle
 Edition. 국내 출간 『인디스펜서블』

Nagasako, Elna M., Anne Louise Oaklander, and Robert H. Dworkin. "Congenital
 Insensitivity to Pain: An Update." Pain 101, no. 3 (2003): 213 – 19. doi:10.1016/
 S0304-3959(02)00482-7.

Papageorge, Nicholas W., Victor Ronda, and Yu Zheng. "The Economic Value of Breaking
 Bad Misbehavior, Schooling, and the Labor Market." Social Science Research Network.
 June 1, 2016. http://dx.doi.org/10.2139/ssrn.2503293.

Pete, Steven. "Congenital Analgesia: The Agony of Feeling No Pain." BBC News Magazine.
 July 17, 2012. www.bbc.com/news/magazine-18713585.

Pressfield, Steven. "Suing Neil Young." StevenPressfield.com. July 31, 2013. www.
 stevenpressfield.com/2013/07/suing-neil-young/.

Rao, Hayagreeva, Robert Sutton, and Allen P. Webb. "Innovation Lessons from Pixar: An
 Interview with Oscar-Winning Director Brad Bird." McKinsey Quarterly, April 2008.
 www.mckinsey.com/business-functions/strategy-and-corporate-finance/our-insights/
 innovation-lessons-from-pixar-an-interview-with-oscar-winning-director-brad-bird.

Rubin, Shira. "The Israeli Army Unit That Recruits Teens with Autism." The Atlantic, January 6,
 2016. www.theatlantic.com/health/archive/2016/01/israeli-army-autism/422850/.

Silvia, Paul J., James C. Kaufman, Roni Reiter-Palmon, and Benjamin Wigert. "Cantankerous
 Creativity: Honesty –umility, Agreeableness, and the HEXACO Structure of Creative
 Achievement." Personality and Individual Differences 51, no. 5 (2011): 687 – 89.
 doi:10.1016/j.paid.2011.06.011.

Simonton, Dean Keith. Greatness. New York: Guilford Press, 1994.

Simonton, Dean Keith. "The Mad-Genius Paradox: Can Creative People Be More Mentally
 Healthy but Highly Creative People More Mentally Ill?" Perspectives on Psychological
 Science 9, no. 5 (2014): 470 – 80. doi:10.1177/1745691614543973.

Simonton, Dean Keith. The Wiley Handbook of Genius. Hoboken, NJ: Wiley-Blackwell,
 2014. 국내 출간 『천재 101』

Sokolove, Michael. "Built to Swim." New York Times Magazine, August 8, 2004. www.
 nytimes.com/2004/08/08/magazine/built-to-swim.html.

Stanley, Thomas J. The Millionaire Mind. Kansas City, MO: Andrews McMeel, 2001. 국내
 출간 『부자들의 선택』

Stein, Joel. "Thirteen Months of Working, Eating, and Sleeping at the Googleplex." Bloomberg
 Businessweek, July 22, 2015. www.bloomberg.com/news/features/2015-07-22/thirteen-
 months-of-working-eating-and-sleeping-at-the-googleplex.

Tough, Paul. How Children Succeed. Boston: Houghton Mifflin Harcourt, 2012. 국내 출간 『아

이는 어떻게 성공하는가』

Weeks, David, and Jamie James. Eccentrics, A Study of Sanity and Strangeness. New York: Villard, 1995.

Westby, Erik L., and V. L. Dawson. "Creativity: Asset or Burden in the Classroom?" Creativity Research Journal 8, no. 1 (1995): 1−10. doi:10.1207/s15326934crj0801_1.

Chapter 2 : 착한 사람은 꼴찌로 살 수밖에 없는가

Axelrod, Robert. The Evolution of Cooperation. New York: Basic Books, 2006. 국내 출간『협력의 진화』

Bachman, W. "Nice Guys Finish First: A SYMLOG Analysis of U.S. Naval Commands." In The SYMLOG Practitioner: Applications of Small Group Research. Edited by R. B. Polley, A. P. Hare, and P. J. Stone. New York: Praeger, 1988, 60.

Baumeister, Roy F., Ellen Bratslavsky, Catrin Finkenauer, and Kathleen D. Vohs. "Bad Is Stronger than Good." Review of General Psychology 5, no. 4 (2001): 323−70. https://carlsonschool.umn.edu/file/49901/download?token=GoY7afXa.

Bernerth, Jeremy B., Shannon G. Taylor, Jack H. Walker, and Daniel S. Whitman. "An Empirical Investigation of Dispositional Antecedents and Performance–Related Outcomes of Credit Scores." Journal of Applied Psychology 97, no. 2 (2012): 469−78. http://dx.doi.org/10.1037/a0026055.

Blackburn, Keith, and Gonzalo F. Forgues–Puccio. "Why Is Corruption Less Harmful in Some Countries than in Others?" Journal of Economic Behavior and Organization 72, no. 3 (2009): 797−810. doi:10.1016/j.jebo.2009.08.009.

Bowden, Mark. "The Man Who Broke Atlantic City." The Atlantic, April 2012. www.theatlantic.com/magazine/archive/2012/04/the–man–who–broke–atlantic–city/308900/.

Butler, Jeffrey, Paola Giuliano, and Luigi Guiso. "The Right Amount of Trust." NBER Working Paper No. 15344, National Bureau of Economic Research, Cambridge, MA, September 2009. Revised June 2014. doi:10.3386/w15344.

Chan, Elaine, and Jaideep Sengupta. "Insincere Flattery Actually Works: A Dual Attitudes Perspective." Journal of Marketing Research 47, no. 1 (2010): 122−33. doi:http://dx.doi.org/10.1509/jmkr.47.1.122.

Cottrell, Catherine A., Steven L. Neuberg, and Norman P. Li. "What Do People Desire in Others? A Sociofunctional Perspective on the Importance of Different Valued Characteristics." Journal of Personality and Social Psychology 92, no. 2 (2007): 208−31. http://dx.doi.org/10.1037/0022–3514.92.2.208.

DeSteno, David. The Truth About Trust. New York: Penguin, 2014.

Dutton, Kevin. The Wisdom of Psychopaths. New York: Macmillan, 2010. 국내 출간 『천재의 두 얼굴, 사이코패스』

Falk, Armin, Ingo Menrath, Pablo Emilio Verde, and Johannes Siegrist. "Cardiovascular Consequences of Unfair Pay." IZA Discussion Paper No. 5720, Institute for the Study of Labor, Bonn, Germany, May 2011. http://repec.iza.org/dp5720.pdf.

Friedman, Howard S., and Leslie R. Martin. The Longevity Project. New York: Plume, 2012. 국내 출간 『나는 몇 살까지 살까?』

Gambetta, Diego. Codes of the Underworld. Princeton, NJ: Princeton Univ. Press, 2011.

Gino, Francesca, Shahar Ayal, and Dan Ariely. "Contagion and Differentiation in Unethical Behavior: The Effect of One Bad Apple on the Barrel." Psychological Science 20, no. 3 (2009): 393–98. doi:10.1111/j.1467-9280.2009.02306.x.

"The Good Show." Radiolab. Season 9, episode 1. Radio broadcast, 1:05:07. 2010년 12월 14일 방송. www.radiolab.org/story/103951-the-good-show/.

Grant, Adam. Give and Take. New York: Penguin, 2013. 국내 출간 『기브 앤 테이크』

Helliwell, John F., and Haifang Huang. "Well-Being and Trust in the Workplace." Journal of Happiness Studies 12, no. 5 (2011): 747–67. doi:10.3386/w14589.

Ilan, Shahar. "Thou Shalt Not Be a Freier." Haaretz, January 28, 2007. www.haaretz.com/print-edition/opinion/thou-shalt-not-be-a-freier-1.211247.

Adam Grant와의 저자 직접 인터뷰. "Adam Grant Teaches You the Right Way to Give and Take." Barking Up the Wrong Tree (blog). April 9, 2013. www.bakadesuyo.com/2013/04/interview-wharton-business-school-professor-teaches-approach-give/.

Robert Cialdini와의 저자 직접 인터뷰. "Robert Cialdini Explains the Six Ways to Influence People—Interview." Barking Up the Wrong Tree (blog). June 3, 2013. www.bakadesuyo.com/2013/06/robert-cialdini-influence/.

Robert Sutton과의 저자 직접 인터뷰. "The Leadership Secret Steve Jobs and Mark Zuckerberg Have in Common." Barking Up the Wrong Tree (blog). November 19, 2013. www.bakadesuyo.com/2013/11/scaling-up-excellence/.

James Jr., Harvey S. "Is the Just Man a Happy Man? An Empirical Study of the Relationship Between Ethics and Subjective Well-Being." Kyklos 64, no. 2 (2011): 193–212. doi:10.1111/j.1467-6435.2011.00502.x.

Kivimaki, Mika, Jane E. Ferrie, Eric Brunner, Jenny Head, Martin J. Shipley, Jussi Vahtera, and Michael G. Marmot. "Justice at Work and Reduced Risk of Coronary Heart Disease Among Employees." Archives of Internal Medicine 165, no. 19 (2005): 2245–51. doi:10.1001/archinte.165.19.2245.

Kordova, Shoshana. "Word of the Day Freier פראייר." Haaretz, January 14, 2013. ww.haaretz.com/news/features/word-of-the-day/word-of-the-day-frei er-1508-1512-1488-1497-1497-1512.premium-1.493882.

Lambert, Craig. "The Psyche on Automatic." Harvard Magazine, November –December 2010. http://harvardmagazine.com/2010/11/the-psyche-on-automatic?page =all.

Leeson , Peter T. "An-arrgh-chy: The Law and Economics of Pirate Organization." Journal of Political Economy 115, no. 6 (2007): 1049 –94. doi:10.1086/526403.

Leeson, Peter T. The Invisible Hook. Princeton, NJ: Princeton Univ. Press, 2009. 국내 출간『후크 선장의 보이지 않는 손』

Leeson , Peter T. "Pirational Choice: The Economics of Infamous Pirate Practices." Journal of Economic Behavior and Organization 76, no. 3 (2010): 497 –510. doi:10.1016/j.jebo.2010.08.015.

Malhotra, Deepak. "How to Negotiate Your Job Offer—Prof. Deepak Malhotra (Harvard Business School)." YouTube video, 1:04:23. Posted November 20, 2012. www.youtube.com/watch?v =km2Hd_xgo9Q.

Markman, Art. "Are Successful People Nice?" Harvard Business Review, February 9, 2012. https://hbr.org/2012/02/are-successful-people-nice.

Marks, Michelle, and Crystal Harold. "Who Asks and Who Receives in Salary Negotiation." Journal of Organizational Behavior 32, no. 3 (2011): 371 –94. doi:10.1002/job.671.

Miller, Marjorie. "It's a Sin to Be a Sucker in Israel." Los Angeles Times, July 25, 1997. http://articles.latimes.com/1997/jul/25/news/mn-16208.

Mogilner, Cassie, Zoe Chance, and Michael I. Norton. "Giving Time Gives You Time." Psychological Science 23, no. 10 (2012): 1233 –38. doi:10.1177/0956797612442551.

Morrow, Lance. "Dr. Death." Books, New York Times, August 29, 1999. www.nytimes.com/books/99/08/29/reviews/990829.29morrowt.html.

Niven, David. The 100 Simple Secrets of Successful People. New York: HarperCollins, 2009. 국내 출간『나는 왜 똑같은 생각만 할까』

Nowak, Martin, and Karl Sigmund. "A Strategy of Win-Stay, Lose-Shift That Outperforms Tit-for-Tat in the Prisoner's Dilemma Game." Nature 364 (1993): 56 –58. doi:10.1038/364056a0.

Nowak, Martin, and Roger Highfield. SuperCooperators. New York: Free Press, 2012. 국내 출간『초협력자』

Nyberg, A., L. Alfredsson, T. Theorell, H. Westerlund, J. Vahtera, and M. Kivimaki. "Managerial Leadership and Ischaemic Heart Disease Among Employees: The Swedish WOLF Study." Occupational and Environmental Medicine 66 (2009): 51 –55. doi:10.1136/oem.2008.039362.

Pfeffer, Jeffrey. Power. New York: HarperBusiness, 2010. 국내 출간『권력의 기술』

Reuben, Ernesto, Paola Sapienza, and Luigi Zingales. "Is Mistrust Self-Fulfilling?" Economics

Letters 104, no. 2 (2009): 89 –91. http://ssrn.com/abstract=1951649.

Schnall, Simone, Jean Roper, and Daniel M. T. Fessler. "Elevation Leads to Altruistic Behavior." Psychological Science 21, no. 3 (2010): 315 –20. doi:10.1177/0956797609359882.

Schwitzgebel, Eric. "Do Ethicists Steal More Books? More Data." The Splintered Mind (blog). December 08, 2006. http://schwitzsplinters.blogspot.com/2006/12/do-ethicists-steal-more-books-more-data.html.

Skarbek, David. The Social Order of the Underworld. Oxford: Oxford Univ. Press, 2014.

Smith, Pamela K., Nils B. Jostmann, Adam D. Galinsky, and Wilco W. van Dijk. "Lacking Power Impairs Executive Functions." Psychological Science 19 no. 5 (2008): 441 –47. doi:10.1111/j.1467 –9280.2008.02107.x.

Stewart, James B. Blind Eye. New York: Simon and Schuster, 2012.

Sutton, Robert I. Good Boss, Bad Boss. New York: Piatkus, 2010. 국내 출간『굿 보스 배드 보스』

University of California, Berkeley. "Gossip Can Have Social and Psychological Benefits." Public release. January 17, 2012. www.eurekalert.org/pub_releases/2012-01/uoc-gch011712.php.

University of Nebraska, Lincoln. "To Be Good, Sometimes Leaders Need to Be a Little Bad." Public release. October 19, 2010. www.eurekalert.org/pub_releases/2010-10/uon-tbg101910.php.

Van Kleef, Gerben A., Astrid C. Homan, Catrin Finkenauer, Seval Gundemir, and Eftychia Stamkou. "Breaking the Rules to Rise to Power: How Norm Violators Gain Power in the Eyes of Others." Social Psychological and Personality Science 2, no. 5 (2011): 500 –7. doi:10.1177/1948550611398416.

Veenhoven, R. "Healthy Happiness: Effects of Happiness on Physical Health and the Consequences for Preventive Health Care." Journal of Happiness Studies 9, no. 3 (2008): 449 –69. doi:10.1007/s10902-006-9042-1.

Weiner, Eric. Geography of Bliss. New York: Twelve Books, 2008. 국내 출간『행복의 지도』

Wu, Long-Zeng, Frederick Hong-kit Yim, Ho Kwong Kwan, and Xiaomeng Zhang. "Coping with Workplace Ostracism: The Roles of Ingratiation and Political Skill in Employee Psychological Distress." Journal of Management Studies 49, no. 1 (2012): 178 –99. doi:10.1111/j.1467-6486.2011.01017.x.

Chapter 3 : 끝까지 해내는 그릿이냐, 전략적 포기냐

Abramson, Leigh McMullan. "The Only Job with an Industry Devoted to Helping People

Quit." The Atlantic, July 29, 2014. www.theatlantic.com/business/archive/2014/07/
the-only-job-with-an-industry-devoted-to-helping-people-quit/375199/.

"The Acceptance Prophecy: How You Control Who Likes You." Psyblog, August 27, 2009.
www.spring.org.uk/2009/08/the-acceptance-prophesy-how-you-control-who-likes-
you.php.

Akil II, Bakari. "How the Navy SEALs Increased Passing Rates." Psychology Today, November
09, 2009. www.psychologytoday.com/blog/communication-central/200911/how-the-
navy-seals-increased-passing-rates.

Albert Einstein College of Medicine. " 'Personality Genes' May Help Account for Longevity."
News release. May 24, 2012. http://www.einstein.yu.edu/news/releases/798/
personality-genes-may-help-account-for-longevity/.

Alloy, Lauren B., and Lyn Y. Abramson. "Judgment of Contingency in Depressed and
Nondepressed Students: Sadder but Wiser?" Journal of Experimental Psychology 108,
no. 4 (1979): 441–85. http://dx.doi.org/10.1037/0096-3445.108.4.441.

Amabile, Teresa, and Steven J. Kramer. "The Power of Small Wins." Harvard Business
Review, May 2011. https://hbr.org/2011/05/the-power-of-small-wins.

Amabile, Teresa, and Steven J. Kramer. The Progress Principle. Boston: Harvard Business
Review Press, 2011. 국내 출간 『전진의 법칙』

American Heart Association. "Optimism Associated with Lower Risk of Having Stroke."
ScienceDaily. July 22, 2011. www.sciencedaily.com/releases/2011/07/110721163025.
htm.

Anonymous. "The Effects of Too Much Porn: 'He's Just Not That Into Anyone.'" The Last
Psychiatrist (blog). February 15, 2011. http://thelastpsychiatrist.com/2011/02/hes_
just_not_that_into_anyone.html.

Ariely, Dan. The Upside of Irrationality. New York: HarperCollins, 2010. 국내 출간 『경제 심
리학』

Ariely, Dan. "What Makes Us Feel Good About Our Work?" Filmed October 2012.
TEDxRiodelaPlata video, 20:26. www.ted.com/talks/dan_ariely_what_makes_us_feel_
good_about_our_work.

Association for Psychological Science. "In Hiring, Resume Info Could Help Employers
Predict Who Will Quit." August 19, 2014. www.psychologicalscience.org/index.php/
news/minds-business/in-hiring-resume-info-could-help-employers-predict-who-will-
quit.html.

Association for Psychological Science. "Keep Your Fingers Crossed! How Superstition
Improves Performance." News release. July 13, 2010. www.psychologicalscience.
org/index.php/news/releases/keep-your-fingers-crossed-how-superstition-improves-

performance.html.

Association for Psychological Science. "Why Are Older People Happier?" ScienceDaily. January 12, 2012. www.sciencedaily.com/releases/2012/01/120106135950.htm.

Babcock, Philip S., and Mindy Marks. "The Falling Time Cost of College: Evidence from Half a Century of Time Use Data." NBER Working Paper No. 15954, National Bureau of Economic Research, Cambridge, MA, April 2010. www.nber.org/papers/w15954.

Bakalar, Nicholas. "Future Shock Concept Gets a Personal Twist." New York Times, February 22, 2005. www.nytimes.com/2005/02/22/health/psychology/future-shock-concept-gets-a-personal-twist.html.

Baumeister, Roy F. "Suicide as Escape from Self." Psychological Review 97, no. 1 (1990): 90–113. doi:10.1037//0033-295X.97.1.90.

Baumeister, Roy F., and John Tierney. Willpower. New York: Penguin, 2011. 국내 출간 『의지력의 재발견』

Ben-Shahar, Tal. Choose the Life You Want. New York: The Experiment, 2014. 국내 출간 『행복을 미루지 마라』

Boudarbat, Brahim, and Victor Chernoff. "The Determinants of Education-Job Match among Canadian University Graduates." IZA Discussion Paper No. 4513, Institute for the Study of Labor, Bonn, Germany, October 2009. http://ftp.iza.org/dp4513.pdf.

Brad. "BUD/S Pool Comp Tips." SEAL Grinder PT, December 18, 2013. http://sealgrinderpt.com/navy-seal-workout/buds-pool-comp-tips.html/.

Brooks, David. The Road to Character. New York: Random House, 2015. 국내 출간 『인간의 품격』

Carrere, Sybil, Kim T. Buehlman, John M. Gottman, James A. Coan, and Lionel Ruckstuhl. "Predicting Marital Stability and Divorce in Newlywed Couples." Journal of Family Psychology 14, no. 1 (2000): 42–58. http://dx.doi.org/10.1037/0893-3200.14.1.42.

Collins, Jim. "Best New Year's Resolution? A 'Stop Doing' List." JimCollins.com. December 30, 2003. www.jimcollins.com/article_topics/articles/best-new-years.html.

Cooper, Douglas P., Jamie L. Goldenberg, and Jamie Arndt. "Empowering the Self: Using the Terror Management Health Model to Promote Breast Self-Examination." Self and Identity 10, no. 3 (2011): 315–25. doi:10.1080/15298868.2010.527495.

Courtiol, A., S. Picq, B. Godelle, M. Raymond, and J.-B. Ferdy. "From Preferred to Actual Mate Characteristics: The Case of Human Body Shape." PLoS ONE 5, no. 9 (2010): e13010. doi:10.1371/journal.pone.0013010.

Cowen, Tyler. "Be Suspicious of Stories." Filmed November 2009. TEDxMidAtlantic video, 15:57. http://www.ted.com/talks/tyler_cowen_be_suspicious_of_stories.

Coyle, Daniel. "How to Prepare for a Big Moment." The Talent Code. January 21, 2014.

http://thetalentcode.com/2014/01/21/how-to-prepare-for-a-big-moment/.

Csikszentmihalyi, Mihaly. Creativity. New York: HarperCollins, 2009. 국내 출간 『창의성의 즐거움』

Csikszentmihalyi, Mihaly. Finding Flow. New York: Basic Books, 2007. 국내 출간 『몰입의 즐거움』

Currey, Mason. Daily Rituals. New York: Knopf, 2013. 국내 출간 『리추얼』

Diener, Ed, and Micaela Y. Chan. "Happy People Live Longer: Subjective Well-Being Contributes to Health and Longevity." Applied Psychology: Health and Well-Being 3, no. 1 (2011): 1 -43. doi:10.1111/j.1758-0854.2010.01045.x.

Dignan, Aaron. Game Frame. New York: Free Press, 2011. 국내 출간 『게임 프레임』

"The Dilbert Index? A New Marketplace Podcast." Freakonomics podcast, 5:13. February 23, 2012. http://freakonomics.com/2012/02/23/the-dilbert-index-a-new-marketplace-podcast/.

Dreifus, Claudia. "A Surgeon's Path from Migrant Fields to Operating Room." New York Times, May 13, 2008. www.nytimes.com/2008/05/13/science/13conv.html?_r=0.

Drucker, Peter. The Effective Executive. New York: HarperBusiness, 2006. 국내 출간 『자기경영노트』

Duckworth, Angela. Grit. New York: Scribner, 2016. 국내 출간 『그릿』

Duckworth, Angela L., Christopher Peterson, Michael D. Matthews, and Dennis R. Kelly. "Grit: Perseverance and Passion for Long-Term Goals." Journal of Personality and Social Psychology 92, no. 6 (2007): 1087 -101. http://dx.doi.org/10.1037/0022-3514.92.6.1087.

Feiler, Bruce. The Secrets of Happy Families. New York: William Morrow, 2013. 국내 출간 『가족을 고쳐드립니다』

"Fighting Germs with Fun." YouTube video, 2:40. Posted by dw3348p, December 15, 2009. www.youtube.com/watch?v=p9nCRJo73oI.

Frankl, Viktor E. Man's Search for Meaning. Boston: Beacon Press, 2006. 『죽음의 수용소에서』

Fry, Prem S., and Dominique L. Debats. "Perfectionism and the Five-Factor Personality Traits as Predictors of Mortality in Older Adults." Journal of Health Psychology 14, no. 4 (2009): 513 -24. doi:10.1177/1359105309103571.

Gardner, Howard E. Creating Minds. New York: Basic Books, 2011. 국내 출간 『열정과 기질』

Gerster, Jane. "Toronto Vows to Outsmart Its Raccoons." Wall Street Journal, August 23, 2015. www.wsj.com/articles/toronto-vows-to-outsmart-its-raccoons-1440373645.

Ghofrani, Hossein A., Ian H. Osterloh, and Friedrich Grimminger. "Sildenafil: From Angina to Erectile Dysfunction to Pulmonary Hypertension and Beyond." Nature Reviews

Drug Discovery 5 (2006): 689 −702. doi:10.1038/nrd2030.

Gilbert, Daniel. Stumbling on Happiness. New York: Vintage, 2007. 국내 출간 『행복에 걸려 비틀거리다』

Gilovich, Thomas, and Victoria Husted Medvec. "The Experience of Regret: What, When, and Why." Psychological Review 102, no. 2 (1995): 379 −95. doi:10.1037/0033-295X.102.2.379.

Gino, Francesca. Sidetracked. Boston: Harvard Business Review Press, 2013. 국내 출간 『결심의 기술』

Glass, Ira. "Tough Room Act One: Make 'em Laff." This American Life. Episode 348. Radio broadcast, 59:00. Aired February 8, 2008. www.thisamericanlife.org/radio-archives/episode/348/tough-room?act=1#play.

Gonzales, Laurence. Deep Survival. New York: W. W. Norton, 2004. 국내 출간 『생존』

Gottschall, Jonathan. The Storytelling Animal. Boston: Mariner, 2013. 『스토리텔링 애니멀』

Gottschall, Jonathan. "Why Fiction Is Good for You." Boston Globe, April 29, 2012. www.bostonglobe.com/ideas/2012/04/28/why-fiction-good-for-you-how-fiction-changes-your-world/nubDy1P3viDj2PuwGwb3KO/story.html.

Grant, Adam. Give and Take. New York: Penguin, 2013.

Gurari, Inbal, Michael J. Strube, and John J. Hetts. "Death? Be Proud! The Ironic ffects of Terror Salience on Implicit Self-Esteem." Journal of Applied Social Psychology 39, no. 2 (2009): 494 −507. doi:10.1111/j.1559-1816.2008.00448.x.

Holiday, Ryan. The Obstacle Is the Way. New York: Portfolio, 2014. 국내 출간 『돌파력』

"How Many Doctors Does It Take to Start a Healthcare Revolution?" Freakonomics podcast, 53:56. April 9, 2015. http://freakonomics.com/2015/04/09/how-many-doctors-does-it-take-to-start-a-healthcare-revolution-a-new-freakonomics-radio-podcast/.

Dan Ariely와의 저자 직접 인터뷰. "How to Motivate People— Steps Backed by Science." Barking Up the Wrong Tree (blog). April 6, 2014. www.bakadesuyo.com/2014/04/how-to-motivate-people/.

James Pennebaker와의 저자 직접 인터뷰. "How to Deal with Anxiety, Tragedy, or Heartache— 4 Steps from Research." Barking Up the Wrong Tree (blog). November 15, 2014. www.bakadesuyo.com/2014/11/how-to-deal-with-anxiety/.

James Waters와의 저자 직접 인터뷰. "A Navy SEAL Explains 8 Secrets to Grit and Resilience." Barking Up the Wrong Tree (blog). January 13, 2015. www.bakadesuyo.com/2015/01/grit/.

Peter Sims와의 저자 직접 인터뷰. "The System That All Creative Geniuses Use to Develop Their Ideas." Barking Up the Wrong Tree (blog). September 24, 2013. www.bakadesuyo.com/2013/09/peter-sims/.

Richard Wiseman과의 저자 직접 인터뷰. "How to Attract Good Luck : 4 Secrets Backed by Research." Barking Up the Wrong Tree (blog). July 19, 2015. www.bakadesuyo. com/2015/07/how-to-attract-good-luck/.

Shawn Achor와의 저자 직접 인터뷰. "Be More Successful : New Harvard Research Reveals a Fun Way to Do It." Barking Up the Wrong Tree (blog). September 28, 2014. www. bakadesuyo.com/2014/09/be-more-successful/.

Spencer Glendon과의 저자 직접 인터뷰. 미발표 내용.

Isabella, Jude. "The Intelligent Life of the City Raccoon." Nautilus, October 9, 2014. http:// nautil.us/issue/18/genius/the-intelligent-life-of-the-city-raccoon.

Iyengar, Sheena. The Art of Choosing. New York : Twelve, 2011. 국내 출간 『선택의 심리학』

Johnson, Steven. Everything Bad Is Good for You. New York : Riverhead Books, 2006. 『바보 상자의 역습』

Johnson, Steven. Where Good Ideas Come From. New York : Riverhead Books, 2011. 국내 출 간 『탁월한 아이디어는 어디서 오는가』

Jonas, Eva, Jeff Schimel, Jeff Greenberg, and Tom Pyszczynski. "The Scrooge Effect : Evidence That Mortality Salience Increases Prosocial Attitudes and Behavior." Personality and Social Psychology Bulletin 28, no. 10 (2002) : 1342 – 53. http://dx.doi. org/10.1177/014616702236834.

Kivetz, Ran, Oleg Urminsky, and Yuhuang Zheng. "The Goal-Gradient Hypothesis Resurrected : Purchase Acceleration, Illusionary Goal Progress, and Customer Retention." Journal of Marketing Research 43, no. 1 (2006) : 39 – 58. doi : http:// dx.doi.org/10.1509/jmkr.43.1.39.

Lee, Louise. "Don't Be Too Specialized If You Want a Top Level Management Job." Insights by Stanford Business. August 1, 2010. www.gsb.stanford.edu/insights/dont-be-too-specialized-if-you-want-top-level-management-job.

Lee, Spike W. S., and Norbert Schwarz. "Framing Love : When It Hurts to Think We Were Made for Each Other." Journal of Experimental Social Psychology 54 (2014) : 61 – 67. doi : 10.1016/j.jesp.2014.04.007.

Lench, Heather C. "Personality and Health Outcomes : Making Positive Expectations a Reality." Journal of Happiness Studies 12, no. 3 (2011) : 493 – 507. doi : 10.1007/ s10902-010-9212-z.

Levitt, Steven D., and Stephen J. Dubner. Think Like a Freak. New York : William Morrow, 2014. 국내 출간 『괴짜처럼 생각하라』

Liberman, Varda, Nicholas R. Anderson, and Lee Ross. "Achieving Difficult Agreements : Effects of Positive Expectations on Negotiation Processes and Outcomes." Journal of Experimental Social Psychology 46, no. 3 (2010) : 494 – 504. http://dx.doi.

org/10.1016/j.jesp.2009.12.010.

Linden, David J. The Compass of Pleasure. New York: Penguin, 2012. 『고삐 풀린 뇌』

Lockhart, Andrea. "Perceived Influence of a Disney Fairy Tale on Beliefs on Romantic Love and Marriage." Ph.D. diss., California School of Professional Psychology, 2000.

Lyubomirsky, Sonja, Rene Dickerhoof, Julia K. Boehm, and Kennon M. Sheldon. "Becoming Happier Takes Both a Will and a Proper Way: An Experimental Longitudinal Intervention to Boost Well-Being." Emotion 11, no. 2 (2011): 391–402. doi:10.1037/a0022575.

MacDonald, Kevin. Touching the Void. Final Four Productions, 2003. Film.

Martin, Michael. "Illegal Farm Worker Becomes Brain Surgeon." Tell Me More. Radio broadcast, 13:51. Aired December 5, 2011. www.npr.org/2011/12/05/143141876/illegal-farm-worker-becomes-brain-surgeon.

McGonigal, Jane. Reality Is Broken. New York: Penguin, 2011. 국내 출간 『누구나 게임을 한다』

McRaney, David. "Confabulation." You Are Not So Smart podcast, 28:00. May 30, 2012. http://youarenotsosmart.com/2012/05/30/yanss-podcast-episode-three/.

Meredith, Lisa S., Cathy D. Sherbourne, Sarah J. Gaillot, Lydia Hansell, Hans V. Ritschard, Andrew M. Parker, and Glenda Wrenn. Promoting Psychological Resilience in the U.S. Military. Santa Monica: RAND Corporation, 2011. Ebook. www.rand.org/pubs/monographs/MG996.html.

Miller, Gregory E., and Carsten Wrosch. "You've Gotta Know When to Fold 'Em: Goal Disengagement and Systemic Inflammation in Adolescence." Psychological Science 18, no. 9 (2007): 773–77. doi:10.1111/j.1467-9280.2007.01977.x.

Minkel, J. R. "Dark Knight Shift: Why Batman Could Exist—But Not for Long." Scientific American, July 14, 2008. ww.scientificamerican.com/article/dark-knight-shift-why-bat/.

Mischel, Walter. The Marshmallow Test. Boston: Back Bay Books, 2015. 국내 출간 『마시멜로 테스트』

Munroe, Randall. What If? Boston: Houghton Mifflin Harcourt, 2014. 국내 출간 『위험한 과학책』

The NALP Foundation. "Keeping the Keepers II: Mobility and Management of Associates." Associate Attrition Reports. www.nalpfoundation.org/keepingthekeepersii.

Newheiser, Anna-Kaisa, Miguel Farias, and Nicole Tausch. "The Functional Nature of Conspiracy Beliefs: Examining the Underpinnings of Belief in the Da Vinci Code Conspiracy." Personality and Individual Differences 51, no. 8 (2011): 1007–11. doi:10.1016/j.paid.2011.08.011.

Niven, David. 100 Simple Secrets of Successful People. New York: HarperCollins, 2009.

Oettingen, Gabriele. Rethinking Positive Thinking. New York: Current, 2014. 국내 출간 『무한 긍정의 덫』

Ohio State University. "'Losing Yourself' in a Fictional Character Can Affect Your Real Life." ScienceDaily, May 7, 2012. www.sciencedaily.com/releases/2012/05/120507131948. htm.

Orlick, Terry, and John Partington. "Mental Links to Excellence." Sport Psychologist 2, no. 2 (1988): 105 –30. doi:10.1123/tsp.2.2.105.

Parker, Matt. Things to Make and Do in the Fourth Dimension. New York: Farrar, Straus and Giroux, 2014.

Peterson, Christopher. Pursuing the Good Life. New York: Oxford Univ. Press, 2012. 국내 출간 『그래도 살 만한 인생』

Pettit, Michael. "Raccoon Intelligence at the Borderlands of Science." American Psychological Association 41, no. 10 (2010): 26. www.apa.org/monitor/2010/11/raccoon.aspx.

Pfeffer, Jeffrey. Managing with Power. Boston: Harvard Business Review Press, 1993. 국내 출간 『권력의 경영』

Polavieja, Javier G., and Lucinda Platt. "Nurse or Mechanic? The Role of Parental Socialization and Children's Personality in the Formation of Sex-Typed Occupational Aspirations." Social Forces 93, no. 1 (2014): 31 –61. doi:10.1093/sf/sou051.

Polly, Matthew. American Shaolin. New York: Penguin, 2007.

Polly, Matthew. Tapped Out. New York: Avery, 2011.

Quinones-Hinojosa, Alfredo, and Mim Eichler Rivas. Becoming Dr. Q. Berkeley: Univ. of California Press, 2011.

Rich, Frank. "In Conversation: Chris Rock." Vulture, November 30, 2014. www.vulture. com/2014/11/chris-rock-frank-rich-in-conversation.html.

Rock, David. Your Brain at Work. New York: HarperCollins, 2009. 국내 출간 『일하는 뇌』

Rooney, Andy. "Eliminating House Clutter." Chicago Tribune, October 21, 1984. http:// archives.chicagotribune.com/1984/10/21/page/72/article/eliminating-house-clutter.

Root-Bernstein, Robert, Lindsay Allen, Leighanna Beach, Ragini Bhadula, Justin Fast, Chelsea Hosey, Benjamin Kremkow, et al. "Arts Foster Scientific Success: Avocations of Nobel, National Academy, Royal Society, and Sigma Xi Members." Journal of Psychology of Science and Technology 1, no. 2 (2008): 51 –63. doi:10.1891/1939-7054.1.2.51.

"SEALs BUD/s Training, 2 of 4." YouTube video, 1:46. Posted by America's Navy, December 1, 2006. www.youtube.com/watch?v=0KZuA7o1NIY.

Seligman, Martin. Authentic Happiness. New York: Simon and Schuster, 2002. 국내 출간 『마틴 셀리그만의 긍정심리학』

Seligman, Martin. Learned Optimism. New York: Vintage, 2011. 국내 출간 『학습된 낙관주의
　』

Simpson, Joe. Touching the Void. Bournemouth, UK: Direct Authors, 2012.

Sims, Peter. Little Bets. New York: Simon and Schuster, 2013. 국내 출간 『리틀 벳』

Skillman, Peter. "Peter Skillman at Gel 2007." Video, 18:42. Posted by Gel Conference,
　2009. https://vimeo.com/3991068.

Society for Personality and Social Psychology. "How Thinking About Death Can
　Lead to a Good Life." ScienceDaily. April 19, 2012. www.sciencedaily.com/
　releases/2012/04/120419102516.htm.

Specht, Jule, Boris Egloff, and Stefan C. Schmukle. "The Benefits of Believing in Chance
　or Fate: External Locus of Control as a Protective Factor for Coping with the Death
　of a Spouse." Social Psychological and Personality Science 2, no. 2 (2011): 132 –37.
　doi:10.1177/1948550610384635.

Staff. "The Benefits of Bonding with Batman." PacificStandard, August 21, 2012. www.
　psmag.com/business-economics/the-benefits-of-bonding-with-batman-44998

Stanley, Thomas J. The Millionaire Mind. Kansas City, MO: Andrews McMeel, 2001.

Swartz, Tracy. "Dave Chappelle Show's No-Phone Policy Draws Mixed Emotions from
　Attendees." Chicago Tribune, December 2, 2015. http://www.chicagotribune.com/
　entertainment/ct-dave-chappelle-cellphone-ban-ent-1203-20151202-story.html.

Thompson, Derek. "Quit Your Job." The Atlantic, November 5, 2014. www.theatlantic.com/
　business/archive/2014/11/quit-your-job/382402/.

Vagg, Richard. The Brain. Darlow Smithson Productions, 2010. Film.

Wilson, Timothy D. Redirect. Boston: Little, Brown, 2011. 국내 출간 『스토리』

Wiseman, Richard. The Luck Factor. Calgary, Canada: Cornerstone Digital, 2011. 국내 출간
　『잭팟심리학』

Wrosch, Carsten, Michael F. Scheier, Gregory E. Miller, Richard Schulz, and Charles S.
　Carver. "Adaptive Self-Regulation of Unattainable Goals: Goal Disengagement, Goal
　Reenegagement, and Subjective Well-Being." Personality and Social Psychology Bulletin
　29, no. 12 (2003): 1494 –508. doi:10.1177/0146167203256921.

Wrzesniewski, Amy, and Jane E. Dutton. "Crafting a Job: Revisioning Employees as Active
　Crafters of Their Work." Academy of Management Review 26, no. 2 (2001): 179 –201.
　doi:10.5465/AMR.2001.4378011.

Zabelina, Darya L., and Michael D. Robinson. "Child's Play: Facilitating the Originality of
　Creative Output by a Priming Manipulation." Psychology of Aesthetics, Creativity, and
　the Arts 4, no. 1 (2010): 57 –65. doi:10.1037/a0015644.

Zauberman, Gal, and John G. Lynch Jr. "Resource Slack and Propensity to Discount Delayed

Investments of Time Versus Money." Journal of Experimental Psychology 134, no. 1 (2005): 23 – 37. doi:10.1037/0096-3445.134.1.23.

Zehr, E. Paul. Becoming Batman. Baltimore, MD: Johns Hopkins Univ. Press, 2008.

Chapter 4 : 실력과 인맥 중 무엇이 더 결정적인가

"About: MIT Radiation Laboratory," Lincoln Laboratory, MIT website. www.ll.mit.edu/about/History/RadLab.html.

"The Acceptance Prophecy: How You Control Who Likes You." Psyblog, August 27, 2009. www.spring.org.uk/2009/08/the-acceptance-prophesy-how-you-control-who-likes-you.php.

Achor, Shawn. The Happiness Advantage. New York: Crown Business, 2010. 국내 출간『행복의 특권』

Algoe, Sara B., Shelly L. Gable, and Natalya C. Maisel. "It's the Little Things: Everyday Gratitude as a Booster Shot for Romantic Relationships." Personal Relationships 17 (2010): 217 – 33. doi:10.1111/j.1475 – 6811.2010.01273.x.

Apatow, Judd. Sick in the Head. New York: Random House, 2015.

"Anecdotes About Famous Scientists." Science Humor Netring. http://jcdverha.home.xs4all.nl/scijokes/10.html#Erdos_8.

Aron, Arthur, and Elaine Aron. The Heart of Social Psychology. Lanham, MD: Lexington Books, 1989.

Baker, Wayne E. Achieving Success Through Social Capital. San Francisco: Jossey-Bass, 2000.

Bandiera, Oriana, Iwan Barankay, and Imran Rasul. "Social Incentives in the Workplace." Review of Economic Studies 77, no. 2 (2010): 417 – 58. doi:10.1111/j.1467 – 937X.2009.00574.x.

Barker, Eric. "Do You Need to Be Friends with the People You Work With?" Barking Up the Wrong Tree (blog). August 11, 2011. www.bakadesuyo.com/2011/08/do-you-need-to-be-friends-with-the-people-you/.

Barrick, Murray R., Susan L. Dustin, Tamara L. Giluk, Greg L. Stewart, Jonathan A. Shaffer, and Brian W. Swider. "Candidate Characteristics Driving Initial Impressions During Rapport Building: Implications for Employment Interview Validity." Journal of Occupational and Organizational Psychology 85, no. 2 (2012): 330 – 52. doi:10.1111/j.2044-8325.2011.02036.x.

Bartlett, Monica Y., Paul Condon, Jourdan Cruz, Jolie Baumann Wormwood, and David Desteno. "Gratitude: Prompting Behaviours That Build Relationships." Cognition and Emotion 26, no. 1 (2011): 2 – 13. doi:10.1080/02699931.2011.56 1297.

Bendersky, Corinne, and Neha Parikh Shah. "The Downfall of Extraverts and the Rise of
   Neurotics: The Dynamic Process of Status Allocation in Task Groups." Academy of
   Management Journal 556, no. 2 (2013): 387-406. doi:10.5465/amj.2011.0316.

Bernstein, Elizabeth. "Not an Introvert, Not an Extrovert? You May Be an Ambivert." Wall
   Street Journal, July 27, 2015. www.wsj.com/articles/not-an-introvert-not-an-extrovert-
   you-may-be-an-ambivert-1438013534.

Bernstein, Elizabeth. "Why Introverts Make Great Entrepreneurs." Wall Street
   Journal, August 24, 2015. www.wsj.com/articles/why-introverts-make-great-
   entrepreneurs-1440381699.

Bolz, Captain Frank, and Edward Hershey. Hostage Cop. New York: Rawson Associates,
   1980.

Booyens, S. W. Dimensions of Nursing Management. Cape Town, South Africa: Juta
   Academic, 1998.

Bosson, Jennifer K., Amber B. Johnson, Kate Niederhoffer, and William B. Swann Jr.
   "Interpersonal Chemistry Through Negativity: Bonding by Sharing Negative Attitudes
   About Others." Personal Relationships 13, no. 2 (2006): 135-50.

Bouchard, Martin, and Frederic Ouellet. "Is Small Beautiful? The Link Between Risks and
   Size in Illegal Drug Markets." Global Crime 12, no. 1 (2011): 70-86. doi:10.1080/17
   440572.2011.548956.

Brafman, Ori, and Judah Pollack. The Chaos Imperative. New York: Crown Business, 2013.

Breen, Benjamin. "Newton's Needle: On Scientific Self-Experimentation." PacificStandard,
   July 24, 2014. https://psmag.com/newton-s-needle-on-scientific-self-experimentation-
   b8a2df4d0ff2#.4pb3vdh96.

Bruzzese, Anita. "On the Job: Introverts Win in the End." USA Today, April 28, 2013. www.
   usatoday.com/story/money/columnist/bruzzese/2013/04/28/on-the-job-introverts-vs-
   extroverts/2114539/.

Cain, Susan. Quiet. New York: Broadway Books, 2012. 국내 출간 『콰이어트』

Casciaro, Tiziana, Francesca Gino, and Maryam Kouchaki. "The Contaminating Effects
   of Building Instrumental Ties: How Networking Can Make Us Feel Dirty." NOM
   Unit Working Paper No. 14-08, Harvard Business School, Boston, MA, April
   2014. www.hbs.edu/faculty/Publication%20Files/14-108_dacbf869-fbc1-4ff8-b927-
   d77ca54d93d8.pdf.

Casciaro, Tiziana, and Miguel Sousa Lobo. "Competent Jerks, Lovable Fools, and the
   Formation of Social Networks." Harvard Business Review, June 2005. https://hbr.
   org/2005/06/competent-jerks-lovable-fools-and-the-formation-of-social-networks.

Chabris, Christopher and Daniel Simons. The Invisible Gorilla. New York: Harmony, 2011.

국내 출간 『보이지 않는 고릴라』

Chan, Elaine, and Jaideep Sengupta. "Insincere Flattery Actually Works: A Dual Attitudes Perspective." Journal of Marketing Research 47, no. 1 (2010): 122–33. http://dx.doi. org/10.1509/jmkr.47.1.122.

Charness, Neil. "The Role of Deliberate Practice in Chess Expertise." Applied Cognative Psychology 19, no. 2 (March 2005): 151–65. doi:10.1002/acp.1106.

Chen, Frances S., Julia A. Minson, and Zakary L. Tormala. "Tell Me More: The Effects of Expressed Interest on Receptiveness During Dialog." Journal of Experimental Social Psychology 46, no. 5 (2010): 850–53. doi:10.1016/j.jesp.2010.04.012.

Christakis, Nicholas A., and James H. Fowler. Connected. Boston: Little, Brown, 2009. 국내 출간 『행복은 전염된다』

Clark, Dorie. "How to Win Over Someone Who Doesn't Like You." Forbes, September 16, 2012. www.forbes.com/sites/dorieclark/2012/09/16/how-to-win-over-someone-who-doesnt-like-you/#742b8a8f4132.

Cohen, Daniel H. "For Argument's Sake." Filmed February 2013. TEDxColbyCollege video, 9:35. www.ted.com/talks/daniel_h_cohen_for_argument_s_sake?language=en.

Cohen, Don, and Laurence Prusak. In Good Company. Boston: Harvard Business Review Press, 2001.

Conti, Gabriella, Andrea Galeotti, Gerrit Muller, and Stephen Pudney. "Popularity." Journal of Human Resources 48, no. 4 (2013): 1072–94. https://ideas.repec.org/a/uwp/jhriss/v48y2013iv1p1072-1094.html.

Cottrell, Catherine A., Steven L. Neuberg, and Norman P. Li. "What Do People Desire in Others? A Sociofunctional Perspective on the Importance of Different Valued Characteristics." Journal of Personality and Social Psychology 92, no. 2 (2007): 208–31. http://dx.doi.org/10.1037/0022-3514.92.2.208.

Coyle, Daniel. The Little Book of Talent. New York: Bantam, 2012. 국내 출간 『재능을 단련시키는 52가지 방법』

Cross, Robert L., Andrew Parker, and Rob Cross. The Hidden Power of Social Networks. Boston: Harvard Business Review Press, 2004.

Csikszentmihalyi, Mihaly. Creativity. New York: HarperCollins, 2009.

Dabbs Jr., James M., and Irving L. Janis. "Why Does Eating While Reading Facilitate Opinion Change?—An Experimental Inquiry." Journal of Experimental Social Psychology 1, no. 2 (1965): 133–44. http://dx.doi.org/10.1016/0022-1031(65)90041-7.

Diener, Ed, Ed Sandvik, William Pavot, and Frank Fujita. "Extraversion and Subjective Well-Being in a U.S. National Probability Sample." Journal of Research in Personality 26, no. 3 (1992): 205–15. doi:10.1016/0092-6566(92)90039-7.

Duhigg, Charles. The Power of Habit. New York: Random House, 2012. 국내 출간 『습관의 힘
　』

Ein-Dor,Tsachi, Abira Reizer, Philip R. Shaver, and Eyal Dotan. "Standoffish Perhaps,
　but Successful as Well: Evidence That Avoidant Attachment Can Be Beneficial in
　Professional Tennis and Computer Science." Journal of Personality 80, no. 3 (2011):
　749 – 68. doi:10.1111/j.1467-6494.2011.00747.x.

Enayati, Amanda. "Workplace Happiness: What's the Secret?" CNN.com. July 10, 2012.
　www.cnn.com/2012/07/09/living/secret-to-workplace-happiness/index.html.

Ensher, Ellen A., and Susan E. Murphy. Power Mentoring. San Francisco: Jossey-Bass, 2005.
　국내 출간 『파워 멘토링』

Ericsson, K. Anders, Ralf T. Krampe, and Clemens Tesch-Romer. "The Role of Deliberate
　Practice in the Acquisition of Expert Performance." Psychological Review 100, no. 3
　(1993): 363 – 406. http://dx.doi.org/10.1037/0033-295X.100.3.363.

Feiler, Daniel C., and Adam M. Kleinbaum. "Popularity, Similarity, and the Network
　Extraversion Bias." Psychological Science 26, no. 5 (2015): 593 – 603.
　doi:10.1177/0956797615569580.

Flora, Carlin. Friendfluence. New York: Anchor, 2013. 국내 출간 『깊이 있는 관계는 어떻게 만
　들어지는가』

Flynn, Francis J., and Vanessa K. B. Lake. "If You Need Help, Just Ask: Underestimating
　Compliance with Direct Requests for Help." Journal of Personality and Social
　Psychology 95, no. 1 (2008): 128 – 43. doi:10.1037/0022-3514.95.1.128.

Friedman, Howard S., and Leslie R. Martin. The Longevity Project. New York: Plume, 2012.
　『나는 몇 살까지 살까?』

"From Benford to Erdos." Radiolab. Season 6, episode 5. Radio broadcast, 22:59. Aired
　November 30, 2009. www.radiolab.org/story/91699-from-benford-to-erdos/.

Garner, Randy. "What's in a Name? Persuasion Perhaps." Journal of Consumer Psychology
　15, no. 2 (2005): 108 – 16. doi:10.1207/s15327663jcp1502_3.

Gawande, Atul. "Personal Best." New Yorker, October 3, 2011. www.newyorker.com/
　magazine/2011/10/03/personal-best.

Gladwell, Malcolm. "Most Likely to Succeed." New Yorker, December 15, 2008. www.
　newyorker.com/magazine/2008/12/15/most-likely-to-succeed-2.

Gleick, James. Isaac Newton. New York: Vintage, 2007. 국내 출간 『아이작 뉴턴』

Gordon, Cameron L., Robyn A. M. Arnette, and Rachel E. Smith. "Have You Thanked Your
　Spouse Today?: Felt and Expressed Gratitude Among Married Couples." Personality
　and Individual Differences 50, no. 3 (2011): 339 – 43. doi:10.1016/j.paid.2010.10.012.

Gosling, Sam. Snoop. New York: Basic Books, 2009. 국내 출간 『스눕』

Gottman, John, and Nan Silver. The Seven Principles for Making Marriage Work. New York: Harmony, 1999.

Goulston, Mark. Just Listen. New York: AMACOM, 2015. 국내 출간 『뱀의 뇌에게 말을 걸지 마라』

Grant, Adam. Give and Take. New York: Penguin, 2013.

Green, Sarah. "The Big Benefits of a Little Thanks." Interview with Francesca Gino and Adam Grant. Harvard Business Review, November 27, 2013. https://hbr.org/ideacast/2013/11/the-big-benefits-of-a-little-t.

Green, Walter. This Is the Moment! Carlsbad, CA: Hay House, 2010. 국내 출간 『감사로 움직여라』

Groth, Aimee. "The Dutch Military Is Trying Out a New Secret Weapon: Introverts." Quartz, July 14, 2015. http://qz.com/452101/the-dutch-military-is-trying-out-a-new-secret-weapon-introverts/.

Harari, Yuval Noah. Sapiens. New York: Harper, 2015. 국내 출간 『사피엔스』

Harrell, Thomas W., and Bernard Alpert. "Attributes of Successful MBAs: A 20-Year Longitudinal Study." Human Performance 2, no. 4 (1989): 301–22. doi:10.1207/s15327043hup0204_4.

Hast, Tim. Powerful Listening. Powerful Influence. Seattle: Amazon Digital Services, 2013.

Hemery, David. Sporting Excellence. New York: HarperCollins Willow, 1991.

Heskett, James. "To What Degree Does the Job Make the Person?" Working Knowledge, Harvard Business School. March 10, 2011. http://hbswk.hbs.edu/item/to-what-degree-does-the-job-make-the-person.

Hodson, Gordon, and James M. Olson. "Testing the Generality of the Name Letter Effect: Name Initials and Everyday Attitudes." Personality and Social Psychology Bulletin 31, no. 8 (2005): 1099–111. doi:10.1177/0146167205274895.

Hoffman, Paul. The Man Who Loved Only Numbers. New York: Hachette, 1998. 국내 출간 『우리 수학자 모두는 약간 미친 겁니다』

Hoffman, Paul. "The Man Who Loved Only Numbers." New York Times. www.nytimes.com/books/first/h/hoffman-man.html.

Holiday, Ryan. "How to Find Mentors." Thought Catalog. August 5, 2013. www.thoughtcatalog.com/ryan-holiday/2013/08/how-to-find-mentors.

Hotz, Robert Lee. "Science Reveals Why We Brag So Much." Wall Street Journal, May 7, 2012. www.wsj.com/news/articles/SB10001424052702304451104577390392329291890.

Hove, Michael J., and Jane L. Risen. "It's All in the Timing: Interpersonal Synchrony Increases Affiliation." Social Cognition 27, no. 6 (2009): 949–61. http://dx.doi.

org/10.1521/soco.2009.27.6.949.

Interview with Adam Grant by author. "Adam Grant Teaches You the Right Way to Give and Take." Barking Up the Wrong Tree (blog). April 9, 2013. www.bakadesuyo.com/2013/04/interview-wharton-business-school-professor-teaches-approach-give/.

Adam Rifkin과의 저자 직접 인터뷰. "Silicon Valley's Best Networker Teaches You His Secrets." Barking Up the Wrong Tree (blog). February 18, 2013. www.bakadesuyo.com/2013/02/interview-silicon-valleys-networker-teaches-secrets-making-connections/.

Albert Bernstein과의 저자 직접 인터뷰. "How to Make Difficult Conversations Easy." Barking Up the Wrong Tree (blog). December 28, 2014. www.bakadesuyo.com/2014/12/difficult-conversations/.

Alex Korb과의 저자 직접 인터뷰. "New Neuroscience Reveals 4 Rituals That Will Make You Happy." Barking Up the Wrong Tree (blog). September 20, 2015. www.bakadesuyo.com/2015/09/make-you-happy-2/.

Ben Casnocha와의 저자 직접 인터뷰. "Interview—YT/WSJ Bestselling Author Ben Casnocha Teaches You the New Secrets to Networking and Career Success." Barking Up the Wrong Tree (blog). April 15, 2013. www.bakadesuyo.com/2013/04/interview-casnocha-networking/.

Chris Voss와의 저자 직접 인터뷰. "Hostage Negotiation: The Top FBI Hostage Negotiator Teaches You the Secrets to Getting What You Want." Barking Up the Wrong Tree (blog). January 7, 2013. www.bakadesuyo.com/2013/01/interview-negotiation-secrets-learn-top-fbi-hostage-negotiator/.

John Gottman과의 저자 직접 인터뷰. "The 4 Most Common Relationship Problems—And How to Fix Them." Barking Up the Wrong Tree (blog). December 7, 2014. www.bakadesuyo.com/2014/12/relationship-problems/.

Nicholas Christakis와의 저자 직접 인터뷰. "The Lazy Way to an Awesome Life: 3 Secrets Backed by Research." Barking Up the Wrong Tree (blog). July 26, 2015. www.bakadesuyo.com/2015/07/awesome-life/.

NYPD 인질 협상가들과의 저자 직접 인터뷰. "NYPD Hostage Negotiators on How to Persuade People: 4 New Secrets." Barking Up the Wrong Tree (blog). November 22, 2015. www.bakadesuyo.com/2015/11/hostage-negotiators/.

Ramit Sethi와의 저자 직접 인터뷰. "NYT Bestselling Author Ramit Sethi Explains the Secrets to Managing Money, Negotiating, and Networking." Barking Up the Wrong Tree (blog). February 25, 2013. www.bakadesuyo.com/2013/02/nyt-bestselling-author-ramit-sethis-explains-manage-money-negotiate-improve/.

Richard Wiseman과의 저자 직접 인터뷰. "How to Attract Good Luck: 4 Secrets Backed

by Research." Barking Up the Wrong Tree (blog). July 19, 2015. www.bakadesuyo.
com/2015/07/how-to-attract-good-luck/.

Robin Dreeke과의 저자 직접 인터뷰. "How to Get People to Like You: 7 Ways from an
FBI Behavior Expert." Barking Up the Wrong Tree (blog). October 26, 2014. www.
bakadesuyo.com/2014/10/how-to-get-people-to-like-you/.

Jones, Janelle M., and Jolanda Jetten. "Recovering From Strain and Enduring Pain:
Multiple Group Memberships Promote Resilience in the Face of Physical
Challenges." Social Psychological and Personality Science 2, no. 3 (2011): 239–44.
doi:10.1177/1948550610386806.

"Judd Apatow." The Daily Show with Jon Stewart. ComedyCentral.com. Online video of TV
broadcast, 6:16. Aired June 15, 2015. http://thedailyshow.cc.com/videos/mkfc6y/judd-
apatow.

"Judd Apatow: A Comedy-Obsessed Kid Becomes 'Champion of the Goofball.'" Fresh Air.
Radio broadcast, 37:22. Aired June 17, 2015. www.npr.org/2015/06/17/415199346/
judd-apatow-a-comedy-obsessed-kid-becomes-champion-of-the-goofball.

Judge, Timothy A., Chad A. Higgins, Carl J. Thoresen, and Murray R. Barrick. "The Big Five
Personality Traits, General Mental Ability, and Career Success Across the Life Span."
Personnel Psychology 52, no. 3 (1999): 621–52. doi:10.1111/j.1744-6570.1999.
tb00174.x.

Judge, Timothy A., Joyce E. Bono, Remus Ilies, and Megan W. Gerhardt. "Personality and
Leadership: A Qualitative and Quantitative Review." Journal of Applied Psychology 87,
no. 4 (2002): 765–80. doi:10.1037//0021-9010.87.4.765.

Kesebir, S., and S. Oishi. "A Spontaneous Self-Reference Effect in Memory: Why Some
Birthdays Are Harder to Remember than Others." Psychological Science 21, no. 10
(2010): 1525–31. doi:10.1177/0956797610383436.

Kreider, Tim. We Learn Nothing. New York: Free Press, 2012.

Kuhnen, Camelia M., and Joan Y. Chiao. "Genetic Determinants of Financial Risk Taking."
PLoS ONE 4, no. 2 (2009): e4362. http://dx.doi.org/10.1371/journal.pone.0004362.

Lajunen, Timo. "Personality and Accident Liability: Are Extraversion, Neuroticism, and
Psychoticism Related to Traffic and Occupational Fatalities?" Personality and Individual
Differences 31, no. 8 (2001): 1365–73. doi:10.1016/S0191-8869(00)00230-0.

"Lawbreakers." Crowd Control. Season 1, episode 1. National Geographic channel. 2014
년 11월 24일 방송. http://channel.nationalgeographic.com/crowd-control/episodes/
lawbreakers/.

Levin, Daniel Z., Jorge Walter, and J. Keith Murnighan. "Dormant Ties: The
Value of Reconnecting." Organization Science 22, no. 4 (2011) 923–39.

doi:10.2307/20868904.

Levin, Daniel Z., Jorge Walter, and J. Keith Murnighan. "The Power of Reconnection—How Dormant Ties Can Surprise You." MIT Sloan Management Review, March 23, 2011. http://sloanreview.mit.edu/article/the-power-of-reconnection-how-dormant-ties-can-surprise-you/.

Liberman, Varda, Nicholas R. Anderson, and Lee Ross. "Achieving Difficult Agreements: Effects of Positive Expectations on Negotiation Processes and Outcomes." Journal of Experimental Social Psychology 46, no. 3 (2010): 494 – 504. http://dx.doi.org/10.1016/j.jesp.2009.12.010.

Lindstrom, Martin. Brandwashed. New York: Crown Business, 2011. 국내 출간 『누가 내 지갑을 조종하는가』

Lockwood, Penelope, and Ziva Kunda. "Superstars and Me: Predicting the Impact of Role Models on the Self." Journal of Personality and Social Psychology 73, no. 1 (1997): 91 – 103. http://citeseerx.ist.psu.edu/viewdoc/download?doi=10.1.1.578.7014&rep=rep1&type=pdf.

Lount Jr., Robert B., Chen-Bo Zhong, Niro Sivanathan, and J. Keith Murnighan. "Getting Off on the Wrong Foot: The Timing of a Breach and the Restoration of Trust." Personality and Social Psychology Bulletin 34, no. 12 (2008): 1601 – 12. doi:10.1177/0146167208324512.

Lyubomirsky, Sonya. The Myths of Happiness. New York: Penguin, 2013. 국내 출간 『행복의 신화』

Macdonald, Kevin. One Day in September. Sony Pictures Classics, 2009. Film.

Malhotra, Deepak. "How to Negotiate Your Job Offer—rof. Deepak Malhotra (Harvard Business School)." YouTube video, 1:04:23. Posted November 20, 2012. www.youtube.com/watch?v=km2Hd_xgo9Q.

Marche, Stephen. "Is Facebook Making Us Lonely?" The Atlantic, May 2012. www.theatlantic.com/magazine/archive/2012/05/is-facebook-making-us-lonely/308930/.

Marks, Gary, Norman Miller, and Geoffrey Maruyama. "Effect of Targets' Physical Attractiveness on Assumptions of Similarity." Journal of Personality and Social Psychology 41, no. 1 (1981): 198 – 206. doi:10.1037/0022-3514.41.1.198.

Marmer, Max, Bjoern Lasse Herrmann, Ertan Dogrultan, and Ron Berman. "Startup Genome Report Extra on Premature Scaling: A Deep Dive into Why Most Startups Fail." Startup Genome. August 29, 2011. https://s3.amazonaws.com/startupcompass-public/StartupGenomeReport2_Why_Startups_Fail_v2.pdf.

Martin, Steve J. "Can Humor Make You a Better Negotiator?" Excerpt from original article (unavailable). Barking Up the Wrong Tree (blog). November 28, 2011. www.

bakadesuyo.com/2011/11/can-humor-make-you-a-better-negotiator/.

Max-Planck-Gesellschaft. "Negative Image of People Produces Selfish Actions." Public release.
April 12, 2011. www.eurekalert.org/pub_releases/2011-04/m-nio041211.php.

McMains, Michael J., and Wayman C. Mullins. Crisis Negotiations. 4th ed. Abingdon-on-
Thames, UK: Routledge, 2010.

McPherson, Miller, Lynn Smith-Lovin, and Matthew E. Brashears. "Social Isolation in
America: Changes in Core Discussion Networks over Two Decades." American
Sociological Review 71, no. 3 (2006): 353–75. doi:10.1177/000312240607100301.

Mongrain, Myriam, and Tracy Anselmo-Matthews. "Do Positive Psychology Exercises Work?
A Replication of Seligman et al." Journal of Clinical Psychology 68, no. 4 (2012).
doi:10.1002/jclp.21839.

Neal, Andrew, Gillian Yeo, Annette Koy, and Tania Xiao. "Predicting the Form and Direction
of Work Role Performance from the Big 5 Model of Personality Traits." Journal of
Organizational Behavior 33, no. 2 (2012): 175–92. doi:10.1002/job.742.

Neffinger, John, and Matthew Kohut. Compelling People. New York: Plume, 2013. 국내 출간
『어떤 사람이 최고의 자리에 오르는가』

Nettle, Daniel. "The Evolution of Personality Variation in Humans and Other Animals."
American Psychologist 61, no. 6 (2006): 622–31. http://dx.doi.org/10.1037/0003-
066X.61.6.622.

Niven, David. 100 Simple Secrets of the Best Half of Life. New York: HarperCollins, 2009.
국내 출간 『나이와 함께 행복을 초대하라』

Nizza, Mike. "A Simple B.F.F. Strategy, Confirmed by Scientists." The Lede (blog). New York
Times, April 22, 2008. http://thelede.blogs.nytimes.com/2008/04/22/a-simple-bff-
strategy-confirmed-by-scientists/.

Ohio State University. "Young People Say Sex, Paychecks Come in Second to Self-Esteem."
Public release. January 6, 2011. www.eurekalert.org/pub_releases/2011-01/osu-
yps010611.php.

Paulhus, Delroy L., and Kathy L. Morgan. "Perceptions of Intelligence in Leaderless Groups:
The Dynamic Effects of Shyness and Acquaintance." Journal of Personality and Social
Psychology 72, no. 3 (1997): 581–91. http://neuron4.psych.ubc.ca/~dpaulhus/
research/SHYNESS/downloads/JPSP%2097%20with%20Morgan.pdf.

Pavot, William, Ed Diener, and Frank Fujita. "Extraversion and Happiness." Personality
and Individual Differences 11, no. 12 (1990): 1299–306. doi:10.1016/0191-
8869(90)90157-M.

Peters, Bethany L., and Edward Stringham. "No Booze? You May Lose: Why Drinkers Earn
More Money than Nondrinkers." Journal of Labor Research 27, no. 3 (2006): 411–21.

http://dx.doi.org/10.1007/s12122-006-1031-y.

Pickover, Clifford A. *Strange Brains and Genius*. New York: William Morrow, 1999.

Pines, Ayala Malach. *Falling in Love*. Abingdon-on-Thames, UK: Routledge, 2005. 국내 출간 『사랑에 대해 알아야 할 모든 것』

Pink, Daniel H. "Why Extroverts Fail, Introverts Flounder, and You Probably Succeed." *Washington Post*, January 28, 2013. www.washingtonpost.com/national/on-leadership/why-extroverts-fail-introverts-flounder-and-you-probably-succeed/2013/01/28/bc4949b0-695d-11e2-95b3-272d604a10a3_story.html.

PON Staff. "The Link Between Happiness and Negotiation Success." Program on Negotiation (blog). Harvard Law School. September 20, 2011. www.pon.harvard.edu/daily/negotiation-skills-daily/the-link-between-happiness-and-negotiation-success/.

Reuben, Ernesto, Paola Sapienza, and Luigi Zingales. "Is Mistrust Self-Fulfilling?" *Economics Letters* 104, no. 2 (2009): 89–91. doi:10.1016/j.econlet.2009.04.007.

Roche, Gerard R. "Much Ado About Mentors." *Harvard Business Review*, January 1979. https://hbr.org/1979/01/much-ado-about-mentors.

Rueb, Emily S. "A 1973 Hostage Situation, Revisited." Cityroom (blog). *New York Times*, September 10, 2012. http://cityroom.blogs.nytimes.com/2012/09/10/a-1973-hostage-situation-revisited/?_r=2.

Ryssdal, Kai, and Bridget Bodnar. "Judd Apatow on His Band of Comedians and Radio Roots." *Marketplace*, June 24, 2015. www.marketplace.org/topics/life/big-book/judd-apatow-his-band-comedians-and-radio-roots.

Schaefer, Peter S., Cristina C. Williams, Adam S. Goodie, and W. Keith Campbell. "Overconfidence and the Big Five." *Journal of Research in Personality* 38, no. 5 (2004): 473–80. doi:10.1016/j.jrp.2003.09.010.

Schmitt, David P. "The Big Five Related to Risky Sexual Behaviour Across 10 World Regions: Differential Personality Associations of Sexual Promiscuity and Relationship Infidelity." *European Journal of Personality*, Special Issue: Personality and Social Relations 18, no. 4 (2004): 301–19. doi:10.1002/per.520.

Seibert, Scott E., and Maria L. Kraimer. "The Five-Factor Model of Personality and Career Success." *Journal of Vocational Behavior* 58, no. 1 (2001): 1–21. doi:10.1006/jvbe.2000.1757.

Seibert, Scott E., and Maria L. Kraimer. "The Five-Factor Model of Personality and Its Relationship with Career Success." *Academy of Management Proceedings*, August 1, 1999 (Meeting Abstract Supplement): A1–A6. http://proceedings.aom.org/content/1999/1/A1.2.full.pdf+html.

Seligman, Martin E. P. *Flourish*. New York: Atria, 2012. 국내 출간 『마틴 셀리그만의 플로리

시』

Shambora, Jessica. "Fortune's Best Networker." Fortune Magazine, February 9, 2011. http://
    fortune.com/2011/02/09/fortunes-best-networker/.

Simonton, Dean Keith. Greatness. New York: Guilford Press, 1994.

Simonton, Dean Keith. The Wiley Handbook of Genius. Hoboken, NJ: Wiley-Blackwell,
    2014. 국내 출간『천재 101』

Sims, Peter. Little Bets. New York: Free Press, 2011.

Sinaceur, Marwan, and Larissa Z. Tiedens. "Get Mad and Get More than Even: When and
    Why Anger Expression Is Effective in Negotiations." Journal of Experimental Social
    Psychology 42, no. 3 (2006): 314–22. http://dx.doi.org/10.1016/j.jesp.2005.05.002.

Singer, Monroe S. "Harvard Radio Research Lab Developed Countermeasures Against Enemy
    Defenses: Allied Scientists Won Radar War." Harvard Crimson, November 30, 1945.
    www.thecrimson.com/article/1945/11/30/harvard-radio-research-lab-developed-
    countermeasures/.

Snow, Shane. Smartcuts. New York: HarperBusiness, 2014. 국내 출간『스마트컷』

Spurk, Daniel, and Andrea E. Abele. "Who Earns More and Why? A Multiple Mediation
    Model from Personality to Salary." Journal of Business and Psychology 26, no. 1 (2011):
    87–103. doi:10.1007/s10869-010-9184-3.

Sundem, Garth. Brain Trust. New York: Three Rivers, 2012. 국내 출간『브레인 트러스트』

Sutin, Angelina R., Paul T. Costa Jr., Richard Miech, and William W. Eaton. "Personality
    and Career Success: Concurrent and Longitudinal Relations." European Journal of
    Personality 23, no. 2 (2009): 71–84. doi:10.1002/per.704.

Takru, Radhika. "Friends with Negatives," BrainBlogger.com. September 28, 2011. http://
    brainblogger.com/2011/09/28/friends-with-negatives/.

"Understanding the Science of Introversion and Extroversion with Dr. Luke Smilie." The
    Psychology Podcast with Dr. Scott Barry Kaufman, podcast, 1:10:47. July 26, 2015.
    http://thepsychologypodcast.com/understanding-the-science-of-introversion-and-
    extraversion-with-dr-luke-smillie/.

Uzzi, Brian, and Jarrett Spiro. "Collaboration and Creativity: The Small World Problem."
    American Journal of Sociology 111, no. 2 (2005): 447–504. doi:10.1086/432782.

Uzzi, Brian, and Shannon Dunlap. "How to Build Your Network." Harvard Business Review,
    December 2005. https://hbr.org/2005/12/how-to-build-your-network.

Valdesolo, Piercarlo. "Flattery Will Get You Far." Scientific American, January 12, 2010.
    www.scientificamerican.com/article/flattery-will-get-you-far/.

Walton, Gregory M., Geoffrey L. Cohen, David Cwir, and Steven J. Spencer. "Mere
    Belonging: The Power of Social Connections." Journal of Personality and Social

Psychology 102, no. 3 (2012): 513 –32. http://dx.doi.org/10.1037/a0025731.

Ware, Bronnie. The Top Five Regrets of the Dying. Carlsbad, CA: Hay House, 2012. 국내 출
간 『내가 원하는 삶을 살았더라면』

Weaver, Jonathan R., and Jennifer K. Bosson. "I Feel Like I Know You: Sharing Negative
Attitudes of Others Promotes Feelings of Familiarity." Personality and Social Psychology
Bulletin 37, no. 4 (2011): 481 –91. doi:10.1177/0146167211398364.

Weiner, Eric. The Geography of Bliss. New York: Hachette, 2008.

Whisman, Mark A. "Loneliness and the Metabolic Syndrome in a Population-Based Sample
of Middle-Aged and Older Adults." Health Psychology 29, no. 5 (2010): 550 –54.
http://dx.doi.org/10.1037/a0020760.

Wolff, Hans-Georg, and Klaus Moser. "Effects of Networking on Career Success: A
Longitudinal Study." Journal of Applied Psychology 94, no. 1 (2009): 196 –206.
http://dx.doi.org/10.1037/a0013350.

Zagorsky, Jay. "The Wealth Effects of Smoking." Tobacco Control 13, no. 4 (2004): 370 –
74. doi:10.1136/tc.2004.008243.

Zelenski, John M., Maya S. Santoro, and Deanna C. Whelan. "Would Introverts Be Better Off If
They Acted More Like Extraverts? Exploring Emotional and Cognitive Consequences of
Counterdispositional Behavior." Emotion 12, no. 2 (2012): 290 –303. http://dx.doi.
org/10.1037/a0025169.

Zinoman, Jason. "Judd Apatow's New Book Is a Love Letter to Stand-Up Comedy." New
York Times, June 14, 2015. www.nytimes.com/2015/06/15/books/judd-apatows-new-
book-is-a-love-letter-to-stand-up-comedy.html?_r=0.

Chapter 5 : 자신감은 성공의 전제조건인가 때로 독이 되는가

Adolphs, Ralph, Daniel Tranel, and Antonio R. Damasio. "The Human Amygdala in Social
Judgment." Nature 393 (1998): 470 –74. doi:10.1038/30982.

Aldhous, Peter. "Humans Prefer Cockiness to Expertise." New Scientist, June 3, 2009. www.
newscientist.com/article/mg20227115.500-humans-prefer-cockiness-to-expertise.

Andrews, Evan. "The Strange Case of Emperor Norton I of the United States." History.com.
September 17, 2014. www.history.com/news/the-strange-case-of-emperor-norton-i-of-
the-united-states.

Baumeister, Roy F., Jennifer D. Campbell, Joachim I. Krueger, and Kathleen D. Vohs. "Does
High Self-Esteem Cause Better Performance, Interpersonal Success, Happiness, or
Healthier Lifestyles?" Psychological Science in the Public Interest 4, no. 1 (2003): 1 –44.
doi:10.1111/1529-1006.01431.

Beyer, Rick. The Ghost Army. Plate of Peas Productions, 2013. Film.

Beyer, Rick, and Elizabeth Sayles. The Ghost Army of World War II. New York: Princeton Architectural Press, 2015. 국내 출간 『고스트 아미』

Bhattacharya, Utpal, and Cassandra D. Marshall. "Do They Do It for the Money?" Journal of Corporate Finance 18, no. 1 (2012): 92 – 104. http://dx.doi.org/10.2469/dig.v42. n2.51.

British Psychological Society. "Good Managers Fake It." Science Daily. January 10, 2013. www.sciencedaily.com/releases/2013/01/130109215238.htm.

Brunell, Amy B., William A. Gentry, W. Keith Campbell, Brian J. Hoffman, Karl W. Kuhnert, and Kenneth G. DeMarree. "Leader Emergence: The Case of the Narcissistic Leader." Personality and Social Psychology Bulletin 34, no. 12 (2008): 1663 – 76. doi:10.1177/0146167208324101.

Cabane, Olivia Fox. The Charisma Myth. New York: Portfolio, 2012. 국내 출간 『카리스마, 상대를 따뜻하게 사로잡는 힘』

Carney, Dana. "Powerful Lies." Columbia Business School, Ideas at Work. January 22, 2010. http://www8.gsb.columbia.edu/ideas-at-work/publication/703/powerful-lies [현재는 접속이 되지 않는 사이트].

Chabris, Christopher, and Daniel Simons. The Invisible Gorilla. New York: Harmony, 2011.

Chamorro-Premuzic, Tomas. "The Dangers of Confidence." Harvard Business Review, July 2014. https://hbr.org/2014/07/the-dangers-of-confidence/.

Chamorro-Premuzic, Tomas. "Less-Confident People Are More Successful." Harvard Business Review, July 6, 2012. https://hbr.org/2012/07/less-confident-people-are-more-su.

Chance, Zoë, Michael I. Norton, Francesca Gino, and Dan Ariely. "Temporal View of the Costs and Benefits of Self-Deception." PNAS 108, supplement 3 (2011): 15655 – 59. doi:10.1073/pnas.1010658108.

Chen, Patricia, Christopher G. Myers, Shirli Kopelman, and Stephen M. Garcia. "The Hierarchical Face: Higher Rankings Lead to Less Cooperative Looks." Journal of Applied Psychology 97, no. 2 (2012): 479 – 86. http://dx.doi.org/10.1037/a0026308.

Colvin, Geoff. Talent Is Overrated. New York: Portfolio, 2010. 국내 출간 『재능은 어떻게 단련되는가』

Constandi, Mo. "Researchers Scare 'Fearless' Patients." Nature, February 3, 2013. www. nature.com/news/researchers-scare-fearless-patients-1.12350.

Crocker, Jennifer, and Lora E. Park. "The Costly Pursuit of Self-Esteem." Psychological Bulletin 130, no. 3 (2004): 392 – 414. doi:10.1037/0033-2909.130.3.392.

Crockett, Zachary. "Joshua Norton, Emperor of the United States." Priceonomics.com. May 28, 2014. http://priceonomics.com/joshua-norton-emperor-of-the-united-states/.

Daily Telegraph Reporter. "Worriers Who Feel Guilty Before Doing Anything Wrong Make
the Best Partners, Research Finds." The Telegraph, October 12, 2012. www.telegraph.
co.uk/news/uknews/9602688/Worriers-who-feel-guilty-before-doing-anything-wrong-
make-best-partners-research-finds.html.

Drago, Francesco. "Self-Esteem and Earnings." Journal of Economic Psychology 32 (2011):
480 – 88. doi:10.1016/j.joep.2011.03.015.

Dunning, David, Kerri Johnson, Joyce Ehrlinger, and Justin Kruger. "Why People Fail to
Recognize Their Own Incompetence." Current Directions in Psychological Science 12,
no. 3 (2003): 83 – 87. doi:10.1111/1467-8721.01235.

Feinstein, Justin S., Colin Buzza, Rene Hurlemann, Robin L. Follmer, Nader S. Dahdaleh,
William H. Coryell, Michael J. Welsh, et al. "Fear and Panic in Humans with Bilateral
Amygdala Damage." Nature Neuroscience 16 (2013): 270 – 72. doi:10.1038/nn.3323.

Feinstein, Justin S., Ralph Adolphs, Antonio Damasio, and Daniel Tranel. "The Human
Amygdala and the Induction and Experience of Fear." Current Biology 21, no. 1 (2011):
34 – 38. http://dx.doi.org/10.1016/j.cub.2010.11.042.

Finkelstein, Stacey R., and Ayelet Fishbach. "Tell Me What I Did Wrong: Experts Seek and
Respond to Negative Feedback." Journal of Consumer Research 39, no. 1 (2012):
22 – 38. doi:10.1086/661934.

Flynn, Francis J. "Defend Your Research: Guilt-Ridden People Make Great Leaders." Harvard
Business Review, January-February 2011. https://hbr.org/2011/01/defend-your-
research-guilt-ridden-people-make-great-leaders.

Furness, Hannah. "Key to Career Success Is Confidence, Not Talent." The Telegraph, August
14, 2012. www.telegraph.co.uk/news/uknews/9474973/Key-to-career-success-is-
confidence-not-talent.html.

Gawande, Atul. "The Checklist." New Yorker, December 10, 2007. www.newyorker.com/
magazine/2007/12/10/the-checklist.

Gino, Francesca. Sidetracked. Boston: Harvard Business Review Press, 2013.

Gladwell, Malcolm. "Malcolm Gladwell at HPU, North Carolina Colleges." YouTube video,
1:09:08. Posted by High Point University, January 16, 2012. www.youtube.com/
watch?v=7rMDr4P9BOw.

Goldsmith, Marshall. "Helping Successful People Get Even Better." MarshallGoldsmith.com.
April 10, 2003. www.marshallgoldsmith.com/articles/1401/.

Goldsmith, Marshall. "The Success Delusion." The Conference Board Review.
MarshallGoldsmith.com. October 29, 2015. http://www.marshallgoldsmith.com/
articles/the-success-delusion/.

Grant-Halvorson, eidi. Nine Things Successful People Do Differently. Boston: Harvard

Business Review Press, 2011. 국내 출간 『작심삼일과 인연 끊기』

Haidt, Jonathan. The Happiness Hypothesis. New York: Basic Books, 2006.

Hamermesh, Daniel S. Beauty Pays. Princeton, NJ: Princeton Univ. Press, 2011.

Hawthorne, Nathaniel. Scarlet Letter. Seattle: Amazon Digital Services, 2012. 국내 출간 『주홍 글씨』

Hmieleski, Keith M., and Robert A. Baron. "Entrepreneurs' Optimism and New Venture Performance: A Social Cognitive Perspective." Academy of Management Journal 52, no. 3 (2009): 473 – 88. doi:10.5465/AMJ.2009.41330755.

Horwitz, French, and Eleanor Grant. "Superhuman Powers." Is It Real? Season 1, episode 8. National Geographic channel. Aired August 20, 2005.

Human, Lauren J., Jeremy C. Biesanz, Kate L. Parisotto, and Elizabeth W. Dunn. "Your Best Self Helps Reveal Your True Self: Positive Self-Presentation Leads to More Accurate Personality Impressions." Social Psychological and Personality Science 3, no. 1 (2012): 23 – 30. doi:10.1177/1948550611407689.

Gautam Mukunda와의 저자 직접 인터뷰. "Gautam Mukunda of Harvard Explains the Secrets to Being a Better Leader." Barking Up the Wrong Tree (blog). March 18, 2013. www.bakadesuyo.com/2013/03/interview-harvard-business-school-professor-gautam-mukunda-teaches-secrets-leader/.

"Joshua A. Norton." Virtual Museum of the City of San Francisco website. www.sfmuseum.org/hist1/norton.html.

Kahneman, Daniel. "Don't Blink! The Hazards of Confidence." New York Times Magazine, October 19, 2011. www.nytimes.com/2011/10/23/magazine/dont-blink-the-hazards-of-confidence.html?_r=0.

Kaufman, Scott Barry. "Why Do Narcissists Lose Popularity Over Time?" ScottBarryKaufman.com. 2015. http://scottbarrykaufman.com/article/why-do-narcissists-lose-popularity-over-time/.

Keltner, Dacher, Deborah H. Gruenfeld, and Cameron Anderson. "Power, Approach, and Inhibition." Psychological Review 110, no. 2 (2003): 265 – 84. doi:10.1037/0033-295X.110.2.265.

Kendall, Todd D. "Celebrity Misbehavior in the NBA." Journal of Sports Economics 9, no. 3 (2008): 231 – 49. doi:10.1177/1527002507301526.

Kinari, Yusuke, Noriko Mizutani, Fumio Ohtake, and Hiroko Okudaira. "Overconfidence Increases Productivity." ISER Discussion Paper No. 814. Institute of Social and Economic Research, Osaka University, Japan. August 2, 2011. doi:10.2139/ssrn.1904692.

Kraus, Michael W., and Dacher Keltner. "Signs of Socioeconomic Status: A Thin-Slicing

Approach." Psychological Science 20, no. 1 (2009): 99 –106. doi:10.1111/j.1467-9280.2008.02251.x.

Lammers, Joris, and Diederik A. Stapel. "Power Increases Dehumanization." Group Processes and Intergroup Relations, September 3, 2010. doi:10.1177/1368430210370042.

Lammers, Joris, Diederik A. Stapel, and Adam D. Galinsky. "Power Increases Hypocrisy: Moralizing in Reasoning, Immorality in Behavior." Psychological Science 21, no. 5 (2010): 737 –44. doi:10.1177/0956797610368810.

Lammers, Joris, Janka I. Stoker, Jennifer Jordan, Monique Pollmann, and Diederik A. Stapel. "Power Increases Infidelity Among Men and Women." Psychological Science 22, no. 9 (2011): 1191 –97. doi:10.1177/0956797611416252.

Lazo, Alejandro, and Daniel Huang. "Who Is Emperor Norton? Fans in San Francisco Want to Remember." Wall Street Journal, August 12, 2015. www.wsj.com/articles/who-is-emperor-norton-fans-in-san-francisco-want-to-remember-1439426791.

Leary, Mark R., Eleanor B. Tate, Claire E. Adams, Ashley Batts Allen, Jessica Hancock. "Self-Compassion and Reactions to Unpleasant Self-Relevant Events: The Implications of Treating Oneself Kindly." Journal of Personality and Social Psychology 92, no. 5 (May 2007): 887 –904. doi.org/10.1037/0022-3514.92.5.887.

Leder, Helmut, Michael Forster, and Gernot Gerger. "The Glasses Stereotype Revisited: Effects of Eyeglasses on Perception, Recognition, and Impression of Faces." Swiss Journal of Psychology 70, no. 4 (2011): 211 –22. http://dx.doi.org/10.1024/1421-0185/a000059.

Linden, David J. "Addictive Personality? You Might Be a Leader." New York Times, July 23, 2011. www.nytimes.com/2011/07/24/opinion/sunday/24addicts.html?_r=0.

Machiavelli, Niccolo. The Prince. Inti Editions, 2015. 국내 출간 『군주론』

Marshall, Frank. "The Man vs. the Machine." FiveThirtyEight.com. October 22, 2014. ESPN video, 17:17. http://fivethirtyeight.com/features/the-man-vs-the-machine-fivethirtyeight-films-signals/.

Mingle, Kate. "Show of Force." 99% Invisible. Episode 161. April 21, 2015. http://99percentinvisible.org/episode/show-of-force/.

Misra, Ria. "That Time a Bankrupt Businessman Declared Himself Emperor of America." io9 (blog). February 11, 2015. http://io9.gizmodo.com/that-time-a-bankrupt-businessman-declared-himself-emper-1685280529.

Moylan, Peter. "Emperor Norton." Encyclopedia of San Francisco online. www.sfhistoryencyclopedia.com/articles/n/nortonJoshua.html.

Neely, Michelle E., Diane L. Schallert, Sarojanni S. Mohammed, Rochelle M. Roberts, Yu-Jung Chen. "Self-Kindness When Facing Stress: The role of Self-Compassion, Goal

Regulation, and Support in College Students' Well-Being."
Motivation and Emotion 33, no. 1 (March 2009): 88 -97. doi:10.1007/s11031-008-9119-8.

Neff, Kristin D., Ya-Ping Hsieh, and Kullaya Dejitterat. "Self-Compassion, Achievement Goals, and Coping with Academic Failure." Self and Identity 4 (2005): 263 -87. doi:10.1080/13576500444000317.

Parke, Jonathan, Mark D. Griffiths, and Adrian Parke. "Positive Thinking Among Slot Machine Gamblers: A Case of Maladaptive Coping?" International Journal of Mental Health and Addiction 5, no. 1 (2007): 39 -52. doi:10.1007/s11469-006-9049-1.

"Pathology of the Overconfident: Self-Deceived Individuals More Likely to Be Promoted over the More Accomplished." Signs of the Times, August 29, 2014. www.sott.net/article/284663-Pathology-of-the-overconfident-Self-deceived-individuals-more-likely-to-be-promoted-over-the-more-accomplished.

Pentland, Alex. Honest Signals. Cambridge, MA: MIT Press, 2010.

Pfeffer, Jeffrey. Power. New York: HarperBusiness, 2010.

Phillips, Donald T. Lincoln on Leadership. Marion, IL: DTP/Companion Books, 2013. 국내 출간 『비전을 전파하라』

Pickover, Clifford A. Strange Brains and Genius. New York: William Morrow, 1999.

Richman, James. "Why Bosses Who Show Vulnerability Are the Most Liked." Fast Company, July 7, 2015. www.fastcompany.com/3048134/lessons-learned/why-bosses-who-show-vulnerability-are-the-most-liked.

Rock, David. Your Brain at Work. New York: HarperBusiness, 2009.

Rucker, Derek D., David Dubois, and Adam D. Galinsky. "Generous Paupers and Stingy Princes: Power Drives Consumer Spending on Self Versus Others." Journal of Consumer Research 37, no. 6 (2011). doi:10.1086/657162.

Shell, G. Richard. Springboard. New York: Portfolio, 2013. 국내 출간 『와튼스쿨 인생학 강의, 첫 번째 질문』

Silver, Nate. "Nate Silver: The Numbers Don't Lie." YouTube video, 56:09. Posted by Chicago Humanities Festival, November 28, 2012. www.youtube.com/watch?v=GuAZtOJqFr0.

Silver, Nate. The Signal and the Noise. New York: Penguin, 2012. 국내 출간 『신호와 소음』

Starek, Joanna E., and Caroline F. Keating. "Self-Deception and Its Relationship to Success in Competition." Basic and Applied Social Psychology 12, no. 2 (1991): 145 -55. doi:10.1207/s15324834basp1202_2.

Stuster, Jack W. Bold Endeavors. Annapolis, MD: Naval Institute Press, 2011.

Tedlow, Richard S. Denial. New York: Portfolio, 2010. 국내 출간 『CEO의 현실 부정』

Tost, Leigh Plunkett, Francesca Gino, and Richard P. Larrick. "When Power Makes Others Speechless: The Negative Impact of Leader Power on Team Performance." Academy of Management Journal 56, no. 5 (2013): 1465–86. doi:10.5465/amj.2011.0180.

University of Nebraska–Lincoln. "How Do I Love Me? Let Me Count the Ways, and Also Ace That Interview." ScienceDaily. April 2, 2012. www.sciencedaily.com/releases/2012/04/120402144738.htm.

Van Kleef, Gerben A., Christopher Oveis, Ilmo van der Lowe, Aleksandr LuoKogan, Jennifer Goetz, and Dacher Keltner. "Power, Distress, and Compassion Turning a Blind Eye to the Suffering of Others." Psychological Science 19, no. 12 (2008): 1315–22. doi:10.1111/j.1467-9280.2008.02241.x.

Verkuil, Paul R., Martin Seligman, and Terry Kang. "Countering Lawyer Unhappiness: Pessimism, Decision Latitude, and the Zero-Sum Dilemma." Public Law Research Working Paper 019, Benjamin N. Cardozo School of Law School, Yeshiva University, New York, NY, September 2000. doi:10.2139/ssrn.241942.

Vialle, Isabelle, Luis Santos-Pinto, and Jean-Louis Rulliere. "Self-Confidence and Teamwork: An Experimental Test." Gate Working Paper No. 1126, September 2011. http://dx.doi.org/10.2139/ssrn.1943453.

Wallace, Harry M., and Roy F. Baumeister. "The Performance of Narcissists Rises and Falls with Perceived Opportunity for Glory." Journal of Personality and Social Psychology 82, no. 5 (2002): 819–34. http://dx.doi.org/10.1037/0022-3514.82.5.819.

Wiseman, Richard. The As If Principle. New York: Free Press, 2013.

Wood, Graeme. "What Martial Arts Have to Do with Atheism." The Atlantic, April 24, 2013. www.theatlantic.com/national/archive/2013/04/what-martial-arts-have-to-do-with-atheism/275273/.

"World with No Fear." Invisibilia. Radio broadcast, 24:43. Aired January 15, 2015. www.npr.org/2015/01/16/377517810/world-with-no-fear.

Ybarra, Oscar, Piotr Winkielman, Irene Yeh, Eugene Burnstein, and Liam Kavanagh. "Friends (and Sometimes Enemies) with Cognitive Benefits: What Types of Social Interactions Boost Executive Functioning?" Social Psychological and Personality Science, October 13, 2010. doi:10.1177/1948550610386808.

Yong, Ed. "Meet the Woman Without Fear." Not Rocket Science (blog). Discover Magazine, December 16, 2010. http://blogs.discovermagazine.com/notrocketscience/2010/12/16/meet-the-woman-without-fear/#.VgsT_yBViko.

Zenger, Jack, and Joseph Folkman. "We Like Leaders Who Underrate Themselves." Harvard Business Review, November 10, 2015. https://hbr.org/2015/11/we-like-leaders-who-underrate-themselves.

Zhao, Bin. "Learning from Errors : The Role of Context, Emotion, and Personality." Journal of Organizational Behavior 32, no. 3 (2011): 435 – 63. doi:10.1002/job.696.

Chapter 6 : 워커홀릭 vs 워라밸, 성공은 누구의 편일까

Abele, Andrea E., and Daniel Spurk. "How Do Objective and Subjective Career Success Interrelate over Time?" Journal of Occupational and Organizational Psychology 82, no. 4 (2009): 803 – 24. doi:10.1348/096317909X470924.

Achor, Shawn. The Happiness Advantage. New York : Crown Business, 2010.

Ackerman, Jennifer. Sex Sleep Eat Drink Dream. New York : Mariner, 2008. 국내 출간 『내 몸의 사생활』

Alfredsson, L., R. Karasek, and T. Theorell. "Myocardial Infarction Risk and Psychosocial Work Environment : An Analysis of the Male Swedish Working Force." Social Science and Medicine 16, no. 4 (1982): 463 – 67. doi:10.1016/0277-9536(82)90054-5.

Amabile, Teresa. "Does High Stress Trigger Creativity at Work?" Marketplace, May 3, 2012. www.marketplace.org/2012/05/03/life/commentary/does-high-stress-trigger-creativity-work.

American Psychological Association. Stress in America. October 7, 2008. www.apa.org/news/press/releases/2008/10/stress-in-america.pdf.

Arnsten, Amy F. T. "Stress Signalling Pathways That Impair Prefrontal Cortex Structure and Function." Nature Reviews Neuroscience 10, no. 6 (2009): 410 – 22. doi:10.1038/nrn2648.

Axelsson, John, Tina Sundelin, Michael Ingre, Eus J. W. van Someren, Andreas Olsson, and Mats Lekander. "Beauty Sleep : Experimental Study on the Perceived Health and Attractiveness of Sleep Deprived People." BMJ 341 (2010): c6614. http://dx.doi.org/10.1136/bmj.c6614.

Bandiera, Oriana, Andrea Prat, and Raffaella Sadun. "Managerial Firms in an Emerging Economy : Evidence from the Time Use of Indian CEOs." July 2013. www.people.hbs.edu/rsadun/CEO_India_TimeUse_April_2013.pdf.

Barker, Eric. "How Bad Is It to Miss a Few Hours of Sleep?" (Original article unavailable.) Barking Up the Wrong Tree (blog). November 5, 2009. www.bakadesuyo.com/2009/11/how-bad-is-it-to-miss-a-few-hours-of-sleep-jo/.

Barnes, Christopher M., John Schaubroeck, Megan Huth, and Sonia Ghumman. "Lack of Sleep and Unethical Conduct." Organizational Behavior and Human Decision Processes 115, no. 2 (2011): 169 – 80. doi:10.1016/j.obhdp.2011.01.009.

Beck, Melinda. "The Sleepless Elite." Wall Street Journal, April 5, 2011. www.wsj.com/

articles/SB10001424052748703712504576242701752957910.

Behncke, Stefanie. "How Does Retirement Affect Health?" IZA Discussion Paper No.
4253, Institute for the Study of Labor, Bonn, Germany, June 2009. http://ftp.iza.org/
dp4253.pdf.

Bianchi, R., C. Boffy, C. Hingray, D. Truchot, E. Laurent. "Comparative Symptomatology
of Burnout and Depression." Journal of Health Psychology 18, no. 6 (2013): 782 –87.
doi:10.1177/1359105313481079.

Binnewies, Carmen, Sabine Sonnentag, and Eva J. Mojza. "Recovery During the Weekend
and Fluctuations in Weekly Job Performance: A Week Level Study Examining Intra-
Individual Relationships." Journal of Occupational and Organizational Psychology 83,
no. 2 (2010): 419 –41. doi:10.1348/096317909X418049.

Blaszczak-Boxe, Agata. "The Secrets of Short Sleepers: How Do They Thrive on Less Sleep?"
CBSNews.com. June 27, 2014. www.cbsnews.com/news/the-secrets-of-short-sleepers-
how-do-they-thrive-on-less-sleep/.

Boehm, Julia K., and Sonja Lyubomirsky. "Does Happiness Promote Career Success?" Journal
of Career Assessment 16, no. 1 (2008): 101 –16. doi:10.1177/1069072707308140.

Bradlee Jr., Ben. The Kid. Boston: Little, Brown, 2013.

Brown, Stuart. Play. New York: Avery, 2010. 국내 출간 『플레이, 즐거움의 발견』

Cain, Susan. Quiet. New York: Broadway Books, 2012.

Christensen, Clayton M., James Allworth, and Karen Dillon. How Will You Measure Your
Life? New York: HarperBusiness, 2012. Kindle Edition. 국내 출간 『당신의 인생을 어떻
게 평가할 것인가』

Csikszentmihalyi, Mihaly. "Contexts of Optimal Growth in Childhood." Daedalus 122, no. 1
(Winter 1993): 31 –56.

Csikszentmihalyi, Mihaly. Finding Flow. New York: Basic Books, 2007.

Currey, Mason, ed. Daily Rituals. New York: Knopf, 2013.

Doherty, William J. "Overscheduled Kids, Underconnected Families: The Research
Evidence." http://kainangpamilyamahalaga.com/pdf/studies/Overscheduled_Kids_
Underconnected_Families.pdf.

Drucker, Peter F. The Practice of Management. New York: HarperBusiness, 2010. 국내 출간
『경영의 실제』

Duhigg, Charles. Smarter Faster Better. New York: Random House, 2016. 국내 출간 『1등의
습관』

Eck, John E. "Sitting Ducks, Ravenous Wolves, and Helping Hands: New Approaches to
Urban Policing." Public Affairs Comment 35, no. 2 (Winter 1989). Lyndon B. Johnson
School of Government, University of Texas at Austin. https://www.researchgate.net/

publication/292743996_Sitting_ducks_ravenous_wolves_and_helping_hands_New_
approaches_to_urban_policing.

Ferrie, Jane E., Martin J. Shipley, Francesco P. Cappuccio, Eric Brunner, Michelle A. Miller,
Meena Kumari, and Michael G. Marmot. "A Prospective Study of Change in Sleep
Duration: Associations with Mortality in the Whitehall II Cohort." Sleep 30, no. 12
(2007): 1659–66. www.ncbi.nlm.nih.gov/pmc/articles/PMC2276139/.

Fincher, David. Fight Club. Twentieth Century Fox, 1999. Film.

Garbus, Liz. "Bobby Fischer Against the World." HBO Documentary, 2011. Film.

Gardner, Howard. Creating Minds. New York: Basic Books, 2011.

Gaski, John F., and Jeff Sagarin. "Detrimental Effects of Daylight-Saving Time on SAT
Scores." Journal of Neuroscience, Psychology, and Economics 4, no. 1 (2011): 44–53.
doi:10.1037/a0020118.

Gleick, James. Faster. Boston: Little, Brown, 2000.

Golden, Lonnie, and Barbara Wiens-Tuers. "To Your Happiness? Extra Hours of Labor
Supply and Worker Well-Being." Journal of Socio-Economics 35, no. 2 (2006):
382–97. doi:10.1016/j.socec.2005.11.039.

Gould, Daniel, Suzanne Tuffey, Eileen Udry, and James E. Loehr. "Burnout in Competitive
Junior Tennis Players: III. Individual Differences in the Burnout Experience." Sports
Psychologist 11, no. 3 (1997): 257–76.

Graham, Ruth. "The Unbearable Loneliness of Creative Work." Boston Globe, October 04,
2015. www.bostonglobe.com/ideas/2015/10/03/the-unbearable-loneliness-creative-
work/5bY0LfwuWjZnMKLZTXOHJL/story.html.

Gujar, Ninad, Steven Andrew McDonald, Masaki Nishida, and Matthew P. Walker. "A
Role for REM Sleep in Recalibrating the Sensitivity of the Human Brain to Specific
Emotions." Cerebral Cortex 21, no. 1 (2011): 115–23. doi:10.1093/cercor/bhq064.

Halliwell, John F., and Shun Wang. "Weekends and Subjective Well-Being." Social Indicators
Research 116, no. 2 (2014): 389–407. doi:10.3386/w17180.

"Hardcore History 43: Wrath of the Khans I." Dan Carlin website. www.dancarlin.com/
product/hardcore-history-43-wrath-of-the-khans-i/.

Harden, Blaine. "Japan's Killer Work Ethic." Washington Post, July 13, 2008. www.
washingtonpost.com/wp-dyn/ontent/article/2008/07/12/AR2008071201630.html.

Harter, Jim, and Saengeeta Agarwal. "Workers in Bad Jobs Have Worse Wellbeing than
Jobless." Gallup.com. March 30, 2011. www.gallup.com/poll/146867/Workers-Bad-
Jobs-Worse-Wellbeing-Jobless.aspx.

Henry, Paul. "An Examination of the Pathways Through Which Social Class Impacts Health
Outcomes." Academy of Marketing Science Review 2001, no. 03 (2001). www.med.

mcgill.ca/epidemiology/courses/655/SES%20and%20Health.pdf.

Hewlett, Sylvia Ann, and Carolyn Buck Luce. "Extreme Jobs: The Dangerous Allure of the 70-Hour Workweek." Harvard Business Review, December 2006. https://hbr.org/2006/12/extreme-jobs-the-dangerous-allure-of-the-70-hour-workweek.

Hitt, Michael A., R. Duane Ireland, and Robert E. Hoskisson. Strategic Management Concepts. 7th ed. Cincinnati: South-Western College Pub, 2006.

Hoang, Viet. "Karoshi: The Japanese Are Dying to Get to Work." Tofugu.com. January 26, 2012. www.tofugu.com/2012/01/26/the-japanese-are-dying-to-get-to-work-karoshi/.

"Inside the Teenage Brain: Interview with Ellen Galinsky." Frontline. (Documentary aired January 31, 2002.) www.pbs.org/wgbh/pages/frontline/shows/teenbrain/interviews/galinsky.html.

Barry Schwartz와의 저자 직접 인터뷰. "How to Find Happiness in Today's Hectic World." Barking Up the Wrong Tree (blog). February 22, 2015. www.bakadesuyo.com/2015/02/how-to-find-happiness/.

Benjamin Walker와의 Roman Mars 인터뷰. "Queue Theory and Design." 99% Invisible. Episode 49. March 9, 2012. http://99percentinvisible.org/episode/episode-49-queue-theory-and-design/transcript/.

Cal Newport와의 저자 직접 인터뷰. "How to Stop Being Lazy and Get More Done—5 Expert Tips." Barking Up the Wrong Tree (blog). August 10, 2014. www.bakadesuyo.com/2014/08/how-to-stop-being-lazy/.

Dan Ariely와의 저자 직접 인터뷰. "How to Be Efficient: Dan Ariely's 6 New Secrets to Managing Your Time." Barking Up the Wrong Tree (blog). October 12, 2014. www.bakadesuyo.com/2014/10/how-to-be-efficient/.

Michael Norton과의 저자 직접 인터뷰. "Harvard Professor Michael Norton Explains How to Be Happier." Barking Up the Wrong Tree (blog). May 18, 2013. www.bakadesuyo.com/2013/05/harvard-michael-norton-happier/.

Scott Barry Kaufman과의 저자 직접 인터뷰. "How to Be Creative: 6 Secrets Backed by Research." Barking Up the Wrong Tree (blog). December 6, 2015. www.bakadesuyo.com/2015/12/how-to-be-creative/.

Shawn Achor와의 저자 직접 인터뷰. "Be More Successful: New Harvard Research Reveals a Fun Way to Do It." Barking Up the Wrong Tree (blog). September 28, 2014. www.bakadesuyo.com/2014/09/be-more-successful/.

Isaacson, Walter. Einstein. New York: Simon and Schuster, 2007. 국내 출간 『아인슈타인의 삶과 우주』

Iyengar, Sheena S., Rachael E. Wells, and Barry Schwartz. "Doing Better but Feeling Worse: Looking for the 'Best' Job Undermines Satisfaction." Psychological Science 17, no. 2 (2006): 143–50. doi:10.1111/j.1467-9280.2006.01677.x.

"Jobs for Life." The Economist, December 19, 2007. www.economist.com/node/10329261.

Jones, Jeffrey M. "In U.S., 40% Get Less than Recommended Amount of Sleep." Gallup.com. December 19, 2013. www.gallup.com/poll/166553/less-recommended-amount-sleep.aspx.

Jones, Maggie. "How Little Sleep Can You Get Away With?" New York Times Magazine, April 15, 2011. www.nytimes.com/2011/04/17/magazine/mag-17Sleep-t.html?_r=0.

Judge, Timothy A., and John D. Kammeyer-Mueller. "On the Value of Aiming High: The Causes and Consequences of Ambition." Journal of Applied Psychology 97, no. 4 (2012): 758–75. http://dx.doi.org/10.1037/a0028084.

Kanazawa, Satoshi. "Why Productivity Fades with Age: The Crime–enius Connection." Journal of Research in Personality 37 (2003): 257–72. doi:10.1016/S0092-6566(02)00538-X, http://personal.lse.ac.uk/kanazawa/pdfs/JRP2003.pdf.

"Kazushi Sakuraba: 'The Gracie Hunter.' " Sherdog.com. www.sherdog.com/fighter/Kazushi-Sakuraba-84.

Keller, Gary. The ONE Thing. Austin, TX: Bard Press, 2013. 국내 출간 『원씽』

Kendall, Joshua. America's Obsessives: The Compulsive Energy That Built a Nation. New York: Grand Central, 2013.

Kibler, Michael E. "Prevent Your Star Performers from Losing Passion for Their Work." Harvard Business Review, January 14, 2015. https://hbr.org/2015/01/prevent-your-star-performers-from-losing-passion-in-their-work.

Kuhn, Peter, and Fernando Lozano. "The Expanding Workweek? Understanding Trends in Long Work Hours Among U.S. Men, 1979–2006." Journal of Labor Economics 26, no. 2 (2008): 311–43, 04. doi:10.3386/w11895.

Kuhnel, Jana, and Sabine Sonnentag. "How Long Do You Benefit from Vacation? A Closer Look at the Fade-Out of Vacation Effects." Journal of Organizational Behavior 32, no. 1 (2011): 125–43. doi:10.1002/job.699.

Laham, Simon. Science of Sin. New York: Harmony, 2012. 국내 출간 『죄라고 부르는 유익한 것들』

Levitin, Daniel J. The Organized Mind. New York: Plume, 2014. 국내 출간 『정리하는 뇌』

Loehr, Jim, and Tony Schwartz. The Power of Full Engagement. New York: Free Press, 2003. 국내 출간 『몸과 영혼의 에너지 발전소』

Maher, Brendan. "Poll Results: Look Who's Doping." Nature 452 (2008): 674 –75. doi:10.1038/452674a.

"Man Claims New Sleepless Record." BBC.com, May 25, 2007. http://news.bbc.co.uk/2/hi/ uk_news/england/cornwall/6689999.stm.

Martin, Douglas. "Robert Shields, Wordy Diarist, Dies at 89." New York Times, October 29, 2007. www.nytimes.com/2007/10/29/us/29shields.html.

Masicampo, E. J., and Roy F. Baumeister. "Consider It Done! Plan Making Can Eliminate the Cognitive Effects of Unfulfilled Goals." Journal of Personality and Social Psychology 101, no. 4 (2011): 667 –83. http://dx.doi.org/10.1037/a0024192.

Maslach, Christina. "Burnout and Engagement in the Workplace: New Perspectives." European Health Psychologist 13, no. 3 (2011): 44 –47. http://openhealthpsychology. net/ehp/issues/2011/v13iss3_September2011/13_3_Maslach.pdf.

Maslach, Christina, and Julie Goldberg. "Prevention of Burnout: New Perspectives." Applied and Preventive Psychology 7, no. 1 (1998): 63 –74. http://dx.doi.org/10.1016/S0962-1849(98)80022-X.

Maslach, Christina, and Michael P. Leiter. The Truth About Burnout. San Francisco: Jossey-Bass, 2009.

Mazzonna, Fabrizio, and Franco Peracchi. "Aging, Cognitive Abilities, and Retirement." European Economic Review 56, no. 4 (2012): 691 –710. http://www.eief.it/ files/2012/05/peracchi_mazzonna_eer_2012.pdf.

McGill University. "Men Who Lose Their Jobs at Greater Risk of Dying Prematurely." Public release. April 4, 2011. www.eurekalert.org/pub_releases/2011-04/mu-mwl040411.php.

McLynn, Frank. Genghis Khan. Cambridge, MA: Da Capo Press, 2015.

Medina, John. Brain Rules. Edmonds, WA: Pear Press, 2008. 국내 출간 『브레인 룰스』

Meldrum, Helen. "Exemplary Physicians' Strategies for Avoiding Burnout." Health Care Manager 29, no. 4 (2010): 324 –31. doi:10.1097/HCM.0b013e3181fa037a.

Monteiro, Mike. "The Chokehold of Calendars." Medium. July 18, 2013. https://medium. com/@monteiro/the-chokehold-of-calendars-f70bb9221b36#.fnje9u6jm.

Mullainathan, Sendhil, and Eldar Shafir. Scarcity. New York: Times Books, 2013.

MYOB Australia. "MYOB Australian Small Business Survey, Special Focus Report: Lifestyle of Small Business Owners." December 2007. https://www.myob.com/content/dam/ myob-redesign/au/docs/business-monitor-pdf/2007/2-MYOB_SBS_Special_Focus_ Report_Dec_2007.pdf.

Nash, Laura, and Howard Stevenson. Just Enough. Hoboken, NJ: Wiley, 2005.

Newport, Cal. Deep Work. New York: Grand Central, 2016. 국내 출간 『딥 워크』

Niven, David. 100 Simple Secrets of Great Relationships. New York: HarperCollins, 2009. 국

내 출간 『잘했어를 모르는 아내 미안해를 못하는 남편 』

Novotney, Amy. "The Real Secrets to a Longer Life." Monitor on Psychology 42, no. 11 (2011): 36. www.apa.org/monitor/2011/12/longer-life.aspx.

O'Connor, Anahad. "The Claim: Lack of Sleep Increases the Risk of Catching a Cold." New York Times, September 21, 2009. www.nytimes.com/2009/09/22/health/22real.html?_r=0.

Pais, Abraham. Subtle Is the Lord. Oxford: Oxford Univ. Press, 2005.

Pelaez, Marina Watson. "Plan Your Way to Less Stress, More Happiness." Time, May 31, 2011. http://healthland.time.com/2011/05/31/study-25-of-happiness-depends-on-stress-management/.

Pencavel, John. "The Productivity of Working Hours," Economic Journal 125, no. 589 (2015): 2052-76. doi:10.1111/ecoj.12166.

Perlow, Leslie A. Sleeping with Your Smartphone. Boston: Harvard Business Review Press, 2012.

Pfeffer, Jeffrey. Managing with Power. Boston: Harvard Business Review Press, 1993.

Pfeffer, Jeffrey, and Robert I. Sutton. Hard Facts, Dangerous Half-Truths, and Total Nonsense. Boston: Harvard Business Review Press, 2006. 국내 출간 『증거 경영 』

Pink, Daniel H. Drive. New York: Riverhead Books, 2011. 국내 출간 『드라이브 』

Proyer, Rene T. "Being Playful and Smart? The Relations of Adult Playfulness with Psychometric and Self-Estimated Intelligence and Academic Performance." Learning and Individual Differences 21, no. 4 (2011): 463-67. http://dx.doi.org/10.1016/j.lindif.2011.02.003.

Randall, David K. Dreamland. New York: W. W. Norton, 2012. 국내 출간 『잠의 사생활 』

Redelmeier, Donald A., and Daniel Kahneman. "Patients' Memories of Painful Medical Treatments: Real-Time and Retrospective Evaluations of Two Minimally Invasive Procedures." Pain 66, no. 1 (1996): 3-8. doi:10.1016/0304-3959(96)02994-6.

Reynolds, John, Michael Stewart, Ryan Macdonald, and Lacey Sischo. "Have Adolescents Become Too Ambitious? High School Seniors' Educational and Occupational Plans, 1976 to 2000." Social Problems 53, no. 2 (2006): 186-206. http://dx.doi.org/10.1525/sp.2006.53.2.186.

Robinson, Evan. "Why Crunch Modes Doesn't Work: Six Lessons." International Game Developers Association. 2005. www.igda.org/?page=crunchsixlessons.

Rock, David. Your Brain at Work. New York: HarperCollins, 2009.

Rohwedder, Susann, and Robert J. Willis. "Mental Retirement." Journal of Economic Perspectives 24, no. 1 (2010): 119-38. doi:10.1257/jep.24.1.119.

Rosekind, Mark R., David F. Neri, Donna L. Miller, Kevin B. Gregory, Lissa L. Webbon, and Ray L. Oyung. "The NASA Ames Fatigue Countermeasures Program: The Next Generation." NASA Ames Research Center, Moffett Field, CA. January 1, 1997. http:// ntrs.nasa.gov/archive/nasa/casi.ntrs.nasa.gov/20020042348.pdf.

Ross, John J., "Neurological Findings After Prolonged Sleep Deprivation." Archives of Neurology 12, no. 4 (1965): 399 –403. http://dx.doi.org/10.1001/ archneur.1965.00460280069006.

Rothbard, Nancy P., and Steffanie L. Wilk. "Waking Up on the Right or Wrong Side of the Bed: Start-of-Workday Mood, Work Events, Employee Affect, and Performance." Academy of Management Journal 54, no. 5 (2011): 959 –80. doi:10.5465/ amj.2007.0056.

Rubens, Jim. OverSuccess. Austin, TX: Greenleaf Book Group, 2008.

Saad, Lydia. "The '40-Hour' Workweek Is Actually Longer—by Seven Hours." Gallup.com. August 29, 2014. www.gallup.com/poll/175286/hour-workweek-actually-longer-seven-hours.aspx.

San Diego State University. "Adults' Happiness on the Decline in U.S.: Researchers Found Adults over Age 30 Are Not as Happy as They Used to Be, but Teens and Young Adults Are Happier than Ever." ScienceDaily. November 5, 2015. www.sciencedaily.com/ releases/2015/11/151105143547.htm.

Schaufeli, Wilmar B., Michael P. Leiter, and Christina Maslach. "Burnout: 35 Years of Research and Practice." Career Development International 14, no. 3 (2009): 204 –20. doi:10.1108/13620430910966406.

Schwartz, Barry. The Paradox of Choice. New York: HarperCollins, 2009. Kindle Edition. 『점 심 메뉴 고르기도 어려운 사람들』

Schwartz, Barry, Andrew Ward, Sonja Lyubomirsky, John Monterosso, Katherine White, and Darrin R. Lehman. "Maximizing Versus Satisficing: Happiness Is a Matter of Choice." Journal of Personality and Social Psychology 83, no. 5 (2002): 1178 –97. doi:10.1037//0022-3514.83.5.1178.

Sedaris, David. "Laugh, Kookaburra." New Yorker, August 24, 2009. www.newyorker.com/ magazine/2009/08/24/laugh-kookaburra.

Sherman, Lawrence W., and David L. Weisburd. "General Deterrent Effects of Police Patrol in Crime 'Hot Spots': A Randomized, Controlled Trial." Justice Quarterly 12, no. 4 (1995): 625 –48. doi:10.1080/07418829500096221.

Simonton, Dean Keith. Greatness. New York: Guilford Press, 1994.

Simonton, Dean Keith. The Wiley Handbook of Genius. Hoboken, NJ: Wiley-Blackwell, 2014.

Sims, Peter. Little Bets. New York: Free Press, 2011.

Smith, Dinitia. "Dark Side of Einstein Emerges in His Letters." New York Times, November 6, 1996. www.nytimes.com/1996/11/06/arts/dark-side-of-einstein-emerges-in-his-letters. html?pagewanted=all.

Streep, Peg, and Alan Bernstein. Quitting. Cambridge, MA : Da Capo Press, 2015. 국내 출간 『더 소중한 삶을 위해 지금 멈춰야 할 것들』

Stuster, Jack W. Bold Endeavors. Annapolis, MD : Naval Institute Press, 2011.

Sullivan, Bob. "Memo to Work Martyrs : Long Hours Make You Less Productive." CNBC. com. January 26, 2015. www.cnbc.com/2015/01/26/working-more-than-50-hours-makes-you-less-productive.html.

Surtees, Paul G., Nicholas W. J. Wainwright, Robert Luben, Nicholas J. Wareham, Shiela A. Bingham, and Kay-Tee Khaw. "Mastery Is Associated with Cardiovascular Disease Mortality in Men and Women at Apparently Low Risk." Health Psychology 29, no. 4 (2010) : 412 –20. doi :10.1037/a0019432.

Tierney, John. "Prison Population Can Shrink When Police Crowd Streets." New York Times, January 25, 2013. www.nytimes.com/2013/01/26/nyregion/police-have-done-more-than-prisons-to-cut-crime-in-new-york.html?pagewanted=all&_r=1.

Todd, Benjamin. "How Good Are the Best?" 80,000 Hours (blog). September 1, 2012. https ://80000hours.org/2012/09/how-good-are-the-best/.

Twenge, Jean M., Ryne A. Sherman, and Sonja Lyubomirsky. "More Happiness for Young People and Less for Mature Adults : Time Period Differences in Subjective Well-Being in the United States, 1972 –2014." Social Psychological and Personality Science 7, no. 2 (2016) : 1 –11. doi :10.1177/1948550615602933.

University of Massachusetts Amherst. "'Sleep on It' Is Sound, Science-Based Advice, Study Suggests." ScienceDaily. June 8, 2011. www.sciencedaily.com/ releases/2011/06/110607094849.htm.

Visser, Mechteld R. M., Ellen M. A. Smets, Frans J. Oort, and Hanneke C. J. M. de Haes. "Stress, Satisfaction and Burnout Among Dutch Medical Specialists." CMAJ 168, no. 3 (2003) : 271 –75. PMCID :PMC140468.

Wagner, David T., Christopher M. Barnes, Vivien K. G. Lim, and D. Lance Ferris. "Lost Sleep and Cyberloafing : Evidence From the Laboratory and a Daylight Saving Time Quasi-Experiment." Journal of Applied Psychology 97, no. 5 (2012) : 1068 –76. doi :10.1037/a0027557.

Wang, Wei-Ching, Chin-Hsung Kao, Tsung-Cheng Huan, and Chung-Chi Wu. "Free Time Management Contributes to Better Quality of Life : A Study of Undergraduate Students in Taiwan." Journal of Happiness Studies 12, no. 4 (2011) : 561 –73. doi :10.1007/ s10902-010-9217-7.

Ware, Bronnie. The Top Five Regrets of the Dying. Carlsbad, CA: Hay House, 2012.

Wargo, Eric. "Life's Ups and Downs May Stick." Observer, May 2007. Association for Psychological Science. www.psychologicalscience.org/index.php/publications/observer/2007/may-07/lifes-ups-and-downs-may-stick.html.

Weatherford, Jack. Genghis Khan and the Making of the Modern World. New York: Broadway Books, 2005. 국내 출간 『칭기즈칸, 잠든 유럽을 깨우다』

Weiner, Eric. The Geography of Genius. New York: Simon and Schuster, 2016.

White, Gregory L., and Shirley Leung. "American Tastes Move Upscale, Forcing Manufacturers to Adjust." Wall Street Journal, March 29, 2002. www.wsj.com/articles/SB1017351317283641480.

Wohl, Michael, Timothy A. Pychyl, and Shannon H. Bennett. "I Forgive Myself, Now I Can Study: How Self-Forgiveness for Procrastinating Can Reduce Future Procrastination." Personality and Individual Differences 48, no. 7 (2010): 803-8. doi:10.1016/j.paid.2010.01.029.

Wood, Graeme. "What Martial Arts Have to Do with Atheism." The Atlantic, April 24, 2013. www.theatlantic.com/national/archive/2013/04/what-martial-arts-have-to-do-with-atheism/275273/.

Xu, Xin. "The Business Cycle and Health Behaviors." Social Science and Medicine 77 (2013): 126-36. doi:10.1016/j.socscimed.2012.11.016.

Yoo, Seung-Schik, Ninad Gujar, Peter Hu, Ferenc A. Jolesz, and Matthew P. Walker. "The Human Emotional Brain Without Sleep—Prefrontal Amygdala Disconnect." Current Biology 17, no. 20 (2007): pR877-78. doi:http://dx.doi.org/10.1016/j.cub.2007.08.007.

Zerjal, Tatiana, Yali Xue, Giorgio Bertorelle, R. Spencer Wells, Weidong Bao, Suling Zhu, Raheel Qamar, et al. "The Genetic Legacy of the Mongols." American Journal of Hum Genetics 72, no. 3 (2003): 717-21. doi:10.1086/367774.

Epilogue : 성공의 길은 다양하다, 그리고 당신도 성공할 수 있다

Achor, Shawn. "Is Happiness the Secret of Success?" CNN.com. March 19, 2012. www.cnn.com/2012/03/19/opinion/happiness-success-achor.

Boehm, Julia K., and Sonja Lyubomirsky. "Does Happiness Promote Career Success?" Journal of Career Assessment 16, no. 1 (2008): 101-16. doi:10.1177/1069072707308140.

Chappell, Bill. "Winner of French Scrabble Title Does Not Speak French." NPR. Radio broadcast, 3:11. Aired July 21, 2015. www.npr.org/sections/thetwo-way/2015/07/21/424980378/winner-of-french-scrabble-title-does-not-speak-french.

Dweck, Carol. Mindset. New York: Random House, 2006. 국내 출간『마인드셋』

"Entombed in My Own Body for Over 12 Years." BBC World Service online. 55 minutes. October 23, 2013. www.bbc.co.uk/programmes/p01jt6p6.

Heigl, Alex. "Man Memorizes French Dictionary to Win French Scrabble Tournament, Does Not Speak French." People, July 22, 2015. www.people.com/article/new-zealand-scrabble-champion-french-dictionary.

Petite, Steven. "Unscrambling Strings of Letters: The Beautiful Mind of Nigel Richards." Huffington Post, July 23, 2015. www.huffingtonpost.com/steven-petite/unscrambling-strings-of-l_b_7861738.html.

Pistorius, Martin. Ghost Boy. Nashville: Thomas Nelson, 2013. 국내 출간『엄마는 내가 죽었으면 좋겠다고 말했다』

Pistorius, Martin. "How My Mind Came Back to Life—and No One Knew." Filmed August 2015. TEDxKC video, 14:08. www.ted.com/talks/martin_pistorius_how_my_mind_came_back_to_life_and_no_one_knew.

Powdthavee, Nattavudh. "Putting a Price Tag on Friends, Relatives, and Neighbours: Using Surveys of Life Satisfaction to Value Social Relationships." Journal of Socio-Economics 37, no. 4 (2008): 1459–80. doi:10.1016/j.socec.2007.04.004.

Roeder, Oliver. "What Makes Nigel Richards the Best Scrabble Player on Earth." FiveThirtyEight.com. August 8, 2014. http://fivethirtyeight.com/features/what-makes-nigel-richards-the-best-scrabble-player-on-earth/.

"Secret History of Thoughts." Invisibilia. Radio broadcast, 59:07. Aired January 9, 2015. www.npr.org/programs/invisibilia/375927143/the-secret-history-of-thoughts.

Shenk, Joshua Wolf. "What Makes Us Happy?" The Atlantic, June 2009. www.theatlantic.com/magazine/archive/2009/06/what-makes-us-happy/307439/?single_page=true.

Simonton, Dean Keith. The Wiley Handbook of Genius. Hoboken, NJ: Wiley-Blackwell, 2014.

Stevenson, Howard, and Laura Nash. Just Enough. Hoboken, NJ: Wiley, 2005.

Vaillant, George E. Triumphs of Experience. Cambridge, MA: Harvard Univ. Press, 2012. 국내 출간『행복의 비밀』

Valliant, George E. "Yes, I Stand by My Words, 'Happiness Equals Love—Full Stop.'" Positive Psychology News. July 16, 2009. http://positivepsychologynews.com/news/george-vaillant/200907163163.

옮긴이 조성숙

회계학과를 졸업하고 세상의 흐름과 사람들의 움직임을 탐구하고 예측하는 책들에 매력을 느껴 10년 넘게 경제, 경영, 심리학 분야의 서적을 전문으로 번역하고 있다.

『토니 로빈스의 머니』, 『모닝스타 성공투자 5원칙』, 『지금의 조건에서 시작하는 힘』, 『피싱의 경제학』, 『피터 드러커의 매니지먼트』, 『퍼펙트 피치』, 『까다로운 인간 다루기』, 『이성의 동물』, 『두뇌는 평등하다』, 『영혼의 해부』, 『일의 미래』, 『핫스팟』, 『찰리 멍거, 자네가 옳아』, 『자유주식회사』 등 수십 여 권의 책을 우리말로 옮겼다.

세상에서 가장 발칙한 성공법칙

초판 1쇄 발행 2018년 6월 4일
초판 8쇄 발행 2022년 9월 23일

지은이 에릭 바커 **옮긴이** 조성숙

발행인 이재진 **단행본사업본부장** 신동해
편집장 조한나 **디자인** 석운디자인
마케팅 최혜진 **홍보** 최새롬
국제업무 김은정 **제작** 정석훈

브랜드 갤리온
주소 경기도 파주시 회동길 20 웅진씽크빅
문의전화 031-956-7208(편집) 031-956-7567(마케팅)
홈페이지 www.wjbooks.co.kr
페이스북 www.facebook.com/wjbook
포스트 post.naver.com/wj_booking

발행처 ㈜웅진씽크빅
출판신고 1980년 3월 29일 제406-2007-000046호

한국어판 출판권 ⓒ 웅진씽크빅, 2018
ISBN 978-89-01-22508-1 03190